Lassen Sie Ihre Zeit nicht unbeaufsichtigt!

Christiane Stenger hat in Rekordzeit ihr Abitur gemacht, studierte Politikwissenschaft und ist heute erfolgreiche Speakerin, Schauspielerin und TV-Moderatorin. Als mehrfache Gedächtnisweltmeisterin weiß sie nicht nur, wie man Wissen sammelt, sondern auch, wie man es im Kopf behält und kreativ damit umgeht. Nach dem Besuch der Stage School in Hamburg übernahm sie Moderationen, unter anderem zusammen mit Lutz van der Horst »Wie werd ich …?« auf ZDFneo. Sie hat mehrere Bücher geschrieben, darunter den Bestseller »Lassen Sie Ihr Hirn nicht unbeaufsichtigt« (Campus 2014). Zusammen mit Samira El Ouassil spricht sie im Podcast »Sag niemals Nietzsche« über Philosophie, engagiert sich für den Verein 10drei, der die Wertaussagen des Grundgesetzes für Jugendliche erlebbar macht, und gibt ihre Merktechniken gerne in Seminaren weiter.

Christiane Stenger

**Wie das Gehirn
unsere Zukunft formt**

Mit Illustrationen von Max Bachmeier

Campus Verlag
Frankfurt/New York

ISBN 978-3-593-51278-5 Print
ISBN 978-3-593-44515-1 E-Book (PDF)
ISBN 978-3-593-44522-9 E-Book (EPUB)

Das Werk einschließlich aller seiner Teile ist urheberrechtlich geschützt. Jede Verwertung ist ohne Zustimmung des Verlags unzulässig. Das gilt insbesondere für Vervielfältigungen, Übersetzungen, Mikroverfilmungen und die Einspeicherung und Verarbeitung in elektronischen Systemen.
Trotz sorgfältiger inhaltlicher Kontrolle übernehmen wir keine Haftung für die Inhalte externer Links. Für den Inhalt der verlinkten Seiten sind ausschließlich deren Betreiber verantwortlich.
Copyright © 2021. Alle Rechte bei Campus Verlag GmbH, Frankfurt am Main.
Umschlaggestaltung: Zeichenpool, München
Umschlagmotiv: © Nils Schwarz, Berlin
Illustrationen: Max Bachmeier, Heidelberg
Redaktion: Desirée Šimeg, Stadtbergen
Satz: Oliver Schmitt, Mainz
Gesetzt aus der Minion und Unit Rounded
Druck und Bindung: Beltz Grafische Betriebe GmbH, Bad Langensalza
Beltz Grafische Betriebe sind ein klimaneutrales Unternehmen, ID 15985-2104-1001.
Printed in Germany

www.campus.de

Für Steffi

Die Asymptoten sind immer noch überall.

Inhalt

Eine besondere »Zeit-Reise«
9

Kapitel 1
Die Zeit – alt, relativ und unfassbar wichtig für uns
13

Kapitel 2
Alles Hirngespinste – Zeitwahrnehmung im Kopf
33

Kapitel 3
Zwischen Langeweile und Aufruhr –
langsame und schnelle Zeit
47

Kapitel 4
Jeder kostbare Augenblick – Entscheidung
für das Jetzt und Hier
67

Kapitel 5
Der verklärte Blick zurück – Vergangenes durch
die emotionale Brille betrachtet
87

Kapitel 6
Der mutige Blick nach vorn – in Richtung
Glück und Zukunft
99

Kapitel 7
Außer man tut es – Weichenstellung für die Zukunft
115

Kapitel 8
Hindernisse auf dem Weg zu selbstbestimmter Zeit
141

Kapitel 9
Jeden Tag und immer wieder – Beschäftigung im Hier und Jetzt
163

Kapitel 10
Geteilte Zeit, vielfaches Glück
183

Kapitel 11
Im Wettlauf gegen die Zeit oder die Chance auf 1,5 Grad Celsius
207

Kapitel 12
Das Beste kommt zum Schluss – sieben Inspirationen für ein besseres Zeitbewusstsein
229

Bitte aussteigen – die Endstation unserer »Zeit-Reise«
243

Dank
245

Anmerkungen
246

Eine besondere »Zeit-Reise«

Wie schön, dass Sie dieses Buch aufgeschlagen haben und mir etwas von Ihrer kostbaren Zeit schenken! Als ich anfing, dieses Buch zu schreiben, ahnte ich noch nicht, dass die Zeit eines der aufregendsten Themen ist, über die man überhaupt nachdenken kann. Hätte ich gewusst, was da auf mich zukommt, hätte ich schon viel früher mit dem Schreiben angefangen, denn die Zeit steckt in so gut wie allem. Dann wäre es gegen Ende auch nicht so stressig geworden. Wie immer halt! Und jetzt, da ich weiß, wie viele spektakuläre Erkenntnisse dieses Thema in sich birgt und wie diese mein weiteres Leben beeinflussen, hätte ich dieses Buch am liebsten schon vor zehn Jahren verfasst. Doch das ist die Krux mit der Zeit: Wir können zwar an jeden Ort zurückkehren, aber niemals zu einem bestimmten Zeitpunkt.

Vielleicht werden auch Sie bei der Lektüre überrascht sein, wie wenig Sie in einigen Bereichen noch über die Zeit wissen, und staunen, welch immensen Einfluss Ihre Perspektive auf die Zeit auf Ihr Leben hat.

Bitte einsteigen

Die Zeit ist uns oft ein Rätsel. In vielen Situationen vergeht die Zeit nicht nur langsam, sondern fühlt sich noch dazu leer an. Sie starrt uns im Wartezimmer manchmal mit großen Augen an und scheint sich regelrecht über uns lustig zu machen. Als ob sie uns zeigen wollte, dass sie sich in unseren Gedanken so breit machen kann wie ein riesiger Elefant im Raum. In Eile schneidet sie uns von der roten Ampel herab Grimassen wie ein freches Äffchen. Im Urlaub schlägt sie uns ein Schnippchen: Kommen wir an einem unbekannten Ferienort an, vergeht die Zeit zunächst recht langsam. Doch mit jedem Tag nimmt sie an Tempo zu – und der letzte Urlaubstag ist dann so plötzlich da, dass wir gar nicht begreifen, wie die Ferien so schnell vergehen konnten. Wieder zu Hause kommt es uns vor, als wären wir eine halbe Ewigkeit weg gewesen. Die Zeit kann sogar die Seiten wechseln: Kurz vor Ende eines Fußballspiels können wenige Minuten Nachspielzeit gefühlt ewig dauern, wenn unser favorisiertes Team in Führung liegt und nur ja kein Tor mehr kassieren darf. Für die Fans des anderen Clubs vergeht dieselbe Zeitspanne viel zu schnell. Genauso stellt die Zeit uns ein Bein und rast davon, wenn wir unseren Zug noch erwischen wollen oder die Deadline eines wichtigen Projekts einhalten müssen. Häufig fehlt sie an allen Ecken und Enden. Zwischen Familie, vollen Terminkalendern oder Selbstoptimierungswahn ist sie heute ein überaus knappes Gut geworden – und wir scheinen ihr oft hinterherzurennen.

»Zeit ist Geld«, lautet ein bekanntes Sprichwort. Das Problem dabei ist nur: Zeit verhält sich überhaupt nicht wie Geld. Wir können sie nicht vermehren, auch wenn wir uns noch so sehr anstrengen, sie mit den unterschiedlichsten Zeitmanagementmethoden einzusparen. Auch wenn diese Metaphern nicht sehr sinnvoll sind, gilt Gleiches für unsere Lebenszeit: Täglich werden unwiderruflich 24 Stunden von unserem nicht einsehbaren »Zeitkonto« abgebucht, wir können keine einzige Minute zurückfordern. Wir können zwar auf eine Armbanduhr verzichten oder uns nicht an Pläne halten, um uns die Zeit vom Leib zu halten und vermeintlich »zeitlos« zu leben. Doch die Zeit ist immer da und sie vergeht unerbittlich, ob uns das nun in den Kram passt oder nicht.

Die entscheidende Frage lautet daher: Was stellen wir eigentlich mit unserer Zeit an – nutzen wir sie überhaupt sinnvoll? Und weiter: Was wollen wir wirklich mit der uns zur Verfügung stehenden Zeit anfangen, um am Ende unseres Lebens sagen zu können: »Diese Zeit-Reise war verdammt gut, das hat sich echt gelohnt – am liebsten gleich noch mal!« Umso wichtiger ist es, sich bewusst Zeit für die Zeit zu nehmen und sich damit auseinanderzusetzen.

Das Schöne ist, Sie können eigentlich ganz leicht Zeit in der Zeit finden. Indem Sie sich etwas genauer mit dem Phänomen »Zeit«

beschäftigen, können Sie sehr viel über sich selbst lernen und zu erhellenden Erkenntnissen gelangen. Dazu finden Sie im ganzen Buch verteilt immer wieder Zeitexperimente, die ich natürlich alle für Sie getestet habe. In manchen geht es um Zeitwahrnehmung, in anderen um Zeitnutzung, wieder andere drehen sich um die Zeit an sich. Machen Sie gerne mit, wenn Sie mögen und lassen Sie sich auf ganz neue Zeiterfahrungen ein. Erleben Sie die Zeit mal ganz bewusst aus unterschiedlichen Perspektiven. Eins verrate ich Ihnen gleich: Ihr Gehirn konstruiert Ihre Zeit. Sobald Ihnen das klar ist, gewinnen Sie mehr Macht über sie und können sie in Ihrem besten Sinne nutzen, um Ihre Träume und Wünsche und Lebensziele zu verwirklichen.

Kurze Reisevorbereitung

Wenn Sie sich ungern kopfüber ins Abenteuer stürzen wollen, finden Sie hier einen kurzen Fahrplan mit den wichtigsten Zwischenstopps auf unserer Route. Wenn Sie sich lieber überraschen lassen, überspringen Sie einfach diesen Abschnitt!

In Kapitel 1 erkunden wir, was Zeit eigentlich ist und was es mit der »äußerlichen«, also auf Uhren und Kalendern ablesbaren Zeit auf sich hat. Und wir widmen uns der »inneren«, also der gefühlten Zeit, die jeder Mensch individuell und somit ganz unterschiedlich wahrnimmt. In Kapitel 2 werfen wir dann einen gezielten Blick ins Gehirn, um herauszufinden, wie Zeit überhaupt in unserem Kopf entsteht. Da wir die Zeit wahrnehmen können – auch wenn wir keinen separaten Sinn dafür haben –, können wir sie zu unserem Besten nutzen. Warum Zeit manchmal gefühlt extrem langsam vergeht, um im nächsten Moment umso schneller zu verfliegen, und wer uns überhaupt durch die Zeit steuert, all das erfahren wir in Kapitel 3.

In Kapitel 4 lernen wir den Augenblick – das berühmt-berüchtigte Hier und Jetzt – kennen und werden sehen, dass unser Gehirn für die Gegenwart gemacht ist, und in Kapitel 5 erfahren wir, wie sich unsere Zeitwahrnehmung verhält, wenn wir in die Vergangenheit blicken. In Kapitel 6 werfen wir einen Blick in die Zukunft und stellen uns die Frage, was wir mit unserer verfügbaren Zeit anfangen möchten und wie wir die Tage, Wochen und Jahre, die noch vor uns liegen, für uns wertvoll und sinnvoll gestalten können.

Mit der Beschleunigung unseres heutigen Lebens durch Digitalisierung und andere technische Fortschritte wird es auch in Zukunft immer mehr Anforderungen geben, die in kürzester Zeit zu erfüllen sind. Doch die zur Verfügung stehende Zeit bleibt immer gleich: Wir haben 24 Stunden jeden Tag. Darum geht es in Kapitel 7. Wir werden erfahren, warum uns Zeit so oft fehlt und warum das ein Problem ist. Wie wir die Zeit, die vor uns liegt, so nutzen, wie wir es wirklich möchten, und uns nicht nur mit Hindernissen in dieser Zeit beschäftigen, finden wir in Kapitel 8 heraus. Doch wissen wir dabei, was wir tun? Warum haben wir bei den immer schneller werdenden Entwicklungen so häufig das Gefühl, die Kontrolle über unsere Zeit zu verlieren und die Angst, nicht mehr hinterherzukommen? Kapitel 9 dreht sich um das, was wir jeden Tag tun, und was tagtäglich unsere Zeit frisst. Und da wir viel Zeit mit Arbeit verbringen, ist sie auch das Kernthema.

Kapitel 10 beschäftigt sich mit der Zeit, die wir mit anderen Menschen verbringen – digital wie real –, und damit, wie zwischenmenschliche Beziehungen unsere Zeitwahrnehmung beeinflussen. In Kapitel 11 sprechen wir über das Klima. Ich weiß, viele Leute sind schon total genervt vom Thema Klimakatastrophe, aber das ändert nichts an der Tatsache, dass die Menschheit gerade dabei ist, ihre Lebensgrundlage zu zerstören und gleichzeitig auch noch das sechste Massenaussterben der Tier- und Pflanzenwelt zu verursachen. Dazu braucht es nicht mal einen herabstürzenden Asteroiden – das schaffen wir offenbar ganz allein, indem wir Zeit auf diesem wunderschönen Planeten verbringen, ohne verantwortungsvoll mit ihm umzugehen. Noch ist Zeit, dass wir alle gemeinsam zu Weltretter:innen[1] werden! In Kapitel 12 finden wir heraus, wie wir das Gefühl vorbeirasender Jahre verlangsamen können, wie uns die Zeit weniger durch die Finger gleitet und wie wir eine noch bessere Vorstellung von ihr bekommen.

Ich wünsche Ihnen viel Vergnügen auf dieser ganz speziellen Reise durch die Zeit. Los geht's!

Kapitel 1

Die Zeit –
alt, relativ und
unfassbar
wichtig für uns

»Es gibt ein großes und doch ganz alltägliches Geheimnis. Alle Menschen haben daran teil, jeder kennt es, aber die wenigsten denken je darüber nach. Die meisten Leute nehmen es einfach so hin und wundern sich kein bisschen darüber. Das Geheimnis ist die Zeit.«

Michael Ende

Der Tag wird kommen

Die Tür fällt hinter mir ins Schloss. Ich musste raus. Raus aus meiner Wohnung. Im Laub vor mir raschelt etwas. Das Herz schlägt mir bis zum Hals. Bisher war das für mich nur eine Redensart, aber jetzt ist es Realität. Die Luft ist kalt und klar, aber mir ist schwindelig. Es ist 20.33 Uhr, zeigt die Uhr auf meinem Handy. Es ist Dezember 2020, mitten im Corona-Lockdown. Und mir ist gerade klar geworden, dass das alles ein Ende haben wird. Die Pandemie, aber auch alles Leben. Meins natürlich auch.

Vor wenigen Minuten habe ich über die Death-Clock[1] erfahren, wann ich sterben werde. Rein rechnerisch. Neben Geburtstag, Land, Alkoholkonsum und Body-Mass-Index musste ich angeben, mit welcher Einstellung ich aufs Leben schaue. Wenn ich zweimal pro Woche Alkohol trinke – momentan eine optimistische Schätzung – und dem Leben wie im Augenblick pessimistisch gegenüberstehe, werde ich am 7. März 2061, also im Alter von 74 Jahren, fünf Monaten und einem Tag sterben. Meine Deadline. Sehr wahrscheinlich wird es so nicht kommen, aber das Datum war so eindeutig, dass mir kurz die Luft weggeblieben ist.

Kann ich mehr Zeit haben, bitte? Ich tippe mit kalten Fingern auf dem leuchtenden Display meines Handys herum. Verändere ich nur einen Parameter, zum Beispiel meine Lebenseinstellung von »pessimistisch« in »optimistisch«, wird mein letztes Stündlein erst im Jahr 2072 geschlagen haben. Wow! Eine positive Lebenseinstellung schenkt mir demnach mehr als zehn Lebensjahre. Nur: Wo soll ich diese positive Einstellung gerade jetzt herbekommen? Mein Blick fällt auf einen leeren, weggeworfenen Kaffeebecher und mir wird klar: Ich möchte nicht morgens am Küchentisch von meiner Kaffeetasse aufblicken, kurz bevor ich – womöglich im März 2061 – sterben werde, und jammern: »Hätte ich meine Zeit doch nur besser genutzt!«

Neben mir huscht wieder etwas durch das Laub, hält kurz inne und schaut mich an. Es ist ein junges Eichhörnchen. »Na, suchst du einen Abendsnack?«, frage ich es leise, dankbar für die kleine

Ablenkung. Ach, wie gern würde ich jetzt auch Winterruhe halten, vom nächsten Frühling träumen und keine größeren Sorgen haben, als mich an die Verstecke mit meinen Leckereien zu erinnern. Dem kleinen Nüssesammler ist das Ende seiner Zeit bestimmt nicht so bewusst wie mir gerade. Glückliches Kerlchen!

Unvorhersehbares Auf und Ab – die wilde Achterbahnfahrt namens Leben

Unser Dasein ist physisch an einen einzigen Ort gebunden, das gilt aber nicht für unseren Geist. Dort greifen Raum und Zeit ineinander über, wir können mithilfe unserer Vorstellungskraft so viel umherreisen, wie wir möchten, wir können uns zurückerinnern und vorausdenken. Wir sind quasi im Besitz einer neuronalen Zeitmaschine. Das Problem: Wir nutzen diese Fähigkeiten nicht sehr häufig für die Zukunft, die noch in weiter Ferne liegt. Noch schlimmer: Wir ändern unser Verhalten nicht, obwohl wir meist die langfristigen Folgen unseres Handelns kennen oder zumindest erahnen können.

Die Zukunft haben wir in vielen Bereichen aus den Augen verloren. In Deutschland werden zum Beispiel jedes Jahr fast drei Milliarden Einweg-Kaffeebecher verbraucht.[2] Jeder Einzelne bricht mir ein wenig das Herz, weil dieses Symbol für unsere Wegwerfgesellschaft zeigt, wie sehr wir alle im Jetzt verankert sind. Klar, ein warmer Coffee to go ist zauberhaft, aber was macht all der Müll mit der zukünftigen Welt? Ich weiß, die Themen Umweltschutz und Klimawandel nutzen sich schnell ab. Ich werde Sie daher auch bis Kapitel 11 damit verschonen. Widmen wir uns daher unserem Leben im Hier und Jetzt, der Zeit, die wir haben, und der Zukunft, die wir für uns gestalten wollen.

Um etwas Abstraktes besser zu verstehen und es sich einzuprägen, helfen dem Gehirn immer Bilder. Da unser Leben, ja sogar meist jeder Tag seine Höhen und Tiefen hat, die wir nur bedingt beeinflussen können, kommt mir das Leben oft wie eine wilde Achterbahnfahrt vor: Ein rasantes Abenteuer voller unerwarteter Wendungen und Überraschungen, das uns auch mal ordentlich herumschleudert und durchschüttelt – aber ein klares Ende hat. Die Zeit, das sind die Schienen, der Waggon, das bin ich – oder Sie.

Nach unserer Geburt vergeht die Zeit, während der Achterbahnwaggon nach oben gezogen wird, noch sehr langsam. Doch schon bald geht es los mit den kleinen und großen Höhen und Tiefen des Lebens. Einige Hindernisse können wir mit genug Schwung überwinden, andere scheinen so groß, dass wir unsere Fahrt lieber auf einen leichteren, bequemeren Weg umlenken. Unsere Entscheidungen stellen sozusagen die Weichen auf der Strecke. Begleitet wird diese Fahrt von unseren Sehnsüchten, Träumen und Vorstellungen und der Hoffnung, dass sie sich für uns erfüllen werden. Dabei sind uns während der Fahrt – bewusst oder unbewusst – vor allem zwei Bedürfnisse ganz besonders wichtig und liegen allem zugrunde: der Wunsch nach Geborgenheit und Verbundenheit und das Streben nach Freiheit, Autonomie und Unabhängigkeit. Sie sind das, was alle Menschen miteinander verbindet. Wenn es uns gelingt, uns daran zu orientieren, können wir uns wahrscheinlich gar nicht mehr verfahren.[3]

Mal schnell, mal langsam, aber stets unaufhaltsam

Unser Achterbahnwaggon fährt mal langsamer, mal schneller, aber mit den Jahren gefühlt immer schneller und schneller, er nimmt Tempo auf mit dem weit entfernten Ziel eines guten, zufriedenen, glücklichen, aufregenden, außergewöhnlichen oder bunten Lebens, was auch immer ein gelungenes Leben für den Einzelnen bedeuten mag. Erlebnisse, die mit Freude verbunden sind, scheinen sehr schnell zu vergehen, während Langeweile, wie der Name schon sagt, zur langen Weile führt. Wäre es andersherum nicht viel besser? In gewisser Weise ist das auch so, denn in der Rückschau verkehrt sich der Eindruck oft ins Gegenteil. Hier spricht man vom *Zeitparadoxon*: Die Wartezeit beim Arzt scheint endlos, im Rückblick aber doch eher kurz. Der Urlaub, der schier verflogen ist, als wir mittendrin waren,

Das Leben ist wie eine wilde Achterbahnfahrt!

wirkt in der Erinnerung ewig lang. Das Corona-Jahr 2020 hatte für mich gefühlt 86 Monate oder noch mehr. Diese Zeitwahrnehmung ist natürlich abhängig davon, in welcher Situation sich jeder Einzelne befunden hat. Viele erlebten das Pandemie-Jahr als unglaublich lang, doch in der Rückschau hat es für sie so gut wie gar nicht stattgefunden, da jeder Tag ähnlich ablief und es kaum besondere Erlebnisse gab. Gleichzeitig scheint die Zeit »vor Corona« ewig lang zurückzuliegen.

Ein Gefühl für die Zeit

Zeitexperiment

Dank unseres Gehirns können wir uns immer selbst wahrnehmen, sogar beim Beobachten der Zeit. Diese Fähigkeit wird auch als *Metakognition* bezeichnet.

Stellen Sie einen Timer auf eine Minute und beobachten Sie einfach, wie die Zeit vergeht – aber ohne dabei auf die Uhr zu sehen. Los geht's!

Wie war diese Erfahrung für Sie? Was nehmen Sie wahr, wenn Sie die Zeit beobachten? Was passiert, wenn nichts passiert?

Drei große Abschnitte unserer Zeit

Während der Fahrt können wir den Waggon nicht stoppen, denn die Zeit kennt keine Pause-Taste, sie vergeht unbarmherzig weiter. Unsere Achterbahnfahrt lässt sich dabei in drei klare Abschnitte einteilen: Vergangenheit, Gegenwart und Zukunft. Die *Vergangenheit* war so, wie sie war. Darauf haben wir keinen Einfluss mehr, aber wir haben die Möglichkeit, sie neu zu interpretieren und zu bewerten. Unser Gedächtnis führt zwar eine Art Fahrtenbuch, es ist allerdings sehr lückenhaft und kann sogar mit der Zeit umgeschrieben werden. Wie unser Leben heute aussieht, ist das Resultat unserer bisherigen Wünsche und Pläne, Erfahrungen und Entscheidungen, also unserem vergangenen Denken und Handeln bis zu diesem Zeitpunkt.

Was wir aber konkret und damit ganz bewusst wahrnehmen ist immer nur die *Gegenwart*, der momentane Augenblick. Wir können nur im Jetzt handeln, unser Leben findet im Hier statt, was uns etwas »zukunftsdumm«[4] macht, wie wir in Kapitel 6 noch sehen werden. Unsere *Zukunft* ist ungewiss, doch das, was wir heute denken und tun, wird unsere zukünftige Wirklichkeit mitbestimmen. Die Schienen, auf denen wir morgen fahren werden, beeinflussen wir bereits mit unserem heutigen Handeln. Wenn wir nicht aufpassen, können wir uns also – wie der Autor Pero Mićić schreibt – durchaus an jedem einzelnen Tag die Zukunft versauen.

Ein Tag ist, abzüglich angenommener 8 Stunden Schlaf, 960 wache Minuten und damit 16 Stunden lang – für Leute mit Snooze-Taste etwas kürzer. Mit diesen knapp 1000 Minuten können wir theoretisch tun und lassen, was wir wollen. Klingt nach einer ganzen Menge, fühlt sich nur häufig nicht so an. Wir müssen Geld verdienen, wollen Zeit mit Freunden und/oder der Familie verbringen und haben auch noch einen Haushalt zu schmeißen. Oft kommt es uns vor, als ob die Zeit mit *uns* macht, was sie will. Die schlechte Nachricht: Wir haben tatsächlich nie die volle Kontrolle über unsere Fahrt und unsere Zukunft, dafür gibt es zu viel, das wir nicht beeinflussen können. Die gute Nachricht: Wir bestimmen jeden Tag mit, welche Person wir in Zukunft sein werden.

Dabei haben wir unterschiedliche, teilweise leider sehr ungerechte Startbedingungen. Aber wir allein entscheiden hier und heute, was wir mit der uns zur Verfügung stehenden Zeit anfangen, also wie wir unsere Achterbahnfahrt gestalten wollen, wie weit wir in die Zukunft schauen möchten, wofür wir zu kämpfen bereit sind, welche Loopings wir in Angriff nehmen oder nicht. Kämpfen hört sich vielleicht wild an, aber so ist es doch: Probleme tauchen überall und jederzeit auf – im Job, in Beziehungen, beim Erreichen von Zielen, beim Streben nach Glück und mehr Gerechtigkeit oder bei der Rettung der Welt.[5] Die entscheidende Frage, die Sie für sich beantworten sollten, ist: Wohin sollen die Schienen Ihrer Achterbahn führen und was können Sie tun, um nicht so schnell von den äußeren Umständen aus der Bahn geworfen zu werden? Anders ausgedrückt: Wofür wollen Sie Ihre Zeit einsetzen?

Um diese Frage zu beantworten, ist es wichtig, Ihre Prioritäten und Fähigkeiten zu erkennen, zu wissen, was Sie gerne tun und was Sie zu diesem Zweck noch lernen wollen, um sich dann den Aufgaben und Dingen zu widmen, die wahrhaftige Begeisterung bei Ihnen hervorrufen. Dabei kann die Überlegung helfen, womit Sie sich gerne beschäftigen und welche Probleme sich lohnen, gelöst zu werden. Es macht mich zum Beispiel unfassbar glücklich, ein Buch zu schreiben. Gleichzeitig bereitet es mir auch unglaublich viele Probleme: die Recherche, die Angst vor dem Scheitern, das Kürzen, wenn ich wieder viel zu viel geschrieben habe. Oft ist es ein regelrechter Kampf und manchmal mag ich ihn nicht führen. Aber ich liebe es noch viel mehr, am Ende doch alles auszutüfteln. Und am allermeisten liebe ich das Gefühl, wenn alles geschafft ist und ich mich wieder ein wenig erholen und ausruhen kann. Denn Muße und Nichtstun finde ich am allerschönsten, wenn sie nach einem kleinen oder größeren Erfolg genossen werden dürfen.

Schlussendlich möchte doch jeder sagen können: »Ich habe meine Zeit richtig gut verbracht. Ich habe sie nicht unbeaufsichtigt gelassen – meistens zumindest.« Vieles liegt dabei in Ihrer Hand. Je besser Sie Ihr Gehirn und Ihr Verhalten verstehen, desto (selbst)bewusster, entspannter und zufriedener können Sie mit Ihrer Zeit umgehen, im Hier und Jetzt leben und das Fahrtempo sowie die Höhen und Tiefen Ihrer Achterbahnfahrt des Lebens in Ihrem besten Sinne beeinflussen und sogar Ihre Zukunft besser im Blick behalten. Doch bevor wir unsere Achterbahnfahrt näher in den Blick nehmen, fahren wir einen kleinen Umweg durch die verschiedenen Betrachtungsweisen der Zeit.

Ein uraltes Phänomen und ein Mysterium

Einerseits ist Zeit für uns heute etwas so Selbstverständliches, dass wir kaum darüber nachdenken. Andererseits beschweren wir uns ständig, dass wir viel zu wenig davon haben. Wenn das menschliche Gehirn das komplexeste System im Universum ist, das wir kennen, dann ist die Zeit mit Sicherheit das komplexeste Phänomen, und es lässt sich aus so vielen Perspektiven betrachten, dass sie nicht ansatzweise in dieses Buch passen. Ich kann nur ein paar bedeutsame Punkte anreißen, um dem Geheimnis namens Zeit zumindest ein wenig auf die Spur zu kommen.

Das Universum ist rund 12,8 Milliarden Jahre alt, die Erde immerhin knappe 4 Milliarden Jahre. Ihre Entstehung ist also schon verdammt lang her, aber im Vergleich zum Universum ist sie recht frisch und jung. Um diese Zeiträume greifbarer zu machen, stellte sich der Astrophysiker Carl Sagan einen *kosmischen Kalender* vor:[6] Angenommen, das Universum wäre ein Jahr alt und heute die erste Sekunde im folgenden Jahr, dann wären erste Sterne und Galaxien im Januar entstanden, am 9. September unser Sonnensystem, die Erde wäre fünf Tage später im Universum aufgetaucht. An Weihnachten hätten die lieben Dinosaurier abends unterm Tannenbaum das Licht der Welt erblickt. Die ersten Primaten erschienen am 29. Dezember, am Silvesterabend etwa um 22.30 Uhr wären die ersten Menschen auf der Erde herumspaziert. Diese rotteten dann – wahrscheinlich aus Versehen – das Mammut aus. Aristoteles hätte im alten Griechenland vor ungefähr 5 Sekunden über die Zeit sinniert und Albert Einstein vor etwa 0,2 Sekunden.[7]

Auf unserem Planeten bestimmen die Rotationsintervalle – das Kreisen der Erde um die Sonne sowie um sich selbst – die Jahreszeiten und den Tag-Nacht-Rhythmus. Doch unsere Uhren haben in gewisser Weise unseren körpereigenen Zeitrhythmus ersetzt. Viele Menschen wachen nicht auf, wenn die Sonne aufgeht oder sie genug geschlafen haben, sondern wenn ihr Wecker klingelt. Die Uhrzeit ist also vor allem eine gesellschaftliche Vereinbarung, um uns zu organisieren und aufeinander abzustimmen, und sie erlaubt es uns, die Wirklichkeit zu ordnen. Dabei steckt hinter diesem aufregenden, komplexen Phänomen viel mehr als die vielen alltäglichen und menschengemachten Begriffe wie Uhrzeit, Jahreszeit, Kalender, Öffnungszeit, Fahrplan, Zeitdruck oder Terminstress. Aber was?

Für unseren Alltag sind grob gesagt drei wahrnehmbare Zeiten interessant. Wir unterscheiden zwischen *objektiver* und *physikalischer Zeit*, also den Vorgängen in der Natur wie dem Wechsel von

Tag und Nacht, den Jahreszeiten oder Naturereignissen, der *kulturell-intersubjektiven Zeit* oder *Weltzeit*, das sind zum Beispiel Uhrzeiten, Kalender und Fahrpläne, auf die wir uns als Gesellschaften geeinigt haben, und der *subjektiven Zeit*, auch als *Eigenzeit* bezeichnet, die jeder selbst erlebt.[8] In der Wissenschaft werden noch ganz andere Zeiten diskutiert. So sprechen Historiker von der *historischen Zeit*, zum Beispiel der Geschichte Nordamerikas vor der Entdeckung durch Christopher Kolumbus. In der Physik steht die Zeit für Veränderung, das ist dem Astrophysiker Harald Lesch zufolge »die tiefste Erkenntnis, die die Physik zur Betrachtung der Welt beisteuern kann«.[9] Doch selbst Physiker blicken mit unterschiedlichen Konzepten auf die Zeit, wie wir gleich noch sehen werden.

Faszinierend, aber flutschend – das Wesen der Zeit

Schon Augustinus von Hippo schrieb im 4. Jahrhundert: »Was also ist die Zeit? Wenn niemand mich danach fragt, weiß ich's. Will ich's aber einem Fragenden erklären, weiß ich's nicht.«[10] Das trifft es ziemlich gut. Intuitiv wissen wir natürlich, was Zeit ist, aber wenn wir sie näher betrachten, wird es komplex.

Auf den ersten Blick scheint es trotz vieler unterschiedlicher Blickwinkel auf die Zeit recht leicht zu sein, sie zu definieren. Im Brockhaus steht: »Zeit, das im menschlichen Bewusstsein unterschiedlich erlebte Vergehen von Gegenwart; die nicht umkehrbare, nicht wiederholbare Abfolge des Geschehens, die als Vergangenheit, Gegenwart und Zukunft am Entstehen und Vergehen der Dinge erlebt wird.«[11] Zeit ist also eine Aneinanderreihung von Ereignissen, in einer eindeutigen, unumkehrbaren Reihenfolge. So weit, so gut. Der Zeitpfeil ist hierfür ein passendes Bild und damit ist die Unumkehrbarkeit auch klar: Wenn ein Glas herunterfällt und in Tausend Teile zerspringt, ist das nicht mehr rückgängig zu machen. Zumindest wurde das außerhalb der Filmwelt noch nie beobachtet. Dies ist auch die Betrachtung der Zeit aus dem Blickwinkel des zweiten Hauptsatzes der Thermodynamik, der vereinfacht besagt: Wärme fließt immer vom Warmen zum Kalten, nicht andersherum. So wird der Morgenkaffee unweigerlich kalt und gibt seine Wärme an den Raum ab. Allgemeiner definiert er die Richtung der Zeit als »Zunahme der Entropie«, was bedeutet, dass alles im Verlauf der Zeit immer unordentlicher wird.[12] Kennt man ja aus dem Kinderzimmer, vom Dachboden oder aus der Küche. Je mehr Zeit ohne Aufräumen vergeht, desto chaotischer wird es.

Das sind alles schöne und wahre Definitionen von Zeit, aber es bleibt dabei: Es ist immer die Frage, aus welcher Sicht man die Zeit betrachtet und welches Konzept zugrunde liegt. Aber welche Definition ist die einzig wahre? Zeit ist so faszinierend, da sie zunächst so einfach zu begreifen scheint. Doch bei dem Versuch, sie genauer zu fassen, flutscht sie uns durch die Finger wie ein flinker Fisch. Und so wie das Wasser die Fische umgibt, umhüllt uns die Zeit. Wir spüren sie nicht unmittelbar, aber sie ist immer da – und nicht nur das!

Jetzt wird's aufregend!
Zeit und Relativität

Pressen Sie die Bügel des Achterbahnwaggons fest an sich, wir kommen nämlich zur Relativität, die in Bezug auf die Zeit noch gar nicht so lange bekannt ist. Für Isaac Newton, der im 17. Jahrhundert geboren wurde und mit seinem Gravitationsgesetz die Grundlagen für die klassische Mechanik legte, war die Zeit noch etwas Feststehendes, Immergleiches, Unveränderliches.[13] Für ihn gab es nur eine einzige *kosmische Zeit*, die an jedem Ort im Universum gleich war. Albert Einstein brachte im 20. Jahrhundert dieses Bild ziemlich durcheinander, indem er unter anderem feststellte: »Der Unterschied zwischen Vergangenheit, Gegenwart und Zukunft ist für uns Wissenschaftler eine Illusion, wenn auch eine hartnäckige.«[14] Mit seiner Speziellen und Allgemeinen Relativitätstheorie verlor die Zeit ihren Anspruch auf Absolutheit. Eine universelle Gleichzeitigkeit oder eindeutige Gegenwart existierte nicht mehr.

Die Zeit wird demnach von der *Geschwindigkeit,* genauer gesagt: von den Bewegungszuständen von Körpern, und der *Gravitation* beeinflusst. Mit letzterer befasst sich Einsteins Allgemeine Relativitätstheorie, die Spezielle nimmt die Geschwindigkeit in den Blick. Ein Lastwagen, der auf der Straße vorbeifährt, verändert mit seiner Masse die Zeit genauso wie die Geschwindigkeit, mit der wir uns selbst bewegen. Das spricht zwar gegen jede Logik, aber in einem fahrenden Zug vergeht die Zeit zum Beispiel langsamer als an einem Bahnhof. Doch nur relativ gesehen! Im Zug erleben die Passagiere die Zeit natürlich wie immer (dazu mehr in Kapitel 12). Betrachten wir nun kurz die Gravitation: Wussten Sie, dass die Zeit auf unterschiedlichen Höhen nicht gleich schnell vergeht? Angenommen Sie halten im Urlaub auf der Terrasse eines Hotels über einem See gemütlich ein Glas Wein in der Hand und betrachten die Wellen, die gegen die Kieselsteine am Ufer schlagen, dann vergeht die Zeit dort unten einen verschwindend geringeren Tick langsamer – bei 20 Metern Höhenunterschied etwa ein Viertel des billionsten Teils einer Sekunde.[15] Selbst eine Uhr auf Höhe Ihrer Ohren geht einen unmerklichen Tick schneller als eine Uhr auf Höhe Ihrer Füße, da diese näher an der Erdmasse ist. Das können natürlich nur ganz spezielle Uhren messen. Verrückt, oder?

Noch wilder:
Uhren messen keine Zeit

Um die Sache noch weiter zu verkomplizieren: Die Zeiger auf dem Zifferblatt einer Uhr (oder die sich verändernden Zahlen auf dem Display digitaler Exemplare) spiegeln nicht die Zeit selbst wider. Sie zeigen nur eine für uns wahrnehmbare Bewegung, die einem bestimmten Rhythmus folgt, also einen *Vergleich zu einem Vorgang in der Realität.* Sie messen im Allgemeinen einen periodischen Ablauf: den Stand der Sonne bei einer Sonnenuhr, die durchlaufende Wassermenge bei einer Wasseruhr oder sie übertragen die Zahl der Schwingungen eines Quarzkristalls. Selbst Stoppuhren messen immer nur eine Zeitspanne, die in dem Moment, in dem sie gemessen wird, schon vorübergegangen ist. Der Soziologe Georg Simmel sagte über die Uhr, sie begreife »die Welt als ein großes Rechenexempel«.[16] Ebenso wenig wie eine gemalte Orange dasselbe ist wie die richtige Frucht, ist das, was wir auf Uhren ablesen, die wirkliche Zeit.

Für Einstein war die Zeit trotzdem das, was die Uhr anzeigt, und er verknüpfte auf alle Ewigkeit Raum und Zeit untrennbar zur *Raumzeit*, die nicht absolut und sogar gekrümmt ist. Es gibt demnach keine allgemein gültige Zeit, denn sie ist davon abhängig, wo wir uns befinden, was sich um uns herum befindet und wie schnell wir uns bewegen. So hat jedes Phänomen und selbst jede Uhr ihre ganz eigene Zeit.[17] Der Physiker John A. Wheeler übernahm als Definition das, was er angeblich an der Wand einer Herrentoilette gelesen hatte: »Zeit ist die Methode der Natur, zu verhindern, dass alles auf einmal passiert.«[18] Und damit bin auch ich zufrieden.

Doch jetzt setzen wir der Zeit-Torte noch die Kirsche auf – mit einer weiteren, vollkommen anderen Sichtweise auf die Zeit, nämlich jener aus der Quantentheorie. Wir wenden uns dem Mikrokosmos und der Materie auf atomarer und subatomarer Ebene zu. Dort spielt Zeit kaum eine Rolle, sie läuft als Beobachtungsparameter einfach mit. Außerdem ist dieser Mikrokosmos zum Teil vom Zufall und von Wahrscheinlichkeitsgesetzen bestimmt. Auf so kleinem, begrenztem Raum können sich Objekte zum Beispiel nicht in beliebiger Geschwindigkeit ausbreiten, sondern nur ganz bestimmte Geschwindigkeiten annehmen. Dennoch existiert hier die Idee einer kleinsten Zeit, der *Planck-Zeit*. Und es wird noch absurder: Auf der Quantenebene könnten Vorgänge sogar rückwärts ablaufen![19]

Sowohl die Relativitäts- als auch die Quantentheorie sind sehr gut belegt, doch es ist bisher noch nicht gelungen, die beiden Konzepte miteinander zu verbinden. Es bleibt dabei: Zeit hängt vom theoretischen Kontext ab. Für unseren Alltag spielen all diese Definitionsversuche auf den ersten Blick keine Rolle, aber unsere GPS-Systeme würden uns ohne das Wissen um die Relativität mit einem Fehler von etwa 10 Kilometern an unserem wahren Zielort vorbeiführen.[20] Und auch wir erleben die Zeit in gewisser Weise relativ:

Sie vergeht mal langsam, mal schnell, unter anderem abhängig davon, wo wir uns befinden und wie wir uns fühlen. Was ist da los? Es wird Zeit fürs Hirn!

Die Zeit ist ein Hirngespinst

Obwohl unser Gehirn nichts sieht, hört, riecht, schmeckt und fühlt, passiert darin etwas Großartiges: Unsere fünf Sinne übersetzen die eingehenden Reize, elektromagnetische Wellen beim Licht oder Schallwellen beim Hören, in die Sprache unseres Gehirns: elektrische Impulse.[21] In Sekundenbruchteilen entstehen Aktivitätsmuster in unseren insgesamt rund etwa 86 Milliarden Gehirnzellen, die miteinander kommunizieren, sich abstimmen und uns die Welt wahrnehmen lassen. Nur bei der Zeit ist das nicht so. Wir kommen nicht mit einem »Zeitsinn« zur Welt. Wie die Hirnforschung heute weiß, ist das Phänomen Zeit ein vom Gehirn erzeugtes Konstrukt, das eine gewisse Ordnung in unser Leben bringt. Die über unsere Sinne aufgenommenen Informationen vermitteln uns, dass Zeit vergangen ist. So können wir zeitliche Beziehungen zwischen Ereignissen herstellen. Unser Gehirn entwickelt die Zeit erst künstlich im Nachhinein, und zwar so, dass es mit den Sinnesreizen zusammenpasst, schreibt der Gehirnforscher Henning Beck in seinem Buch *Irren ist nützlich*.[22] Das, was wir Realität nennen und erleben, ist demnach vergleichbar mit einem Film, und die Regisseurin ist unser Hirn.

Schon Neugeborene verfügen über ein rudimentäres Gefühl für Zeit und Rhythmus und können mit einem Monat schon Töne wiedererkennen, die sie mehrmals gehört haben. In den ersten Lebensmonaten beginnen sie »Jetzt« und »Nicht-Jetzt« zu unterscheiden. Auch wenn sie täglich dazulernen, verstehen sie meist erst als Vierjährige das Konzept von Vorher und Nachher.[23] Ganz allmählich kreiert das Gehirn aus dem Chaos unglaublich vieler Sinneseindrücke ein Abbild der Welt, das bei jedem etwas anders aussieht.

Da wir die Zeit selbst kreieren, aber nicht zuverlässig messen können, verschätzen wir uns im Rückblick oft: Unsere Erinnerungen sind zeitlich verzerrt, daher kommt es zu einem *Planungs-Trugschluss* – das Zeitparadox lässt grüßen! Wenn wir uns zurückerinnern, wie lange wir für die Erledigung einer bestimmten Aufgabe gebraucht haben, schätzen wir diese Zeit meist viel zu gering ein und planen entsprechend knapp. So denke ich zum Beispiel bei jedem neuen Buchprojekt, das letzte hätte ich in einem Monat runtergeschrieben – was definitiv nicht den Tatsachen entspricht. Doch weil sich viele Schreibtage so sehr ähneln, kommt es mir in der Erinnerung so kurz vor. Bei anderen Aufgaben glauben wir hingegen, wir bräuchten dafür mehrere Stunden – mindestens! –, aber wenn wir uns konzentriert dransetzen, sind sie ruckzuck erledigt. Bei mir ist das zum Beispiel so, wenn ich meine Steuerunterlagen ordne.

Unser Gehirn baut sich seine Zeit also eigenständig zusammen. Das Gute daran: Dadurch haben wir Einfluss auf unsere Zeitwahrnehmung – und den sollten wir nutzen, solange wir hier sind!

Unsere Zeit ist endlich – das Ende der Achterbahnfahrt

Wir befinden uns auf einem Planeten, der mit 30 Kilometern pro Sekunde um die Sonne rast, und das in einem Universum, das sich immer schneller ausbreitet. Wäre nur ein einziger Ihrer Vorfahren ums Leben gekommen, bevor er sich fortpflanzen konnte, würden Sie dieses Buch jetzt nicht in den Händen halten.[24] Der Autor Ali Binazir hat einmal ausgerechnet, wie hoch die Wahrscheinlichkeit[25] ist, dass ausgerechnet Sie, Ihre Eltern, jeder Einzelne von uns, genau heute auf der Welt leben: Sie liegt bei 1 zu $10^{2685000}$. Um diese unfassbare Zahl ein bisschen fassbarer zu machen: Im gesamten Universum gibt es »nur« geschätzte 10^{89} Atome.

Es grenzt also an ein enormes Wunder oder an einen riesigen Zufall, dass es uns überhaupt gibt. Daher sollten wir aus der Zeit, die wir haben, aus unserer einmaligen Achterbahnfahrt, auch etwas machen, denn das Leben kann manchmal leider viel zu schnell vorbei sein.

Während die Tüftler im Silicon Valley schon vom ewigen Leben und der Unsterblichkeit – sowohl real als auch digital – träumen und an der Umsetzung arbeiten (mehr dazu in Kapitel 12), führen wir uns doch mal kurz vor Augen, wie lange heutzutage hierzulande ein menschliches Leben dauert: ungefähr 80 Jahre. Das ist die durchschnittliche Lebenserwartung einer Europäerin wie mir. Wir führen damit immerhin ein doppelt so langes Leben wie noch vor zwei Jahrhunderten. Uns stehen also knapp 4 200 Wochen oder ungefähr 29 200 Tage zur Verfügung. Wow, so unfassbar wenig und unglaublich viel Zeit zugleich!

Zeitexperiment

Wie viel Zukunft liegt noch vor Ihnen?

Dieses Zeitexperiment ist zwar nicht ganz so erschreckend wie die Death-Clock, aber ein bisschen gemein, das gebe ich zu. Es ist dennoch lohnenswert und kann augenöffnend sein.

Trennen Sie die Zeitskala im Buchumschlag mit einer Schere heraus und schneiden Sie die Anzahl der Jahre, die in Ihrem Leben schon vergangen sind, ab. Sie können auch von oben, beim Alter von 100 Jahren, etwas wegnehmen, wenn Sie nicht ganz so optimistisch sind. Aber warum eigentlich nicht optimistisch sein? Wer weiß, was die Medizin in Zukunft leisten wird!

Schauen Sie sich Ihren zukünftigen Fahrtabschnitt an. Es bleibt immer noch eine Menge Zeit, die Sie ab sofort sinnvoll für sich nutzen können, auch wenn schon einige Jahre verstrichen sind.

Solange wir jung sind, denken wir über das Vergehen der Zeit und unsere eigene Vergänglichkeit kaum nach, denn das Ende unserer Achterbahnfahrt ist noch so fern wie ein dünner, unwesentlicher Streifen am Horizont. Über den Tod nachzudenken kann höchst unerfreulich sein, deshalb hat sich unsere Psyche auch den genialen Trick ausgedacht, unser irgendwann bevorstehendes Ableben so gut wie möglich auszublenden. Doch damit tun wir uns nicht wirklich einen Gefallen. Über Vergänglichkeit nachzudenken spült nämlich das Wesentliche ans Licht und führt dazu, dass wir uns selbstloser verhalten und mehr auf unsere eigene Zukunft sowie auf die der kommenden Generationen achten.[26]

Um herauszufinden, was im Leben wirklich zählt, ist es schlau, bei jenen nachzufragen, die im Bereich Lebenszeit schon viel Erfahrung gesammelt haben. Die Palliativpflegerin Bronnie Ware ist in ihrem Buch 5 *Dinge, die Sterbende am meisten bereuen* der Frage nachgegangen, was Menschen kurz vor dem Ende ihrer Lebenszeit im Rückblick feststellen. Folgende Wünsche wurden am häufigsten geäußert: sich selbst treu bleiben, statt nach den Erwartungen anderer zu leben, weniger arbeiten, Gefühle ausleben, sich mehr Freude gönnen und den Kontakt zu Freunden halten.[27] Klingt sinnvoll und eigentlich gut machbar, oder?

Auf der Suche nach sinnvoller Beschäftigung

Obwohl uns so oft die Zeit fehlt, sind wir offenbar nicht gut darin, mit ihr allein zu sein, wenn sie mal im Überfluss vorhanden ist, das zeigen die verblüffenden Ergebnisse einer Studie: Halten sich Menschen 15 Minuten in einem Raum auf und haben keine Ablenkungsmöglichkeiten wie Handy oder Zeitschriften, sondern nur einen Elektroschocker vor sich, fügen sich 25 Prozent der Frauen und fast 70 Prozent (!) der Männer lieber selbst Schmerzen zu, als sich mit sich und ihren Gedanken zu beschäftigen. Dieses Ergebnis ist umso erstaunlicher, wenn man weiß, dass alle Probanden den Elektroschocker vorher getestet und angegeben hatten, sie würden sogar Geld bezahlen, um sich diesem Schmerz nicht noch einmal aussetzen zu müssen.[28]

Im Alltag können wir uns heutzutage in jeder freien Minute ablenken, doch dadurch entsteht die Gefahr, dass wir darüber vergessen, was uns wirklich guttut und Bedeutung für uns hat. Deshalb kann es hilfreich sein, sich mal ganz unvoreingenommen Gedanken über die Zeit zu machen.

Zeitexperiment

Womit füllen Sie Ihre Zeit?

Nehmen Sie ein leeres Blatt, legen Sie es quer vor sich und teilen Sie es in drei Spalten.

Tragen Sie in die erste Spalte alles ein, was Sie derzeit tun oder woran Sie gerade arbeiten. In die zweite Spalte schreiben Sie, was Sie eigentlich derzeit tun sollten. Danach überlegen Sie sich in Ruhe, was Sie gern tun würden, wenn Sie ganz frei über Ihre Zeit verfügen könnten. Sie dürfen alles aufschreiben, was Ihnen in den Sinn kommt, sowohl Berufliches als auch Privates.[29]

Das tue ich zurzeit	Dafür sollte ich meine Zeit einsetzen	Das möchte ich gerne tun
Buch lesen	Sport machen	Nach Südamerika reisen
Online-Shopping	Stromanbieter wechseln	Im Chor singen
Aufräumen	Bügeleisen reparieren lassen	Brettspiele spielen

Bewahren Sie Ihre Liste auf, wir kommen später darauf zurück.

Ich bin keine Hellseherin, aber ich bin mir ziemlich sicher, dass die Inhalte in Spalte 1 und 2 bei Ihnen nicht identisch sind und in Spalte 3 auch Wünsche stehen, die derzeit unerfüllbar zu sein scheinen: ein eigenes Restaurant eröffnen, eine Gesangskarriere starten, nach Australien auswandern, um dort Koalas aufzupäppeln und wieder auszuwildern. Und für manche erfüllbare Wünsche erlauben wir uns keine Zeit, wie einfach nur mal in Ruhe Vögel beobachten. Oder Eichhörnchen.

Menschen sind keine Computer oder Maschinen, was wunderbar ist. Wir lassen uns allerdings nur zu gern ablenken, haben Sorgen und Ängste und deshalb ist es oft so schwierig, Tagespläne und langfristige Vorhaben umzusetzen. Und wenn die To-do-Listen weder Begeisterung noch ein Gefühl der Verantwortung hervorrufen, sind sie kaum bis schwer zu realisieren.

Das, wofür wir unsere Zeit wirklich gerne nutzen würden, scheint manchmal weit weg und sogar unerreichbar zu sein, doch Sie allein entscheiden, wie Ihr zukünftiges Ich sein wird und was es tun und lassen wird – und zwar an jedem einzelnen »Heute«.

Aber wie genau entsteht nun überhaupt die Zeit im Kopf? Dafür springen wir kurz in der Zeit zurück, in eine Zeit vor Corona, ins Jahr 2019.

Ihre Zeit besser verstehen und anders erleben

- ✓ Das Leben ist wie eine Achterbahnfahrt – es geht turbulent auf und ab.
- ✓ Die Zeit ist relativ. Sie wird im Hirn jedes Einzelnen konstruiert.
- ✓ Unser Dasein auf der Erde ist ein Riesenzufall und eine große Chance. Denken Sie nach dem Aufwachen als Erstes daran, was für ein unglaubliches Glück es ist, am Leben zu sein, und gehen Sie ganz optimistisch davon aus, dass dies ein großartiger Tag wird!
- ✓ Stellen Sie sich die wichtigen Fragen des Lebens: Wie können Sie sich selbst treu bleiben? Wie kann es gelingen, weniger nach den Erwartungen anderer zu leben? Gibt es Möglichkeiten, weniger zu arbeiten? Wie und wo können Sie Ihre Gefühle ausleben, ohne dass es auf Kosten anderer geschieht? Was macht Ihnen wirklich Freude? Wie sieht der Kontakt zu Ihren Freunden aus?

Kapitel 2

Alles Hirngespinste – Zeitwahrnehmung im Kopf

»Wer sich nicht über die Zukunft Gedanken macht,
der wird sich bald über sein Heute sorgen müssen.«

Konfuzius

Im Fluss der Zeit

Ich bin im Urlaub in Kroatien, sitze abends auf einer Terrasse am Meer, von der aus ich morgens mit dem Fernglas Delfine beobachtet habe, und blättere in meinen Notizen über meine bewussten Zeiterfahrungen. Freundlicherweise kümmern sich meine Freunde heute um das Abendessen, sodass ich in aller Ruhe den Sonnenuntergang beobachten kann. Ich erlebe dabei den Moment, in dem die Zeit sichtbar wird, als die Sonne aufgrund der Erdrotation hinter dem Horizont versinkt. Wo gerade noch der feuerrote Stern leuchtete, sehe ich nur noch einen Abendhimmel von überwältigender Schönheit.

Während meine Augen trotz Sonnenbrille noch mit dem hellen Licht ringen, in das ich so lange geschaut habe, knurrt mein Magen. Ich spüre meine leicht verbrannte Nase und rieche noch einen Rest Sonnencreme, bin ganz im Hier und Jetzt. Da brummt mein Handy. Ich nehme es in die Hand, lese meine E-Mails, die ich im Urlaub eigentlich gar nicht checken wollte, versinke im Strom der sozialen Netzwerke – und bin weg.

»Christiane, kommst du?«, höre ich plötzlich, es ist schon fast dunkel. Ich bin verwirrt. Offenbar bin ich in der digitalen Unendlichkeit verloren gegangen, habe das Drumherum überhaupt nicht mehr wahrgenommen. Doch nun ist meine Aufmerksamkeit wieder im Jetzt und mir ist gerade mehr nach Abendbrot als Abendrot.

Billionen von Uhren in uns

Unser Gehirn leistet Erstaunliches, vor allem was die Zeit betrifft. Wir können die *Dauer eines Geschehens* sowie *zeitliche Abfolgen* einschätzen, also erkennen, was in der Vergangenheit, in der Gegenwart oder in der Zukunft liegt, und unsere Erlebnisse in eine Reihenfolge bringen. Wir haben ein *Jetztgefühl* und meist eine Ahnung, welcher Wochentag oder wie spät es ist. Die Fähigkeit, den aktuellen Tag zu kennen und die Uhrzeit grob zu schätzen, nennt man in der Psychologie *temporale Orientierung*. Dabei wird unsere Zeitbestimmung präziser, je näher das Wochenende rückt oder gerade vergangen ist, es ist für uns ein zeitlicher Orientierungspunkt.[1]

Wie wir persönlich die Zeit wahrnehmen, hat aber nichts mit den gleichmäßig tickenden Uhren zu tun: Das Gehirn erzeugt unsere eigene, individuelle Zeit. Dabei verfügen wir über diese subjektiv wahrgenommene Zeit, auch als *Eigenzeit* oder *Mind-Time* bezeichnet, da sie im Kopf entsteht, sowie über eine *innere biologische Uhr*. Diese steuert all unsere Körperfunktionen und ist auch für unseren Tag-Nacht-Rhythmus zuständig. Sie bestimmt, wann wir aufwachen, wann wir müde werden oder wann wir Hunger haben. Darüber hinaus kümmert sie sich um die Hormonausschüttung, den Stoffwechsel und die Körpertemperatur, welche gegen 18 Uhr am höchsten ist, weswegen sich das übrigens als ein guter Zeitpunkt für sportliche Aktivitäten anbietet. Es ist sogar bekannt, wo die biologische Uhr im Gehirn synchronisiert wird, nämlich im *suprachiasmatischen Nukleus*. Das ist eine reiskorngroße Ansammlung von Nervenzellen, die hinter den Augen liegen, genauer: an der Stelle, an der sich die Sehnerven kreuzen.

Im Tagesverlauf sind wir ihren systematischen Schwankungen ausgesetzt, und so sind unsere Reaktionszeit, unsere Kopfrechentalente, viele unserer kognitiven Fähigkeiten, unsere Kreativität sowie die Erscheinungsform unserer Gefühle von ihr abhängig.[2] Grob gesagt haben wir zwei individuell geprägte Hochphasen am Tag. Bei vielen Menschen ist ab 10 Uhr ein erstes Leistungshoch zu erkennen, dem kurz nach Mittag ein Leistungstief folgt, und gegen 15 Uhr steigt unser Energielevel meist wieder an. Daher sollten wir versuchen, die natürliche rhythmische Organisation unseres Körpers nicht völlig zu übergehen. Aus eigener Erfahrung wissen wir: Sehr viel länger als zwei Stunden am Stück können wir unsere Konzentration ohne kurze Pause kaum auf einem hohen Level halten. Dieser *circadiane Rhythmus*, – im Lateinischen bedeutet »circa« ungefähr und »dies« der Tag – ist bei jedem etwas anders. Ihn etwas besser zu kennen, kann einen dabei unterstützen, den Tag und die anstehenden Aufgaben leichter zu bewältigen.

Ihrer inneren Uhr auf der Spur   *Zeitexperiment*

Achten Sie in den nächsten sieben Tagen darauf, ob Sie Ihre Hoch- und Tiefphasen ausfindig machen können: Wann sind Sie besonders kreativ oder leistungsfähig und wann hängen Sie durch? Ist das jeden Tag gleich? Was beeinflusst Ihr Energielevel?

Wenn Ihnen die Hoch- und Tiefphasen bewusst sind, können Sie versuchen, Ihre Aufgaben, so weit möglich, daran zu orientieren. Nutzen Sie Ihre persönlichen Hochphasen für komplexe oder kreative Tätigkeiten. Überlegen Sie sich, welche Aufgaben Sie in den Tiefphasen gut erledigen können. Sie eignen sich zum Beispiel mehr für Routinetätigkeiten oder die Beantwortung von E-Mails.

Setzen Sie sich aber nicht zusätzlich unter Druck, um Ihren Tag »perfekt« zu planen. Sie müssen nicht alles Wichtige in Ihren Hochphasen erledigen. Achten Sie lieber darauf, kurze Erholungsphasen einzuplanen und überlegen Sie sich schon zu Beginn des Tages, was Sie in diesen Pausen tun wollen: kurz an die frische Luft gehen oder nur das Fenster weit öffnen, Musik hören, ein paar Atemübungen machen – oder einfach mal gar nichts! Das ist wichtig, denn Ihr Hirn und Ihr Körper brauchen Ruhepausen.

Die biologische Uhr steuert unseren Körper also sehr präzise. Das Einzige, was sie nicht kann: uns exakt sagen, wie spät es ist. Aber wie tickt sie eigentlich?

Auf der Suche nach dem Zeitempfinden

Grundlegendes Wissen über unsere biologische Uhr verdanken wir unter anderem dem Geologen Michel Siffre, der 1962 zwei Monate in der Gletscherhöhle Scarasson in den französischen Alpen verbrachte. Ihn interessierte, was Dunkelheit und Langeweile mit ihm und seinem Zeitempfinden anstellen würden.

Ohne Uhr wusste er schon bald nicht mehr, wann Tag und wann Nacht war, und entschied sich daher zu schlafen, wenn er müde war, und zu essen, wenn er Hunger hatte. Damit übernahm er unbewusst den Rhythmus seines Körpers. So schlief der Forscher, ohne es zu wissen, gute 8 Stunden, war danach etwa 16 Stunden wach, aß, wann immer er Hunger verspürte, und dann ging das Ganze wieder von vorne los.[3] Anfangs beschrieb er seinen Schlaf als besser denn je, aber sehr schnell ging es ihm physisch und psychisch schlechter, vor allem weil es in Höhlen naturgemäß ziemlich einsam, ungemütlich und feucht ist. Die meiste Zeit verbrachte er in vollkommener Finsternis, denn den Strom seiner Batterielampe musste er sparen.[4] Bald hatte er auch keine Lust mehr aufzuräumen. Mit der Zeit verlor er sich in der Zeit.

Zu seiner Unterhaltung hatte er zwar einen Plattenspieler mitgenommen, doch die klassischen Musikstücke, die er vorher gemocht hatte, konnten ihn in der Dunkelheit nicht mehr aufheitern und waren nur noch »chaotischer Lärm«, mitgebrachte Chansons ließen ihn sich noch viel einsamer fühlen. Nur seine kleine Freundin, eine von ihm gefangene Spinne, konnte ihn zwischendurch ein wenig freudig stimmen. In sein Tagebuch schrieb er: »Die Zeit hat für mich keinerlei Bedeutung mehr. Ich bin von ihr abgelöst, ich lebe außerhalb der Zeit.«[5]

Als das Team ihn nach zwei Monaten abholte, war der Wissenschaftler überrascht. Er dachte, er hätte noch 25 Tage vor sich! Es stellte sich heraus: Siffres Schlaf-Wach-Rhythmus betrug 24 Stunden und 31 Minuten, doch allein im Dunkeln hatte er jegliches Zeitgefühl verloren.

Zeiterfahrung im Bunker

Der Neurologe Jürgen Aschoff kam etwa zur gleichen Zeit auf ein ähnliches, aber etwas komfortableres Experiment. Es war auch kein Selbstversuch, sondern er überzeugte Probanden, mehrere Wochen bis Monate in einem fensterlosen, spartanischen Bunker mit eigenem

Sessel, Bett und Schreibtisch zu wohnen – und einem Lichtschalter, den sie selbst betätigen konnten. Soziale Interaktionen fanden nur über Zettelbotschaften statt.

Für alle Versuchspersonen verging die Zeit äußerst langsam, und auch hier stellte sich nach kurzer Zeit ein gleichmäßiger Schlaf-Wach-Rhythmus ein. Laut Aschoff betrug er durchschnittlich 25 Stunden. Halten wir uns nicht in einem Bunker auf, werden unsere verschiedenen inneren Uhren durch das Sonnenlicht auf den 24-Stunden-Rhythmus synchronisiert.[6] Umso wichtiger ist es, unsere innere Uhr vor dem Schlafen nicht mehr mit unseren leuchtenden Displays zu verwirren, die mit ihrem blauwelligen Licht das bis dahin gebildete und zum Schlafen wichtige Melatonin zerschießen.

Bemerkenswert an diesem Versuch war, dass viele Teilnehmer diese reizarme Zeit und die puristische Einrichtung genossen und ihren Aufenthalt am liebsten verlängert hätten. Hin und wieder fand man Inschriften an der Wand wie: »Jetzt weiß ich endlich, was mir auf die Nerven geht – ich selbst.«[7] Diese Erkenntnis wird uns noch von Nutzen sein, doch zurück zum Zeitempfinden.

Den Forschern fiel auf, dass alle Körperfunktionen, die unter normalen Umständen täglich aufeinander abgestimmt ablaufen, etwa die Regulierung der Körpertemperatur und der Schlaf-Wach-Rhythmus, dies unter den gegebenen Bedingungen nicht mehr taten und sich voneinander entkoppelten.[8] Sie schlossen daraus, dass es verschiedene, voneinander unabhängige innere Uhren gibt. Heute wissen wir: Jede Zelle unseres Körpers und somit jedes Organ besitzt eine eigene Uhr, die zusammen unsere biologische Körperuhr bilden, die vom Tageslicht auf 24 Stunden geeicht wird.[9] Deshalb ist es so wichtig, viel Tageslicht zu tanken. Selbst Pflanzen haben übrigens eine innere Uhr und richten ihre Blätter in Richtung Sonne aus – und führen ihre tagesperiodischen Blattbewegungen sogar aus, wenn sie frecherweise in komplett abgedunkelte Räume gestellt werden.

Unser circadianer Rhythmus wird, wie wir bereits wissen, im suprachiasmatischen Nukleus geregelt, das ist aber nicht der Ort, der unser individuelles Zeitgefühl hervorbringt. Es gibt in der Wissenschaft nach wie vor keine Übereinkunft darüber, wie und wo unser subjektives Zeitempfinden im Gehirn entsteht. Dafür gibt es umso mehr Vermutungen. Die subjektive Zeit sei stark auf die Innenwelt bezogen, schreibt der Psychologe und Neurowissenschaftler Marc Wittmann in seinem Buch *Gefühlte Zeit*. Und er ist sich sicher: »Körperpräsenz schafft das Bewusstsein von Zeit.«[10]

Wo die Zeit im Hirn steckt

Der Vorgang der Zeitwahrnehmung scheint insgesamt sehr flexibel zu sein, denn uns kommen zum Beispiel auditive Ereignisse länger vor als visuelle. Die Dauer eines Hörspiels oder Podcasts erscheint uns also meistens länger als ein ebenso langer Film. Nehmen wir aber zunächst das große Ganze ins Visier und schauen uns die Bereiche im Gehirn an, die bei der Zeitwahrnehmung involviert sind.

Unser Gehirn besteht bekanntlich aus zwei *Hirnhälften*, die über den *Balken* miteinander verbunden sind. Das *Kleinhirn* ist – vereinfacht gesagt – für reibungslose Bewegungsabläufe zuständig und nimmt dem *Großhirn*, das unserem Denkorgan die Form einer Walnuss verleiht, viel Arbeit ab, indem es die Rechenleistung für die Feinabstimmung übernimmt. An Millisekunden genaue Arbeit gewöhnt, hilft das Kleinhirn, unsere gesamte Muskulatur so zu koordinieren, dass nahezu unendlich viele Bewegungsabläufe in kürzester Zeit aufeinander abgestimmt werden, zum Beispiel Bälle gezielt werfen, tanzen oder einfach zu gehen, ohne irgendwo anzustoßen. Deshalb geht die Wissenschaft davon aus, dass es auch bei der Wahrnehmung der Zeit mitmischt und für das Wahrnehmen und Erkennen von Millisekunden mitverantwortlich ist.

An allem, was wir in ein paar Sekunden wahrnehmen, ist höchstwahrscheinlich der *präfrontale Cortex* beteiligt. Er sitzt im Großhirn vorne an der Stirn. Dieses Areal befähigt uns zu denken, zu entscheiden, zu planen, Probleme zu lösen – und dabei spielt auch die Zeit eine Rolle. So lässt sich hier auch das *Arbeitsgedächtnis* lokalisieren, das Sie sich als geistigen Notizblock vorstellen können. Hier befinden sich die Informationen, die wir für unsere aktuelle Tätigkeit benötigen. Wenn Sie sich zum Beispiel sechs Ziffern merken

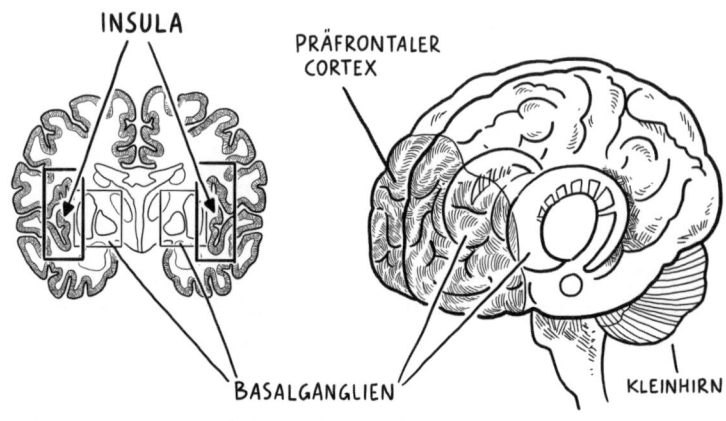

Die Zeit im Gehirn – Kleinhirn, präfrontaler Cortex, Insula, Basalganglien

wollen, um beim Online-Banking eine Überweisung mit einer TAN vorzunehmen, werden diese in Ihrem Arbeitsgedächtnis für ein paar Sekunden zwischengespeichert. Darüber hinaus werden auch viele weitere Informationen integriert, bearbeitet und neu verknüpft.

Im Jahr 2001 wurden frühere Vermutungen bestätigt, dass die *Basalganglien*, die mitten im Gehirn, tief in beiden Hirnhälften sitzen und ein bisschen wie futuristische Kopfhörer aussehen, etwas mit dem Einschätzen von Zeitabschnitten zu tun haben könnten, die länger als wenige Sekunden dauern.[11] Bis dahin wurde angenommen, dass sie vor allem für automatisierte Prozesse, also für Gewohnheiten und Routinen, zuständig seien, wie Autofahren oder schlicht vom Stuhl aufstehen – aber auch hierzu braucht es Timing. So können die Basalganglien über die Ausschüttung des Neurotransmitters *Dopamin* einzelne Muskeln zeitweise auf »Pause« stellen. Wenn wir uns hinsetzen wollen, müssen die Muskeln, die gerade noch am Gehen beteiligt waren, logischerweise gebremst werden, also zur

Ruhe kommen. Wenn wir uns wieder erheben möchten, wird diese Bremse gelöst und wir können anmutig aufstehen.

Dopamin übernimmt vermutlich bei der Zeitwahrnehmung eine wichtige Rolle. Methamphetamin – auch als Speed bekannt – erhöht zum Beispiel den Dopamin-Spiegel. Das führt dazu, dass die innere Uhr gefühlt schneller läuft und man die vergangene Zeit im Rückblick überschätzt, die Zeitspanne einem also länger vorkommt, als sie tatsächlich war. Ein Medikament, das die Dopamin-Rezeptoren blockiert, führt zum gegenteiligen Effekt.[12]

Wenn man Probanden im Gehirnscanner beobachtet, während sie sich mit Aufgaben zur Zeitschätzung beschäftigen, leuchtet ein weiterer Bereich auf: der *Inselcortex* oder *Insula*. Dieses Areal ist ein Teil der Großhirnrinde und hilft uns bei der *Interzeption,* also der Fähigkeit, Körpersignale und Veränderungen im Körper wahrzunehmen.[13] Wenn wir an einem ruhigen Ort sitzen, die Augen schließen und nur auf uns selbst achten, nehmen wir nicht nur unseren Körper, sondern auch die Zeit ganz bewusst wahr. So kann bei Achtsamkeitsübungen in dieser Hirnregion eine stärkere Aktivität beobachtet werden. Auch an unserem Bewusstsein und der Wahrnehmung von Empfindungen wie Wärme, Hunger, Durst oder Schmerz oder dem Bedürfnis nach frischer Luft nach einer anstrengenden Tätigkeit wirkt die Insula mit. Sie kümmert sich zudem um intuitive Empfindungen wie Ekel oder Verliebtheit, denn sie ist eng mit dem *limbischen System* verbunden, der Basis für komplexe Gefühle, und ist demnach auch an unserer Intuition und somit an unserer Entscheidungsfindung beteiligt.[14]

Spielt man Personen zum Beispiel ein paar Sekunden langanhaltende Töne vor, zeigt sich in diesem Areal eine außergewöhnlich starke Aktivität. Sowohl beim Hören als auch bei der möglichst exakten zeitlichen Wiedergabe durch das Drücken einer Taste ist die Insula der Probanden aktiviert. Und zwar ist die Aktivität größer, je länger die Töne andauern. Es könnte also sein, dass ein präsentiertes Zeitintervall in diesem Teil des Gehirns abgebildet wird.[15]

Die Wissenschaft ist natürlich der Frage nachgegangen, wie in den Hirnarealen ein Zeitempfinden entstehen könnte. Schauen wir uns dazu mal zwei gängige Modelle an.

Das Insula-Modell – der Takt der Zeit im Gehirn

Ein weit verbreitetes Modell für die Zeitwahrnehmung ist das *Zeitgeber-Zähler-Modell*, auch *Schrittmacher-Speicher-Modell* genannt. Kognitionsforscher vermuten einen hypothetischen Zeitgeber, der Impulse oder Ticks in einer bestimmten Frequenz aussendet, welche von einem Zähler aufgefangen und gespeichert werden. Je mehr dieser Impulse innerhalb einer gewissen Zeitspanne aufgenommen werden, desto länger empfinden wir diese. Die Zeit würde demnach immer dann gefühlt langsamer vergehen, wenn dieser theoretische Zähler mehr Impulse innerhalb einer gewissen Zeitspanne gesammelt hat. Ein langsamerer Takt würde bedeuten, dass die Zeit – subjektiv erlebt – schneller verfliegt.[16]

Der Neurobiologe Bud Craig geht davon aus, dass uns der Körper in jedem Moment eine aktuelle Statusmeldung über seinen Zustand sendet, wie ein nicht enden wollender Twitter-Feed. Zeitgeber könnten demnach Signale aus dem Körper sein, Moment-Updates, welche die Insula verarbeitet. Aus der Wahrnehmung des Körper-Ichs und einer andauernden Körperpräsenz könnte eine Vorstellung über den Zeitverlauf entstehen. Laut dieser Theorie sind für die Zeitwahrnehmung keine äußeren Reize verantwortlich, sondern wir konstruieren durch unsere Körpergefühle die Zeit und damit unsere eigene Uhr.[17] Der Zeitforscher Marc Wittmann, der am Insula-Modell mitgearbeitet hat, ist überzeugt: »Je weniger man seinen Körper spürt, desto schneller vergeht die Zeit.«[18]

Wenn wir unser Ich wahrnehmen, wird uns die Zeit bewusst. Vergessen wir uns hingegen in einer Tätigkeit, weil wir total in ihr aufgehen oder uns im Internet verlieren, scheint sich auch die Zeit aufzulösen – so wie es mir im Urlaub passiert ist. Ich war abgelenkt und nahm demensprechend wenig Impulse wahr, die Zeit raste unbemerkt dahin. Entsprechend könnte die Anzahl dieser wahrgenommenen Impulse auch über unsere *Aufmerksamkeit* gesteuert sein.[19] Durch Ablenkung richtet sich unsere Aufmerksamkeit auf etwas Bestimmtes im Außen und nicht mehr auf uns selbst, sodass weniger körperliche Impulse beim Zähler eintreffen und uns diese Zeitspanne kürzer vorkommt. Wenn wir uns hingegen bewusst auf etwas konzentrieren, auf den Sonnenuntergang, den eigenen Herzschlag, die eigene Atmung, scheint die Zeit viel langsamer zu vergehen, da wir durch die Fokussierung auf uns und die Situation viel mehr Eindrücke und damit auch mehr Impulse wahrnehmen. Daher kommt uns Wartezeit oft länger vor, als sie tatsächlich ist, da wir auf uns selbst zurückgeworfen sind.

Unser Herz, neben der Atmung unser natürlicher Taktgeber, scheint bei der Zeitwahrnehmung eine entscheidende Rolle zu spielen. Menschen, die ihren Herzschlag besser wahrnehmen können, sind auch besser darin, bestimmte Zeitintervalle wiederzugeben.[20]

Zeitexperiment

Hand aufs Herz

Ihr Herz schlägt am Tag etwa 100 000 Mal, während 86 000 Sekunden verstreichen. Konzentrieren Sie sich mal ein paar Minuten auf Ihr Herz, spüren Sie es wirklich schlagen. Sie können dazu gerne eine Hand auf die Brust legen.

Die Zeit wird Ihnen bei diesem Experiment höchstwahrscheinlich ein wenig langsamer vorkommen, jedenfalls solange Sie mit Ihrer Aufmerksamkeit bei sich bleiben. Das Ganze funktioniert bei der Beobachtung der Atmung übrigens auch.

In emotionalen Situationen oder wenn wir körperlich aktiviert sind, ist das ebenso der Fall, denn ein *physischer Erregungszustand* hat Einfluss auf unser Zeitgefühl. Auch Fieber verlangsamt unsere subjektive Zeitwahrnehmung. Die dahinterstehende Theorie: Herrscht eine erhöhte physiologische Aktivität, dann tickt unsere innere Uhr schneller und das Zeitgefühl wird gedehnt.[21] Unser Körper und unser Gehirn arbeiten also wie so oft grandios zusammen. Werfen wir nun einen Blick auf ein weiteres Modell, das erklären könnte, wie uns die Zeit bewusst wird.

Das Dopamin-System – eine Zeitmessungszentrale im Gehirn

Der Psychologe und Neurowissenschaftler Warren Meck vertrat die beeindruckende These, dass eine Art »Zeitmessungszentrale« im Gehirn existiert, die einem Orchester gleicht. Das wäre eine Erklärung dafür, warum uns auffällt, wenn etwas kürzer oder länger dauert als gewohnt.

Unsere Gehirnzellen unterhalten sich miteinander, indem sie Informationen über elektrische Impulse weitergeben. Dabei entsteht so etwas wie ein Rhythmus oder Taktschlag, je nachdem mit welcher Intensität die Neuronen feuern. Das kann bis zu 500 Mal pro Sekunde sein. Wenn Neuronengruppen regelmäßig im gleichen Takt feuern, kann man dies als elektromagnetische Schwingungen beobachten. Somit ist das Gehirn die ganze Zeit über erfüllt mit tausenden verschiedenen Rhythmen, wie bei einem riesigen Musikfestival oder dem Konzert eines großen Sinfonieorchesters.[22]

Meck und sein Team stellten sich die Basalganglien als Dirigentin, das Dopamin als Taktstock und die Nervenzellen als die Musiker mit ihren Instrumenten vor, die in unterschiedlichen Intervallen, aber nicht aufeinander abgestimmt, ständig spielen. Der Auftritt der Dirigentin und das Heben des Taktstocks könnten von einem äußeren Reiz ausgelöst werden, wie zum Beispiel die Bestellung eines Kaffees, wodurch eine sich im Mittelhirn befindende Region, die *Substantia nigra*, Dopamin ausschüttet. Damit tritt die Dirigentin auf die Bühne, das Konzert beginnt und die Nervenzellen, also die Instrumente, fangen an, im Takt des Taktstocks in ihren jeweiligen Intervallen zu feuern. Ein weiteres Areal des Großhirns, das *Striatum*, ebenfalls Teil der Basalganglien, das unterschiedliche Impulse aus verschiedenen Bereichen des Gehirns zusammenführt und in bewusste Empfindungen verwandelt, belauscht das stattfindende Konzert. Sobald wir den bestellten Kaffee in der Hand halten, wird der Taktstock wieder gesenkt. Es erfolgt keine weitere Dopamin-Ausschüttung, das Konzert ist beendet.

Mecks Hypothese lautet, dass die Nervenzellen im Striatum auf diese Weise Millionen unterschiedlicher Takt- und Frequenzmuster erlernen und diese einer bestimmten Zeitspanne zuordnen können.[23] So könne jederzeit ein passendes Zeitmaß gefunden werden, um einen Zeitraum abzuschätzen oder sogar zu messen. Und wir bemerken, wenn etwas kürzer oder länger dauert als erwartet.

Das Rätsel der Zeitwahrnehmung

Es gibt noch weitere Modelle zur Zeitwahrnehmung des Gehirns. So könnte das Verblassen von Gedächtnisinhalten ein Indikator für die Zeit sein. Das Schätzen einer Zeitspanne ist vielleicht davon abhängig, an wie viel Neues und Abwechslungsreiches wir uns erinnern.[24] Eine andere Theorie beruht auf der emotionalen und gedanklichen Anstrengung: Erleben wir viele neue Ereignisse, überschätzen wir die Zeitdauer. Warum das so ist, erfahren wir im nächsten Kapitel.

Wie unser Gehirn die Zeit genau wahrnimmt, wird wohl noch für lange Zeit ein Rätsel bleiben. Es bleibt also spannend! Doch unsere Selbst- und Körperwahrnehmung scheinen einiges damit zu tun zu haben. Wie beeinflussen unsere Aufmerksamkeit, unser physiologischer Erregungszustand, unsere Emotionen und unser Gedächtnis unser subjektives Zeitempfinden – und was hat das Ich damit zu tun? Das schauen wir uns gleich mal genauer an.

Ihre Zeit besser verstehen und anders erleben

- ✓ Jede Zelle unseres Körpers verfügt über eine Uhr. Gemeinsam bilden sie unsere biologische Uhr und unseren circadianen Rhythmus.

- ✓ Das Gehirn erzeugt durch unsere Selbst- und Körperwahrnehmung ein Zeitgefühl.

- ✓ Es gibt keinen einzelnen Ort im Gehirn, an dem unsere subjektive Zeit entsteht. Viele Hirnregionen sind an der Zeitwahrnehmung beteiligt.

- ✓ Die gängigsten und bekanntesten Thesen für die Zeitmessung im Gehirn beziehen sich auf die Insula und das Dopamin-System.

- ✓ Wenn die Zeit im Alltag wieder mal zu rasen scheint, achten Sie kurz, aber aufmerksam auf Ihren Herzschlag oder Ihre Atmung. So können Sie leicht Ihre subjektive Zeitwahrnehmung verlangsamen.

Kapitel 3

Zwischen Langeweile und Aufruhr – langsame und schnelle Zeit

»Einsamkeit bedeutet, dass ich, obwohl allein, mit jemandem (das heißt, mir selbst) zusammen bin.«

Hannah Arendt

Gefangen in der Endlosigkeit der Langeweile

Ich höre mir gerade einen Vortrag über ein eigentlich recht interessantes Thema an. Dennoch würde ich Mephisto sofort meine Seele verkaufen, um die Zeit schneller vergehen zu lassen. Und ich bin nicht die Einzige, der es so geht: Die ältere Dame vor mir hat längst aufgegeben, ihren Kopf nach vorne sinken lassen und ist eingenickt. Die Frau neben ihr versucht wach zu bleiben, indem sie sich langsam im gleichen Rhythmus dreimal jeweils über die linke und dann über die rechte Augenbraue streicht. Ich überlege ernsthaft, einen Hustenanfall vorzutäuschen, um dem langatmigen Vortrag zu entkommen. Das Sprechtempo ist jetzt so gedehnt und von »Ähms« durchtränkt, dass ich nur noch darauf achten kann.

Ich gebe auf. Ich bin nicht mehr in der Lage, den Sinn der Sätze zu begreifen. Die Minuten schleichen in einem Tempo dahin, dass es sogar einer Schnecke zu langsam vorkommen würde. Die Geduld einiger Zuhörer ist eindeutig überstrapaziert. Mein Sitznachbar scrollt schon durch seinen Insta-Feed, ein Handy klingelt irgendwo, es wird telefoniert, nicht gerade leise. Dann die Erlösung: Der Vortrag ist beendet. Wenige Minuten später höre ich am Buffet dann eine Dame schwärmen: »Ich hätte noch Stunden zuhören können!« Schon merkwürdig. Was für mich und viele andere ein qualvoll langer Abend war, war für sie und vermutlich viele andere ein kurzweiliger, spannender Vortrag. Gleicher Raum, völlig unterschiedliche Zeitwahrnehmung. Faszinierend!

Die Zeit und das Ich

Da unsere individuelle Zeitwahrnehmung vom Gehirn konstruiert wird, muss unser Ich auch etwas damit zu tun haben. Also: Wer sind Sie eigentlich? Bei der Beantwortung dieser Frage fällt Ihnen vielleicht zuerst Ihr Name ein, vielleicht denken Sie an Ihre Biografie

oder an bestimmte Charaktereigenschaften. Egal, was Ihnen in den Sinn kommt, Ihr Gehirn konstruiert sofort durch Nachdenken und Assoziieren eine Vorstellung: Voilà, da ist das Ich. Besser gesagt, Sie!
Diese Vorstellung vom Ich ist aber nichts Feststehendes. Das Ich war, ist und wird immer ein sich in jedem Moment neu ereignender Prozess sein.[1] So kann sich unser Selbstbild beispielsweise durch neue Erlebnisse verändern. Wir nehmen uns im Laufe unseres Lebens nicht unbedingt immer als dieselbe Person wahr. Irgendwie sind wir es, aber irgendwie eben auch nicht. So schreibt zum Beispiel der ehemalige US-Präsident Barack Obama, der während seiner Studentenzeit in New York nach eigener Aussage wie ein Mönch lebte, in seinem Buch *Ein verheißenes Land,* dass er »große Sympathie für diesen jungen Mann von damals« habe und ihm gerne raten würde, »all das zu genießen, was das Leben für Menschen in ihren Zwanzigern bereithält«.[2]

Wer ist dieses Ich, das die Zeit konstruiert?

Wenn wir tief in uns gehen, finden wir dort gar kein wahres, einheitliches und authentisches Ich, sondern vielmehr nehmen wir, wie es der israelische Historiker Yuval Harari beschreibt, »eine Kakophonie widerstreitender Stimmen«[3] wahr.

Wie die Zeit ist auch das Ich eine Konstruktion des Gehirns. Unsere Gedanken, Gefühle, Handlungen, Erfolge und Niederlagen, alles beruht auf neuronalen Prozessen und unvorstellbar vielen, höchst komplexen *Aktivitätsmustern* unserer Neuronen. Durch diese Vorgänge kreiert das Gehirn ein Bewusstsein und damit ein Ich – oder zumindest ein Modell unseres Ichs, unsere *Subjektivität*. Doch wir nehmen uns nicht nur im Jetzt wahr, sondern haben ein zeitlich überdauerndes Körper- und Ich-Bewusstsein.[4] Ich, Zeit und Körper gehören zusammen wie die drei Musketiere oder Tick, Trick und Track.

Unser Körper, bestehend aus etwa 100 Billionen Zellen, erneuert sich regelmäßig, indem er alte Zellen durch neue ersetzt. Er verändert sich auch über die Zeit hinweg. Wir wachsen heran, werden älter und wandeln uns ständig, während Nervenzellen feuern, Hormone ausgeschüttet werden und wir unsere Muskeln nutzen. Doch nicht nur unser Körper unterliegt einem ständigen Wandlungsprozess, auch unser Gehirn aktualisiert sich andauernd, denn wir lernen dazu, indem Gehirnzellen, die gemeinsam feuern, neue Verknüpfungen aufbauen. Man spricht hier von *Neuroplastizität*: Unser Hirn befindet sich in einem konstanten Umwandlungsprozess. Das führt dazu, dass sich unser Ich im Laufe der Zeit verändert.

Der Mix macht's

So wenig unser Gehirn eine einfache Aufgaben-Erfüllungs-Maschine ist, so wenig bringt es ein simples, eindimensionales Ich hervor. Neurowissenschaftlerinnen gehen davon aus, dass die allermeisten Gehirnaktivitäten *unterbewusst* ablaufen. Manche gehen sogar von 99 Prozent aus![5] Viele Entscheidungen darüber, womit wir unsere verfügbare Zeit füllen, trifft das Gehirn also ganz automatisch, wobei *Wohlfühlen*, *Bequemlichkeit* und *Sicherheit* die besseren Argumente sind als *Anstrengung*. Dabei ist unser Handeln meist auf kurzfristige Ziele ausgelegt, weil dort der schnelle Erfolg, Belohnung oder Gewinn warten.

Unser Gehirn setzt dabei voll auf *Komplexitätsreduktion*. Es gibt bestimmte Muster, die, einmal erlernt, unbewusst ablaufen. Dadurch können wir zum Beispiel ab einem gewissen Alter stolperfrei gehen oder bestimmte Handgriffe und andere Einzelbewegungen koordinieren und automatisch ausführen. Doch nicht nur für Bewegungsabläufe, auch für unser Verhalten hat das Gehirn solche Muster angelegt, um uns möglichst energiesparend durch diese Welt zu navigieren.[6] Das ist unser Achterbahnwaggon, unsere Haltung und innere Einstellung.

Es ist ein großer Vorteil, dass wir fast alle Entscheidungen unbewusst treffen und sogar ohne bewusstes Nachdenken aus Fehlern lernen können. Da bewusstes Denken sehr ressourcenintensiv ist, lenkt das Gehirn die meisten Lernprozesse in unbewusst arbeitende Areale. Unsere Erfahrungen werden permanent gespeichert und so zur Basis neuer Entscheidungen. Haben wir uns zum Beispiel an der Herdplatte verbrannt, werden wir dort automatisch nicht noch mal hinfassen. Doch das Lernen funktioniert nicht immer reibungslos. So kann es vorkommen, dass wir aus unserem sozialen Umfeld falsche Informationen erhalten, was dazu führt, dass das Gehirn zu falschen Schlüssen kommt, auch wenn es intern »fehlerfrei« gearbeitet hat.[7]

Das Ich, die innere Stimme, die wir erleben, spiegelt also nur einen winzigen Bruchteil der Prozesse wider, die sich in unserem Kopf abspielen. Somit ist unser Ich eine Illusion, die auf vielen Milliarden Abläufen im Gehirn beruht und uns jeden Moment eine aktuelle Version unseres Ichs anbietet, ohne dass wir davon etwas merken.

Ein Ich fürs Erleben, ein Ich fürs Erinnern

Wir können Erlebnisse aus zwei Perspektiven betrachten: in Echtzeit und in der Erinnerung, also im Rückblick auf das Erlebte. Es gibt demnach ein *erlebendes* und ein *erinnerndes Ich*. Der Nobelpreisträger Daniel Kahneman führte dazu ein Experiment durch, das Erstaunliches zeigte.[8]

Freiwillige wurden in zwei Gruppen aufgeteilt und nahmen an drei verschiedenen Tests teil. Im »kurzen Teil« mussten die Teilnehmer eine Hand für 60 Sekunden in ein Behältnis mit 14 Grad kaltem Wasser tauchen, was tatsächlich an die Schmerzgrenze geht. Im »längeren Durchgang« tauchten sie die andere Hand ebenfalls in kaltes Wasser, mussten aber insgesamt 30 Sekunden länger durchhalten. Nach 60 Sekunden wurde in diesem Fall etwas warmes Wasser dazugegeben, sodass sich die Temperatur um 1 Grad erhöhte und die restliche Zeit etwas erträglicher wurde. Nachdem die Teilnehmer die beiden Versuche hinter sich gebracht hatten, mussten sie sich nach einer kleinen Pause entscheiden, ob sie die kurze oder die längere Version noch einmal wiederholen wollten. Das Ergebnis: 80 Prozent der Versuchsteilnehmer wollten das längere Experiment wiederholen, da sie es weniger schmerzhaft in Erinnerung hatten.

Für das *erlebende Ich* ist es offenkundig, dass das längere Experiment schlimmer ist, denn einer sehr unangenehmen Erfahrung folgt eine weitere, wenn auch etwas weniger unangenehme.[9] Dieses Selbst erlebt nur, erinnert sich aber schon nach kurzer Zeit nicht mehr an das Erlebte. Diese Aufgabe übernimmt das *erinnernde Ich*. Es ist eine große Geschichtenerzählerin, denkt sich andauernd Interpretationen und Storys über die Vergangenheit aus und schmiedet aufgrund ihrer Erfahrungen Pläne für die Zukunft. Es verkürzt Erlebtes und konzentriert sich nur auf die positiven oder negativen *Höhepunkte* sowie den *Endpunkt*. Bei der Einschätzung nimmt es einfach den Mittelwert einer Erfahrung. Es interpretiert das Erlebte also auf ganz eigene Art. Aus diesem Grund entschied sich auch das erinnernde Ich der Probanden, das so gar keine Ahnung von Zeit hat, mehrheitlich für das längere Experiment, da es sich in der Rückschau nur daran erinnerte, dass das Wasser am Höhepunkt schmerzhaft kalt, am Ende aber etwas wärmer war, was als positiv bewertet wurde.

Vor diesem Hintergrund wird klarer, warum es so oft zu einem Planungs-Trugschluss kommt, wenn wir unsere Zeitpläne und To-do-Listen erstellen. Für unser erinnerndes Ich spielt Zeit keine Rolle, es zählt einzig und allein der Mittelwert zwischen Höhepunkt und Endergebnis. Das hat natürlich Folgen für unsere Entscheidungen und unsere Zeitplanung, denn es erinnert sich zeitlich meist falsch, und zwar nicht nur im Job. Nehmen wir einmal an, Ihre Beziehung, von deren Dauerhaftigkeit Sie – und damit Ihr erlebendes Ich – nicht so recht überzeugt sind, geht in die Brüche. Komischerweise erzählt Ihnen Ihr erinnerndes Ich nach der Trennung nur noch Tolles, schmückt die Vergangenheit aus, wo es nur kann, mäandert in der Erinnerung nur durch das Positive. Vielleicht haben Sie so etwas auch schon mal erlebt. Aber, wer ist denn nun dieses Ich, das im Achterbahnwaggon sitzt und durch die Zeit steuert? Und wenn ja, wie viele?

Volle Fahrt voraus! Faultier, Biene, Spatz und Co. im Wettstreit

Betrachten wir einmal spielerisch, wer uns im Achterbahnwaggon durch Raum und Zeit dirigiert und – chauffiert. Dazu visualisieren wir ein paar Eigenschaften unseres Gehirns mit Bildern von sechs Tieren mit speziellen Charakteren. Das ist natürlich eine grobe Vereinfachung dieser komplexen kognitiven Phänomene und Vorgänge, aber sie hilft uns, besser zu verstehen, was im Gehirn so vor sich geht. Denn diese Charaktere entscheiden in erheblichem Maße mit darüber, wie und wofür wir unsere Zeit einsetzen und unsere Weichen für die Zukunft stellen.

Eine wichtige Entscheidungsinstanz ist der *präfrontale Cortex*, der Ort der absoluten Höchstleistung im Gehirn. Unser Bild für diese Instanz ist der **Kor**allenfisch aus **Tex**as, der meistens vorne – anders gesagt: **präfrontal** – im Achterbahnwaggon und noch lieber am Steuer sitzt. Doch wir wissen es alle aus Erfahrung: Wir entscheiden selten rein rational. Es gibt andere Aspekte, die unser Handeln weit mehr beeinflussen.

Unser Gehirn ist ab und zu ein gemütliches **Faultier**, was sinnvoll sein kann, da es seine Hauptaufgabe ist, uns lange Zeit am Leben zu halten und wann immer möglich Energie zu sparen. Volle Konzentration, Konfliktlösung, Entscheidungsfindung, Lernen – all das kostet Kraft. Deshalb können diese Tätigkeiten unter Umständen negative Gefühle auslösen und ermüden uns in der Regel recht schnell.[10] Das Faultier möchte also auch gerne in der ersten Reihe sitzen und ein Wörtchen mitreden. Am besten findet es, wenn die meisten Entscheidungen unbewusst und automatisiert ablaufen und es mit der Popcorntüte in der Hand die Fahrt genießen kann. Sein erklärtes Ziel ist es, Unangenehmes und Anstrengendes zu minimieren und Belohnungen zu maximieren. Es ist ihm am liebsten, wenn sich Wünsche sofort erfüllen – ohne großen Aufwand, also ohne Energie- und Zeitverlust, versteht sich. Nur wenn eine große Belohnung winkt, ist es bereit, auf etwas zu verzichten und sich in die letzte Reihe des Waggons zu verkrümeln.

In dem Fall tritt das fleißige **Bienchen** auf den Plan und klettert nach vorne. Es kommt aber auch zum Vorschein, wenn wir Freude an einer Tätigkeit haben und Sinn darin sehen, also *intrinsisch*, aus uns selbst heraus, motiviert sind. Der Biene geht es darum, lieber jetzt etwas Unangenehmes oder Anstrengendes zu erledigen, um in Zukunft dafür belohnt zu werden. Deshalb streitet sie öfters mit dem Faultier. Häufig steht das aktuell Reizvolle und Leichte an erster Stelle – und das Faultier kommt dann zum Zug. Denn Aufgaben, die viel Energie kosten oder auf die wir keine Lust haben, bereiten uns eher Unbehagen. Manchmal haben wir sogar Angst, dass wir sie nicht gut hinbekommen, und lassen es lieber. Die Biene muss sich richtig anstrengen, um sich gegen die anderen Insassen durchzusetzen, und sich ihren Platz in der vordersten Reihe erkämpfen. Wenn sie es aber geschafft hat, dann läuft es meist wie geschmiert!

Es gibt neben dem Faultier noch einen weiteren Troublemaker: das **Chamäleon,** das unsere Emotionen verkörpert, denn unsere Gefühle ändern sich oft so schnell, wie dieses Reptil seine Farbe wechseln kann. Zur Klarstellung: Die *Emotionen* entstehen im *limbischen System* und die *Gefühle* und Körperreaktionen sind das, was wir bewusst davon wahrnehmen. Das Chamäleon ist so unglaublich machtvoll, dass es nie aus der ersten Reihe des Waggons verdrängt werden kann, denn all unsere Gedanken, Entscheidungen und der Wert unserer Handlungsmöglichkeiten sind emotional geprägt. Zudem steckt es alle Insassen mit seiner momentanen Laune an. Man kennt das ja von längeren Autofahrten: Wenn nur ein Insasse schlecht drauf ist, kann das die allgemeine Stimmung ganz schön trüben. Mit guter Laune ist es andersrum.

In unserem Hirn geht es sehr gefühlig zu. Wenn uns Aufgaben Angst machen, schieben wir sie auf, obwohl wir ganz genau wissen, dass es eigentlich besser wäre, sie sofort zu erledigen. Chamäleon und Faultier gehen dann eine Allianz ein und überzeugen alle anderen, dass ihre Strategie die allerbeste für den Moment ist. Und dieser kurze Augenblick, in dem wir denken: »Nee, das mach' ich jetzt nicht ...«, gibt uns das angenehme Gefühl, über unsere Zeit zu bestimmen. Es ist ein kleiner Sieg über die lästigen Pflichten, ein Triumph von Chamäleon und Faultier über Biene und Korallenfisch. Manchmal ist es

Die wilde Crew im Achterbahnwaggon

aber auch ein Pyrrhussieg, etwa wenn wir deswegen mit wichtigen Aufgaben nicht rechtzeitig fertig werden. So richtig vernünftig sind wir selten, denn langfristige Planung ist anstrengend. Wir sind in der Tat widersprüchliche Wesen, aber das macht das Leben ja auch spannend. Wie Sie Ihr Gehirn, vor allem Ihr Faultier, überlisten können, erfahren Sie in Kapitel 7.

Unser Gehirn ist außerdem sehr wissbegierig und lernwillig, wie ein umherhüpfender, neugieriger **Spatz,** und möchte immer neue Informationen aufnehmen und sein Wissen aktualisieren, um Wert und Nutzen für künftige Aufgaben zu überprüfen. Der Spatz ordnet alles in die bereits bestehenden Muster im Gehirn ein und meldet stets, wenn eine neu im Gehirn eintreffende Information in kein bekanntes Muster passt. Sind neue Informationen nützlich, gibt es dafür eine Belohnung vom Chamäleon in Form von positiven Gefühlen für alle. Wenn etwas schlecht läuft, bekommt nicht nur der Spatz negatives Feedback, das Chamäleon steckt alle mit schlechter Laune an.

Eine weitere Eigenschaft zeichnet unser Gehirn aus: Es lässt sich wahnsinnig gerne ablenken wie ein sprunghafter **Hundewelpe**, der einfach nur die Welt entdecken will. Deshalb fällt es uns manchmal schwer, uns auf das Wesentliche zu konzentrieren. Diese Eigenschaft ist ein evolutionsgeschichtliches Erbe, da es in freier Wildbahn hilfreich war, sehr aufmerksam zu sein und sich auf jedes Rascheln und Knistern im Gebüsch, also auf alles Unerwartete und Neue oder den berühmt-berüchtigten Säbelzahntiger, schnell zu fokussieren.[11] Das führt aber auch dazu, dass unsere Zeit davonzurasen scheint, weil unsere Aufmerksamkeit aus Versehen irgendwo landet, wo sie gerade nicht sein sollte. Aber der junge Hund ist der beste Freund des Spatzen: Aufmerksamkeit und Neugier sind oft gemeinsam unterwegs. Wenn der Spatz »Hier!« schreit, ist der Welpe sofort zur Stelle und total konzentriert.

In unserem Achterbahnwaggon sitzen also der vernünftige Korallenfisch aus Texas, das gemütliche Faultier, die fleißige Biene, das emotionale Chamäleon, der neugierige Spatz und der häufig unaufmerksame Hundewelpe und alle streiten sich über die »richtige« Richtung für den Waggon. Wer am lautesten schreit und die vermeintlich besten oder stärksten Argumente hat, darf in die erste Reihe und ans Steuer. Um das Chaos perfekt zu machen, gibt es aber noch jemanden: unsere innere Stimme, die von einem **Papageien** symbolisiert wird. Er sitzt nicht im Waggon, sondern vorne auf der Spitze und versucht, aus dem ganzen Wust das Beste herauszusuchen. Er hat nicht immer recht, aber er plappert den ganzen Tag am allermeisten und verkörpert das »Ich« – in Form unserer inneren Stimme, die wir oft gar nicht bewusst wahrnehmen. Er versucht allen Insassen zuzuhören und das Geplauder irgendwie zusammenzufassen und liefert uns dann permanent ein Update.

Nun haben Sie also eine grobe Vorstellung von dem Tohuwabohu in Ihrem Hirn. Es existieren übrigens mindestens zehn verschiedene Ich-Zustände, da wir mit unseren Sinnen zum Beispiel die Umwelt wahrnehmen oder über etwas nachdenken, uns erinnern, uns etwas vorstellen, unsere Bedürfnisse wie Hunger und Durst spüren oder uns selbst in Zeit und Raum wahrnehmen. Aufgrund der unterschiedlichen Aktivitätsmuster dieser Bewusstseinszustände, die mit verschiedenen Vorstellungen unseres Ichs verbunden sind, lassen sich neuropsychologisch gut belegen.[12] Ein ganz schönes Getümmel!

Individuelle Zeitwahrnehmung und was sie beeinflusst

Kein anderes Lebewesen ist so voller unterschiedlicher und widersprüchlicher Motive – und die Zeitwahrnehmung hängt ganz klar von unserer Persönlichkeit ab: Studien zeigen, dass extrovertierte Personen besser darin sind, die Zeit zu schätzen als Introvertierte. Schwergewichtige Menschen sind offenbar besonders gut darin, die Zeit einzuschätzen. Impulsive und auch kriminelle Personen verfügen angeblich über eine schneller tickende innere Uhr, während die Zeit für Melancholiker langsamer vergeht.[13] Menschen mit Depressionen schätzen einen Zeitraum fast doppelt so lang ein, wie er tatsächlich ist. Zeit hat hier nur noch »die Hälfte ihrer Normalgeschwindigkeit«.[14] Auch ADHS führt dazu, dass die Zeit sehr langsam vergeht: Fünf Minuten kann eine kleine Patientin wie eine Stunde wahrnehmen. Stillsitzen ist dann eine ernste Herausforderung.[15]

Im Alltagstrubel, während wir viele Aufgaben zu erledigen haben, nehmen wir die Zeit kaum wahr, wir laufen oft wie auf Autopilot. Erst wenn wir zum Beispiel bei langweiligen Vorträgen sitzen, wenn wir es eilig haben und im Stau stehen oder einen besonders tollen Moment erleben, werden wir mit der Zeit konfrontiert. Wenn sie uns in den Sinn kommt, möchte unser Gehirn meistens auf etwas hinweisen, etwa auf eine Fehler- oder eine andere wichtige Statusmeldung, die besagt: Wir sind überrascht, dass der Film so schnell vorbei ging, der Vortrag ewig dauert oder wir gerade zu lange im Stau stehen. Obwohl es in Wahrheit oft nur wenige Minuten sind, erscheint uns diese Zeit nervtötend lang.

Gefühlte 60 Sekunden

Zeitexperiment

Nehmen Sie eine Stoppuhr zur Hand und stoppen Sie, ohne auf die Uhr zu schauen, nach exakt einer Minute die Zeit. Variieren Sie dieses Zeitexperiment, indem Sie während verschiedener Tätigkeiten eine Minute schätzen: Sie können dabei aus dem Fenster sehen, im Buch weiterlesen oder die Sekunden mitzählen, ganz wie Sie möchten. Probieren Sie es auch mal in ganz verschiedenen Situationen aus.

Haben Sie vor Ablauf der Minute gestoppt, haben Sie die Zeit *unter*schätzt. Sie verging für Sie *langsamer*, denn Sie haben den geschätzten Zeitraum für eine Minute gehalten, obwohl er kürzer war. Haben Sie erst nach einer Minute auf Stopp gedrückt, haben Sie die Zeit *über*schätzt. Für Sie verging die Zeit *schneller*, denn Sie haben einen längeren Zeitraum für eine Minute gehalten.

Wir nehmen Zeit also vor allem dann besonders langsam wahr, wenn wir unsere Aufmerksamkeit gewollt oder ungewollt auf sie richten.

Neue Eindrücke verzögern die Zeit

Der Neurowissenschaftler Peter Tse präsentierte Testpersonen hintereinander identische schwarze Kreise, die jeweils eine Sekunde lang auf einem Bildschirm zu sehen waren. Irgendwann wurde diese harmonische Reihenfolge unterbrochen, und es erschien plötzlich ein schwarzer Kreis, der größer wurde und sich rot färbte, bevor er wieder verschwand. Die Versuchsteilnehmer schätzten, dass dieser Kreis etwa doppelt so lang aufleuchtete wie die anderen Kreise. In Wahrheit war er jedoch ebenfalls nur eine Sekunde lang zu sehen.[16] Dieses Phänomen wird *Oddball-Effekt* genannt.[17] Unerwartete Eindrücke, die unsere Aufmerksamkeit einfangen, bewirken also, dass wir diese kurzen Momente länger wahrnehmen. Unser neugieriger Spatz wird hellhörig und unser Hundewelpe aufmerksam. Der Neurowissenschaftler David Eagleman, der aus wissenschaftlichem Interesse auch Personen von einem Turm schubste – dazu gleich mehr –, geht davon aus, dass dieses Phänomen mit der aufgrund neuartiger Situationen im Gehirn freigesetzten Energie zu tun hat: Neues erfordert Aufmerksamkeit und benötigt somit mehr Energie. Deshalb scheint alles, was wir als etwas Neues erleben, irgendwie länger zu dauern.[18]

Vielleicht haben Sie sich schon einmal darüber gewundert, dass Ihnen beim Spazierengehen der Hinweg länger erscheint als der Rückweg. Dafür gibt es eine simple Erklärung: Da wir die Strecke schon kennen, erfordert sie auf dem Rückweg nicht mehr so viel Konzentration – also weniger Energie – und ohne wirklich neue Impressionen kommt sie uns kürzer vor. Aber stellen Sie sich vor, Sie hätten auf dem Spaziergang etwas verloren, zum Beispiel Ihren Hausschlüssel, den Sie unbedingt wiederfinden müssen. In dem Fall zieht sich das Zurückgehen endlos dahin, weil Sie langsamer gehen und beim Suchen auf viel mehr Details achten. Sie sind in einem Zustand höchster Fokussierung. Und hoch emotional ist die Situation noch dazu, denn wenn der blöde Schlüssel nicht mehr auftaucht, müssen Sie einen teuren Schlüsseldienst rufen!

Flow-Erlebnisse und Extremsituationen

Manchmal scheint sich die Zeit sogar ganz aufzulösen, nämlich wenn wir im *Flow* sind, wie der Psychologe Mihály Csíkszentmihályi diesen Zustand müheloser Konzentration nennt. Wir vergessen dann alles um uns herum, nicht nur die Zeit und das Ich, befinden uns in einer angenehmen Leistungszone, genau zwischen Langeweile und Stress. Dieser besondere Zustand ist von völliger Hingabe und einem Glücksgefühl geprägt und von Harmonie gekennzeichnet, denn alle am Prozess beteiligten Hirnareale arbeiten zeitlich perfekt zusammen. In einem Flow-Erlebnis wird demnach unser Zeitgefühl verzerrt, wir erhalten direktes Feedback, sodass wir eventuelle Fehler oder Misserfolge während des Vorgangs wahrnehmen und unser Verhalten anpassen können. Unsere Aktivität stimmt genau mit unserer Qualifikation und der Anforderung überein; sie ist also weder zu schwierig noch zu leicht. Wir erleben das Gefühl der Kontrolle und nehmen die gesamte Situation als absolut zufriedenstellend wahr, sodass sie uns leicht und mühelos von der Hand geht.[19]

Bei manchen Sportlern äußert sich ein Flow-Erlebnis in einem ganz besonderen Effekt, dem sogenannten *Zeitlupenmodus*. Der Tennisspieler Jimmy Connors erlebte Momente, in denen der Tennisball ihm riesengroß erschien und ganz gemächlich über das Netz auf ihn zugeflogen kam. Er hatte das Gefühl, als ob er alle Zeit der Welt hätte, um sich für den richtigen Rückschlag zu entscheiden.[20] John Brodie, ein bekannter Footballspieler, beschrieb ein ähnliches Gefühl, während die Gegenspieler auf ihn zu rannten, und der Baseballstar Ted Williams schwor sogar, dass er die Naht auf einem heranfliegenden Baseball habe sehen können. Nur zur Info: Zwischen Abwurf und Schlag liegt beim Baseball nur der Bruchteil einer Sekunde.[21]

Vielleicht kennen Sie ja aus eigener Erfahrung diese extrem langsame Zeitwahrnehmung in einer Gefahrensituation, in der man das Gefühl hat, alles in Zeitlupe zu erleben. Die Frage ist: Ist das eine Illusion, die in unserem Kopf im Nachhinein entsteht, verändert sich in der Situation tatsächlich der Prozess der Zeitwahrnehmung oder erhöhen sich sogar unsere kognitiven Fähigkeiten, damit wir schneller reagieren können? Für diese Problemstellung interessierte sich der Neurowissenschaftler David Eagleman. Um dem Zeitempfinden in Extremsituationen auf die Spur zu kommen, ließ er Menschen – selbstverständlich professionell gesichert – von einem 50 Meter hohen Turm in die Tiefe fallen.[22] Er wollte wissen: Kann das menschliche Gehirn in einem Angst- oder Ausnahmezustand mehr Informationen wahrnehmen, zum Beispiel Zahlen auf einem am Handgelenk angebrachten LED-Display erkennen, die sich ständig ändern und eigentlich zu schnell für die menschliche Wahrnehmungsgeschwindigkeit sind? Die Antwort: Nein, es veränderte sich nur die individuelle Mind-Time.[23] Alle Teilnehmer berichteten, jede einzelne Sekunde habe sich wie eine Ewigkeit angefühlt. Sie schätzten auch die Zeit ihres eigenen Falls viel länger ein, als wenn sie einer anderen Person beim Fallen zusahen.

Dazu gibt es folgende These: Die Zeit erscheint länger, da das Gehirn Sinneseindrücke viel intensiver und gründlicher verarbeitet, denn alles kann in einer Gefahrensituation von Bedeutung sein. Natürlich erhöht so eine Extremsituation auch unseren physischen Erregungszustand. Wenn wir uns in einer stressigen oder gar lebensbedrohlichen Situation befinden, führt die Intensität des Erlebten somit zu einem »Überschuss an Erinnerungen«.[24] Jeder einzelne Moment ist so anders und neu, dass es zu diesem Trugschluss bei der Zeitschätzung kommt.

Zeitempfinden, Erregungszustände und Emotionen

In glücklichen Momenten, wenn wir besondere Augenblicke genießen, scheint die Zeit davonzurasen und höchstens für einen kurzen Moment regelrecht stillzustehen – und an diese Augenblicke erinnern wir uns im Nachhinein besonders gut. Unser Chamäleon sprintet entweder vor Freude los und dreht am Zeiger oder erstarrt vor lauter Glück und hält die Zeit kurz an, wenn der Moment außergewöhnlich toll ist und uns das auffällt. Wenn wir später auf die Uhr schauen oder etwas Großartiges zu Ende geht, sind wir überrascht, wie viel Zeit vergangen ist. Bei negativen Gefühlen ist es meistens umgekehrt.

In einem Experiment setzten Wissenschaftler mehreren Probanden mit Arachnophobie für 45 Sekunden eine Spinne auf die Hand und baten sie zu schätzen, wann der Zeitraum vorbei war. Wie zu erwarten war, sagten die Teilnehmer immer zu früh Stopp. Das bedeutet, wenn wir Angst haben, scheint sich die Zeit im Erleben zu dehnen. Unser ängstliches Chamäleon bewegt sich quasi in Zeitlupe, um sich aus einer brenzligen Situation zu schleichen. Andere Forscher zeigten Probanden einen 45-sekündigen Ausschnitt aus einem Horrorfilm, und auch diese schätzten die Zeitspanne im Nachhinein viel länger ein. Als sie ganz bewusst auf ihre körperlichen Reaktionen achten sollten, war der Effekt sogar noch stärker.[25]

Tag ist nicht gleich Tag

Denken Sie über Ihre Zeiterfahrungen in den letzten Wochen und Monaten nach. Welche Rolle haben Ihre Emotionen dabei gespielt? Wie lang oder kurz war zum Beispiel die Corona-Zeit für Sie? Vergleichen Sie Ihre Erinnerung an einen Tag, an dem Sie unterwegs waren, sich mit jemandem getroffen haben, vielleicht beim Wandern waren und an einem See einen Kaffee auf der Terrasse eines Wirtshauses getrunken haben, mit Ihrer Zeitwahrnehmung, als Sie den ganzen Tag zu Hause waren, ein wenig Wäsche gewaschen und ferngeschaut haben.

Zeitexperiment

Starke Gefühle, egal ob positiv oder negativ, wirken wie ein Kleber für unsere Erinnerungen. So bleiben Einzelheiten wie Bilder, Wortlaute oder auch Gerüche langfristig haften. Das bedeutet: Ein aufregendes, ereignisreiches Leben dehnt die Zeit. Unser Gedächtnis, genauer: das erinnernde Selbst, nimmt hierbei eine entscheidende Rolle ein. Wenn wir an unsere Jugend zurückdenken, scheint es uns so, als ob die Zeit langsamer vergangen wäre als heute. Am besten können wir uns angeblich an die Zeit erinnern, als wir 15 bis 25 Jahre alt waren; Forscher nennen sie auch *Erinnerungshügel*. In dieser Zeitspanne gibt es so viele neue Erlebnisse und Dinge, die zum allerersten Mal passieren, dass wir sie uns besonders gut einprägen. Aber auch im Alter gilt: Machen wir ganz neue Erfahrungen, werden wir mit einem längeren Zeitempfinden belohnt.

Das Gefühl des Neuen sorgt schließlich dafür, dass uns in der Erinnerung alles viel länger vorkommt, als wenn wir immer wieder den Alltag mit seinen Routinen erleben. Was aber keineswegs bedeutet, dass Routinen schlecht oder verzichtbar wären, im Gegenteil! Sie haben ja gerade den großen Vorteil, dass Aufgaben weniger anstrengend sind und schneller erledigt werden und unserem Kopf eine Verschnaufpause verschaffen. Geliebte Rituale oder bekannte Orte geben uns auch sehr viel, vor allem Sicherheit, Geborgenheit – und die leckere Trüffelpasta, die kein anderer so gut hinbekommt wie unser Lieblings-Italiener um die Ecke.

Die Zeit am Vergehen hindern

Zeitexperiment

»Jede Zeit ist umso kürzer, je glücklicher man ist«,[26] wusste schon Plinius, ein römischer Gelehrter. Das gilt besonders für das Erleben. Damit Ihre Zeit – zumindest in der Rückschau – langsamer vergeht, füllen Sie sie mit möglichst vielen neuen Erlebnissen, etwa indem Sie sich jeden Tag in eine neue Erkenntnis, in einen Glücksmoment, etwas, das Sie sehen oder fühlen, verlieben.[27] Ihr Spatz, Hundewelpe und Chamäleon freuen sich!

Das Schöne an der Sache ist: Wenn Sie wissen, warum Ihre Zeit verfliegt – weil Sie an den Orten sind, die Sie mögen, oder weil Sie Ihre Routinen schön finden –, ist dieses Gefühl gar nicht mehr so schlimm. Schnell verstreichende Zeit kann schließlich Ausdruck eines aktiven, abenteuerlichen und glücklichen Lebens sein.[28] Aber Sie können ebenso die gemütliche Zeit auf Ihrer Couch lieben, denn das ist vor allem eins: gemütlich. Und dann ist es eigentlich egal, wie schnell oder langsam die Zeit vergeht.

Das süße Nichtstun

Wenn Sie viel zu tun haben und in Hektik sind, rollen Sie beim Anblick einer langen Schlange an der Supermarktkasse im ersten Moment vermutlich genervt mit den Augen. Aber vielleicht ist diese Wartezeit gar nicht so schlimm, sondern eine angenehme Verschnaufpause – Sie müssen diese Chance in dem Moment nur erkennen.

Nutzen Sie solche Gelegenheiten, um einfach mal nichts zu tun. Lassen Sie Ihren Gedanken freien Lauf oder überlegen Sie, wem Sie in der nächsten Zeit einen Besuch abstatten wollen oder welche Reiseziele Sie noch haben, aber sehen Sie dabei nicht auf die Uhr! Oder atmen Sie bewusst ein paar Mal tief durch, das kann bei einem hohen Stresslevel ohnehin hilfreich sein. Versuchen Sie, die aktuelle Lage in ein für Sie positives Szenario umzuwandeln.

Ins Smartphone schauen wäre natürlich auch eine Möglichkeit, um die Zeit zu beschleunigen, denn alles, was wir nur passiv erleben, lässt die Zeit schneller vergehen. Wenn keine Ablenkung möglich ist, weil Ihr Akku leider leer ist, können Sie stattdessen Ihre Umgebung beobachten und dabei Ihre Achtsamkeit schulen, oder versuchen, etwas Neues zu entdecken. Und wenn Sie mal gar nicht wissen, warum Sie eigentlich gerade dermaßen gelangweilt sind und die Zeit so langsam vergeht, dann lachen Sie, denn herzhaftes Lachen ist quasi wie ein Aperol Spritz für die Seele. Es könnte jedenfalls Ihre Laune heben – und mit Freude, das wissen Sie jetzt, geht die Zeit schneller vorbei.

Es gibt viele Augenblicke im Leben, an die wir gerne zurückdenken, diese Schnappschüsse des damaligen Jetzt, die unser Gehirn in Form einer Erinnerung im Nachhinein wieder rekonstruiert. Schauen wir uns als Nächstes mal an, was es mit dem Jetzt auf sich hat und wie so ein Augenblick eigentlich entsteht.

Ihre Zeit besser verstehen und anders erleben

✓ Unser Ich beruht auf Prozessen im Gehirn und dadurch ist dort ganz schön was los!

✓ Im Achterbahnwaggon sitzen Korallenfisch, Chamäleon, Faultier, Biene, Spatz und Welpe. Der Papagei fasst ihr Gebrabbel zusammen und kommentiert zusätzlich.

✓ Inhaltsleere Situationen, die uns, während wir sie erleben, irre lang vorkommen, erscheinen uns später, wenn sie in der Vergangenheit liegen und wir uns daran erinnern, viel kürzer. Andersherum ist es mit schönen Momenten. Sie gehen schnell vorbei, bleiben aber viel länger in der Erinnerung.

✓ Unsere aktuelle Gefühlslage, unsere Aufmerksamkeit, unsere Erinnerungen und Erlebnisse beeinflussen, wie wir die Zeit wahrnehmen.

✓ Wenn die Zeit schnell vorübergeht, ist das oft ein gutes Zeichen, denn wir waren glücklich oder hoch konzentriert.

✓ Wenn Sie neugierig sind, achten Sie bewusst darauf, wann und warum die Zeit gerade schnell oder langsam vergeht.

Kapitel 4

Jeder kostbare Augenblick – Entscheidung für das Jetzt und Hier

»Willst du wissen, wer du warst, so schau,
wer du bist. Willst du wissen, wer du sein wirst,
so schau, was du tust.«

Buddha

Ein flüchtiger Moment nach dem anderen

Ich sitze an meinem Siebzigerjahre-Esstisch, vor mir zwei Bücherstapel, die darauf warten, von mir gelesen zu werden. Aber ich schaue lieber aus dem Fenster und freue mich, dass gerade ein Eichhörnchen an der Regenrinne hochklettert. Es interessiert sich null für mich. Obwohl es schon längst weg ist, starre ich immer noch nach draußen. Plötzlich habe ich leichte Gewissensbisse. Ich sollte doch an meinem Buch arbeiten und nicht sinnlos Zeit verschwenden.

Aber war das denn gerade wirklich so? Ich komme ins Grübeln. Es ist irgendwie absurd: Ich weiß, wie kostbar Zeit ist, und aus Angst, womöglich wertvolle Zeit zu vergeuden, mache ich oft Dinge nicht, weil sie auf den ersten Blick wie Zeitverschwendung anmuten. Der Malkasten wird nicht rausgekramt, das Klavier nicht angefasst, der Tennisschläger nicht rausgeholt, und stattdessen mache ich: nichts. Also zumindest nichts Sinnvolles. Ich checke mein Handy oder »hänge im Internet ab«, wie mein Patenkind sagen würde. Dort kann man aber nicht nur viel Zeit verplempern, sondern auch etwas dazulernen: Ich habe gerade nachgelesen, dass das Jetzt für unser Gehirn drei Sekunden dauert und somit ein Jahr aus ungefähr 13 Millionen ineinander übergehender Jetzt-Momente besteht. Wie viele dieser Augenblicke ich unwiederbringlich verpasse! Gleichzeitig wirkt diese riesige Zahl auch irgendwie beruhigend, weil es total okay ist, einige davon ungenutzt und vermeintlich ohne Zweck verstreichen zu lassen.

Jeder Moment ist einmalig und flüchtig. Ich finde es faszinierend, dass wir die Welt immer nur im Jetzt, für einen kurzen Augenblick, erleben. Dieser Moment ist unser Fenster zur Welt, und sobald wir ihn bewusst wahrnehmen, ist er im Grunde schon wieder Vergangenheit. Plötzlich sehe ich, wie sich das Eichhörnchen mit beiden Vorderbeinchen an meinem Balkongeländer hochzieht und muss laut lachen, weil es dabei ein wenig unbeholfen aussieht. Es hat es auf die beiden Haselnüsse abgesehen, die ich ihm rausgelegt habe. Und ich freue mich, dass ich diesen einzigartigen Moment nicht verpasst habe!

Die einzige Konstante im Leben ist die permanente Veränderung

Tiere ruhen sich aus, nachdem die Beute verspeist oder das Nüsschen versteckt wurde. Doch wir Menschen wollen uns stets verbessern, haben neue Vorstellungen, sind rastlos. Noch dazu ist alles um uns herum ständig im Wandel, wir sind von vielen äußeren Umständen umgeben und abhängig, die wir nicht beeinflussen können. Manchmal denken wir über jede Minute nach, die wir nicht »nutzen«, denn sie scheint verschwendet. Wir sind gehetzt, weil wir nicht gewillt sind, auf etwas zu verzichten.[1] Wir tun so, als ob wir den ganzen Tag durchpowern könnten, dabei ist unser Körper darauf angelegt, zwischen aktiven und ruhigen Phasen zu wechseln. Jeder von uns hat seinen eigenen Rhythmus.

Auch die Erkenntnis, dass jeder Moment neu, einmalig und einzigartig ist, scheint auf den ersten Blick trivial, aber wenn wir dieses Wunder anerkennen, kann die Welt ein sehr aufregender Ort sein. Unsere Gedanken sind im Jetzt immer neu, direkt und taufrisch, sie werden in diesem Moment erzeugt – nur für uns allein.[2] Bestimmt kennen Sie die Schnappschüsse im Freizeitpark, die an der steilsten Stelle der Achterbahn oder Wildwasserbahn geknipst werden und auf denen die Passagiere entweder freudig strahlen oder ihnen die Panik ins Gesicht geschrieben steht. Theoretisch könnte jeder Zeitpunkt unseres Lebens auf so einem Polaroid-Foto festgehalten werden.

Jeden Morgen wachen wir ein kleines bisschen anders auf als gestern, weil wir die neuen Erfahrungen vom Vortag nachts verarbeitet haben. Heute haben wir wieder die Möglichkeit, Neues zu entdecken, Dinge bewusst wahrzunehmen und neue Schienen für unsere Achterbahn zu legen. Theoretisch könnten wir jeden Moment auf eine Idee kommen, die unser ganzes Leben verändert – und das sollten wir nicht verpassen, weil wir gehetzt, abgelenkt oder im Autopilot-Modus unterwegs sind.

Wo wir sind, wenn wir nicht in der Gegenwart sind

Haben Sie schon mal Ihren Haus- oder Autoschlüssel oder einen anderen Gegenstand gesucht und konnten sich, nachdem Sie ihn gefunden hatten, beim besten Willen nicht erklären, wie er dorthin gekommen ist? Sie können sich nicht bewusst an den Moment erinnern, als Sie den Schlüssel neben das Telefon oder unter die Zeitung gelegt haben, dass Sie ihn aus unerfindlichen Gründen im Kühlschrank deponiert oder mit ins Badezimmer genommen und neben dem Waschbecken abgelegt haben. Tatsächlich sind wir oft mit unseren Gedanken woanders, befinden uns quasi im »Autopilot-Modus«. Dieser Zustand unseres Gehirns wird als *Default Mode Network* bezeichnet, auch *Ruhe-* oder *Leerlaufnetzwerk* genannt. Es denkt nach, stellt neue Verbindungen zu vergangenen Situationen her, wird vom klingelnden Telefon ins Jetzt katapultiert, träumt von der Zukunft, denkt über Vergangenes nach und vieles mehr.

Durchschnittlich denken wir 59 Mal, während wir wach sind, an die Zukunft – also etwa alle 16 Minuten.[3] Wenn wir nicht aufpassen, kann uns das ganz schön viel Zeit kosten! Was nicht heißen soll, sich gar keine Gedanken über die Zukunft zu machen, denn sie ist unser künftiges Jetzt. Allerdings gelingt es uns dadurch, dass unsere Gedanken so gerne umherwandern, nur selten, wirklich im Jetzt zu sein. Selbst bei konzentriertem Arbeiten schweifen wir oft ab.

Das Wesen der Zeit in der Philosophie

Schauen wir uns drei Philosophen an, nach deren Auffassung wir etwas Wesentliches verpassen, wenn wir in der Gegenwart die Vergangenheit und Zukunft nicht miteinbeziehen, nämlich das, »was die Zeit zur Zeit macht«[4]. Schon Augustinus war im 4. Jahrhundert klar, dass das Sein in der Gegenwart von »dem Nicht-Mehr der Vergangenheit und dem Noch-Nicht der Zukunft«[5] umschlossen ist. Und er war davon überzeugt, dass während des Verschwindens der Zeit dieses Verschwundene noch einen Moment weiter besteht, also ein Nachbild in Erinnerung bleibt.

Ihr Hirn erzeugt Gespinste!

Manchmal setzt unser Gehirn etwas in die Welt, das gar nicht da ist. Halten Sie für dieses Experiment das Buch am besten unter eine Lampe und betrachten Sie konzentriert die Pupille in der Mitte der zwinkernden Biene, etwa 20 Sekunden lang.

Zeitexperiment

Schauen Sie nun auf eine weiße Wand.

Was ist denn da passiert? Ihr Gehirn hat Bienchens Kopf einfach dorthin mitgenommen, allerdings ist ihr Kopf nun hell und das Auge erscheint grau. Ihr Hirn konstruiert etwas auf einer Wand, das nur in einem Buch existiert. Es nimmt einen vergangenen Sinneseindruck mit in die Zukunft.[6]

Bei der Zeit ist es ähnlich: Sie existiert und zugleich auch schon wieder nicht mehr. Andauernd kommt die Zukunft auf uns zu, trifft uns in einem Jetzt-Moment und verschwindet in die Vergangenheit. Diese philosophische Auffassung entspricht dem *Gegenwartsfenster* der modernen Gehirnforschung, das etwa drei Sekunden andauert – doch dazu gleich mehr.

Der Philosoph Henri Bergson, der 1927 den Literaturnobelpreis erhielt, war davon überzeugt, dass die Zeit eine »Form von Bewusstsein«

sei und genau deshalb den Wesenskern des Daseins ausmache.[7] Ihn interessierte, ob sowohl die Vergangenheit als auch die Zukunft in der Gegenwart anwesend sind und vor allem wie lange, und so etablierte er den Begriff »la durée«, das »Andauern«. Der tickende Sekundenzeiger einer Uhr ist quantitativ. Wir könnten zum Beispiel für jede Sekunde eine kurze Linie auf ein Blatt zeichnen. Dort hat jeder Moment einen eigenen Raum, denn da, wo die eine Sekunde ist, kann keine andere sein. Aber verhält es sich tatsächlich so? Für Bergson waren Teile der Zeit qualitativ ineinander anwesend. Der Philosoph zog zur Erklärung einen Vergleich zum Orchester. Beim Musizieren durchdringen sich die individuellen Melodien der verschiedenen Stimmen, sodass jeder Moment wiederum den folgenden Moment durchdringt, also ins Jetzt hineinwirkt: »Alles das, was existiert, ist in ewiger Veränderung, Veränderung gibt es nur in der Zeit, Zeit ist Bewusstsein, und deshalb ist in tiefstem Grunde alles, was existiert, Bewusstsein.«[8]

Der Philosoph und Mathematiker Edmund Husserl bezog das Bewusstsein ebenfalls in die Zukunft mit ein. Dieses Zukunftsbewusstsein, das in der Gegenwart immer mitschwingt, nannte er *Protention*. Wir bemerken sie in dem Moment, wenn wir den ersten Schritt auf eine stillstehende Rolltreppe tun. Das unmittelbar anwesende Bewusstsein nennt er *Impression*, die wiederum über einen Bewusstseinsrest der Vergangenheit verfügt, die *Retention*. Diese repräsentiert nichts, sondern sie präsentiert die Welt des gerade eben Wahrgenommenen.[9] Diese Auffassung deckt sich ebenfalls in etwa mit den Erkenntnissen der heutigen Hirnforschung.

Das Drei-Sekunden-Zeitfenster und die Grenzen der Zeitwahrnehmung

Ein Jetzt ist folglich immer auch ein Soeben und gleichzeitig ein Sofort.[10] Ein klitzekleines Zeitfenster – und schon ist es wieder weg. Dass wir Zeit wahrnehmen können, ist ziemlich magisch, denn spätestens nach drei Sekunden drückt das Gehirn den Aktualisieren-Button. So checkt unser Gehirn ständig, ob es neue Informationen gibt, die relevant genug sind, um Aufmerksamkeit auf sie zu lenken. Der Psychologe und Hirnforscher Ernst Pöppel spricht dabei auch von der *Gegenwartsbühne*.[11]

Innerhalb dieser drei Sekunden kann das Gehirn all unsere Sinneseindrücke zu einer Einheit zusammenfügen oder einen Gedanken in Worte fassen. Dieses kurze Zeitfenster zeigt uns den ganzen Tag das Hier und Jetzt. Unser Jetzt-Zustand wird mit der Vergangenheit verglichen, und alles, was als unwichtig eingestuft wird, wird sehr wahrscheinlich für immer vergessen. Nur die Besonderheiten werden weiterverarbeitet und landen im Langzeitgedächtnis. Gleichzeitig wird bereits die neue Gegenwart aufgenommen. Die einzelnen Gegenwartsbühnen gehen ineinander über, ohne dass wir es merken. Wie bei einem Film, bei dem wir eigentlich die einzelnen Bilder sehen, die sich nur durch das schnelle Abspielen im Fluss befinden. Für unser Gehirn sind diese drei Sekunden das Fenster zur Welt, doch es gibt hier noch eine fast *zeitlose Zeit*. Denn Reize treffen nicht gleich schnell in den Sinnesorganen ein und auch ihre Verarbeitungsgeschwindigkeit ist unterschiedlich lang. »Deshalb werden sie blockweise gesammelt, sortiert und unter Berücksichtigung ihrer Verzögerung wieder zusammengesetzt.«[12]

Unser Gehirn ist sehr flink, wenn es um akustische Signale geht. Ihre Umwandlung in neuronale Informationen dauert nur etwa eine Millisekunde. Der Abstand zwischen zwei *gleichen* Tönen muss allerdings etwa drei bis fünf Millisekunden betragen, damit wir sie als zwei Geräusche wahrnehmen. Ansonsten verbindet sie unser Gehirn zu einem einzigen Ton. Wenn uns Töne in *verschiedenen* Tonhöhen im Abstand von weniger als 20 Millisekunden vorgespielt werden, können wir nicht sagen, welchen Ton wir zuerst gehört haben.[13] Die Umwandlung optischer Signale in neuronale Informationen dauert mindestens 30 Millisekunden (und unser Tastsinn braucht ungefähr genauso lange). Das bedeutet, wenn uns jemand aus weniger als zwölf Metern Entfernung etwas zuruft, hören wir zuerst die Töne, die Lippenbewegung sehen wir einen Hauch später. Steht diejenige etwa zwölf Meter von uns entfernt, entspricht die Schalldauer ungefähr der Umwandlungszeit der optischen Signale. Ist die Person weiter weg, ist die optische Umwandlung schneller als die akustischen

Informationen.¹⁴ Von diesen Vorgängen bemerken wir jedoch nichts, denn unser Gehirn präsentiert uns immer ein konsistentes Bild von der Welt. Dafür hat es einen Mechanismus, ein klitzekleines, zeitloses Zeitfenster »erfunden«, das etwa 30 Millisekunden entspricht und in dem weder Zeit noch ein Gefühl für Vorher-Nachher-Beziehungen von Reizen existieren.¹⁵ Innerhalb dieser *Ordnungsschwelle* werden alle eintreffenden Wahrnehmungen analysiert und aufeinander abgestimmt.¹⁶

Gestaltungshorizonte – der immerwährende Kampf zwischen unmittelbarer Gegenwart und ferner Zukunft

Jeden Tag treffen wir Entscheidungen mit dem Ziel, Freude und Anerkennung zu erleben und Ärger, Kummer oder Reue zu vermeiden. Einzeln betrachtet sind das ziemlich belanglos erscheinende Tätigkeiten in tausenden Momenten, aber über die Zeit hinweg sind es diese einzelnen Augenblicke, die uns ausmachen. Sie bestimmen, wer wir waren, wer wir sind und wer wir sein könnten.

Klar ist: Nur im Hier und Jetzt kann die fleißige Biene etwas tun, nur hier kann sich das Faultier genüsslich räkeln, nur hier können sich Korallenfisch, Chamäleon und Co. ausleben. Wir können also Entscheidungen treffen, Gefühle und Gedanken bewusst wahrnehmen und einordnen, unsere Zukunft zumindest grob planen und ins Handeln kommen. Da wir aber unsere Zukunft nicht kennen, lohnt es sich womöglich gar nicht, allzu viele oder große Pläne zu schmieden. Mal davon abgesehen können wir morgen ja auch noch alles regeln, richtig? Aber morgen ist ja schon wieder ein Heute.

Ob wir uns für das Jetzt oder für die Zukunft entscheiden, ist davon abhängig, wie groß die emotionale Bewertung der zu erwartenden Belohnung ist.¹⁷ Zum Beispiel gehen wir morgens zur Arbeit, auch wenn wir lieber im Bett bleiben wollen, weil hier die Motivation, die uns durch die Belohnung in Zukunft in Form von Geld oder Ansehen antreibt, größer ist als die bequemere Option im Jetzt – Biene schlägt

Faultier. Die Pfanne jetzt schnell abwaschen oder kurz ausruhen? Jetzt die Füße hochlegen ist natürlich verführerisch, aber je länger der Schmutz eintrocknet, desto schwieriger wird's. Egal, das Faultier gewinnt diesmal. Diese kurzfristige Entscheidung tut niemandem weh, anders ist es beim Klimawandel – ich weiß, ich wollte Sie bis Kapitel 11 verschonen, aber das Thema ist existenziell im wahrsten Sinne des Wortes! Nicht nur der Politik kann man kurzfristiges Denken vorwerfen, auch den Wählern.[18] Wir sind alle Menschen der Gegenwart, blenden Folgen und Kosten aus, aber mit unserem extremen technischen Fortschritt und den Auswirkungen auf die Umwelt müssen wir alle Menschen der Zukunft werden, indem wir bereits heute Verantwortung für sie übernehmen.

Zeitliche und emotionale Kurzsichtigkeit

Wir leiden fast alle an *zeitlicher Kurzsichtigkeit*:[19] Wir wollen lieber jetzt die Belohnung und nicht lange auf sie warten. Überspitzt könnte man sagen, wir sind gleichzeitig »zukunftsdumm« und »gegenwartsverliebt«. Wie nah unser Zeitbezug in manchen Punkten zur Gegenwart ist, kann man in Experimenten herausfinden, in denen es um Geld geht. Dürfen Probanden zwischen 1 Euro sofort oder 50 Euro in einer Woche entscheiden, sind alle bereit zu warten. Aber bereits ab einem Betrag von 20 Euro wird dieser in vielen Fällen als gleichwertig mit den späteren 50 Euro angesehen. Je länger der Zeitraum bis zur Auszahlung des Geldes dauert, desto eher ist man bereit, es sofort haben zu wollen, auch wenn es sich dann um eine sehr viel geringere Summe handelt, als wenn man warten würde.[20]

Unser Faultier leidet unter zeitlicher Kurzsichtigkeit und beschwert sich: »So lang kann ich gar nicht warten!« Das Chamäleon pflichtet ihm bei: »Ich hasse warten!« Es ist auf emotionale Kurzsichtigkeit spezialisiert. Biene und Korallenfisch, die eher die Zukunft im Blick behalten, haben gegen diese starke Allianz kaum Chancen mit ihrem lausigen Argument: »Wir *sollten* aber besser warten!« Das kommt nämlich gar nicht gut an. Übrigens: Ob wir etwas in genau einem Jahr oder erst in einem Jahr und einer Woche bekommen, ist uns ziemlich egal.

Überall dort, wo viel Macht und Verantwortung liegen, hat kurzfristiges Denken weitreichende, manchmal sogar verheerende Folgen. Der Wirtschaftswissenschaftler und Zukunftsmanager Pero Mićić bezeichnet den Menschen sogar als *Homo präsens*.[21] Menschen sind demnach nicht in der Lage, die Folgen ihres Tuns langfristig richtig abzuschätzen oder entsprechend mit den Konsequenzen umzugehen. Es ist nicht so, dass uns die Probleme nicht bekannt wären. Wir wissen alle, wie wichtig ein langfristiger Gestaltungshorizont ist – in der Theorie. Wir handeln nur oft nicht danach. Wir stecken im »Jetzismus«, in einem regelrechten Gegenwartsfetisch fest.[22] Kurzfristiges Denken führt fast immer zu kurzfristigem Handeln. Oft machen wir unser eigenes Wohlbefinden in der Gegenwart zum stärksten Argument für unsere Entscheidungen und schaden dabei nicht nur uns selbst, sondern auch anderen.[23] Wir werden uns das in Kapitel 11 genauer anschauen – bis dahin halte ich nun wirklich die Klappe, was das Klima angeht. Versprochen![24]

Zeitperspektiven – ein individueller Blick auf die Gegenwart

Die Psychologen Philip Zimbardo und John Boyd entwickelten das Konzept der *Zeitperspektiven* und prägten den Begriff der *Gegenwartsorientierung*.[25] Bei ihren Forschungen stellten sie fest, dass Menschen sich darin unterscheiden, wie sie mit der Vergangenheit, Gegenwart und Zukunft umgehen. Wir können gegenüber der Vergangenheit positiv oder negativ eingestellt sein, das Gleiche gilt für die Zukunft, und bei der Gegenwart gibt es sogar noch eine dritte Möglichkeit. Aber eins nach dem anderen.

Tatsächlich wirken sich die individuelle Prägung und Zeitorientierung auf unser Verhalten aus.[26] Wenn wir eher auf die Vergangenheit und unsere Erfahrungen zurückgreifen, erinnern wir uns zum

Beispiel daran, dass wir nach dem letzten Mal, als wir mit Freunden etwas über den Durst getrunken hatten, am nächsten Tag einen höllischen Arbeitstag erlebt haben, und entscheiden uns heute dafür, dass wir morgen lieber nicht mit einem Kater im Büro sitzen möchten. Demzufolge schlagen wir die feucht-fröhliche Feierabendzusammenkunft aus. Oder aber wir verdrängen diese Erinnerung, entscheiden aus der Gegenwartsperspektive heraus, wollen den Moment genießen und ziehen mit den Freundinnen um die Häuser. Ökonomisch würde man sagen, es ist eine Kosten-Nutzen-Abwägung. Wenn der Gewinn überwiegt, sagen wir Ja. Doch die Priorisierung unserer Zeitperspektive hat immer ein Mitspracherecht und beeinflusst unsere Entscheidung – meist unbewusst.[27]

Die beiden Wissenschaftler sind überzeugt, dass es eine gute Kombination ist, wenn wir die Vergangenheit positiv betrachten, die Gegenwart moderat lustorientiert und nicht fatalistisch bewerten und optimistisch in die Zukunft blicken, mit Zielen, die wir gerne umsetzen möchten. Diese Kombination behält ihre Vorteile aber nur, wenn wir keine Zeitebene priorisieren, sondern alle im Blick haben. Mit einem Wort von Günter Grass wäre das dann eine positive »Vergegenkunft«.[28] Als weniger optimal stufen die Forscher eine negative Sicht auf die Vergangenheit ein, gepaart mit einer fatalistischen Einschätzung der Gegenwart. Die gute Nachricht: Wir können unsere persönlichen Zeitperspektiven ändern, da sie erlernt und nicht angeboren sind.[29] Schauen wir uns jetzt mal die drei Gegenwartstypen genauer an.

Hedonistinnen, Fatalisten und Holistinnen – die Gegenwartstypen

Gegenwartsorientierte *Hedonisten* suchen und genießen das Angenehme und wollen Unangenehmes vermeiden, also alles, was anstrengend, mühsam, geregelt oder langweilig ist. Sie suchen aktiv nach Vergnügen und die sofortige Befriedigung steht für sie im Vordergrund. Sie improvisieren gern und mögen keine To-do-

Listen. Sie können das Hier und Jetzt so richtig genießen. Klingt verführerisch! Doch die Kehrseite der Medaille zeigt eine schwach ausgeprägte Impulskontrolle, ein »ungezügeltes Ego«,[30] ein tendenziell unbeständiges Leben, und eine große Anfälligkeit für jede Art von Sucht, die ein Hochgefühl bietet. Hedonistinnen treffen weniger Aussagen, die weit in die Zukunft reichen, da die Zukunft für sie abstrakt, weit weg und fern zu sein scheint. Sie achten weniger auf ihre Gesundheit, gehen bereitwilliger Risiken ein und handeln meist, ohne sich allzu große Gedanken über die Konsequenzen ihres Verhaltens zu machen.

Eine *fatalistische* Sicht auf die Gegenwart ist davon geprägt, keine Selbstwirksamkeit zu erfahren. Fatalisten fühlen sich nicht frei, sie verspüren nicht die Kraft, sich aus den Fesseln des Moments befreien zu können und sind somit kaum in der Lage, für die Zukunft zu planen. In einer ausgeprägten Form neigen sie zu mehr Aggressivität, sind energieloser, ängstlicher und tendieren eher zu Depressionen.

Die dritte Art der Gegenwartsorientierung ist der *Holismus*. Diese Form konzentriert sich auf die *absolute Gegenwart*, die sowohl die Vergangenheit als auch die Zukunft beinhaltet. Das Jetzt ist weder ein Knecht der Vergangenheit noch ein Werkzeug oder Instrument für die Zukunft. In einer Meditation geht es zum Beispiel darum, die Gegenwart ohne die Brille der Vergangenheit oder Zukunft zu betrachten. Im Buddhismus ist absolute Gegenwart ein zentrales Konzept, das sich wesentlich von der westlichen Sicht auf die Zeit unterscheidet. In unserem Kulturkreis geht es ja meist darum, Zeit in irgendeiner Weise produktiv zu nutzen. Indem man jedoch durch Meditation den Geist unmittelbar auf den jetzigen Moment richtet, kann das Gefühl eintreten, »alles sei eins«. Vergangenheit und Zukunft lösen sich auf und sind dennoch im Moment verbunden. So können Sehnsüchte, Wünsche oder Träume, die in der Zukunft liegen, an Bedeutung verlieren und man gibt sie für den Moment auf. Gleiches gilt für die Vergangenheit: Situationen, die man bereut, spielen keine Rolle mehr.[31] Zudem führt Meditation dazu, dass Sie selbst im Alltag in der Lage sind zu entscheiden, welchen Gedanken Sie Raum geben und welchen Sie erst gar nicht folgen möchten.

Unmittelbare Gegenwartserweiterung – im Hier und Jetzt ankommen

Philip Zimbardo erzählt in dem Buch *Eine neue Psychologie der Zeit* von seiner Hypnose-Erfahrung mit Suggestionen wie »Die Gegenwart expandiert und füllt deinen Geist und Körper«, mit der er versuchte, seine stark ausgeprägte, strikte Zukunftsorientierung, die ihn zum erfolgreichen Stanford-Professor gemacht hatte, etwas zu verringern. Er berichtet von einer »Leichtigkeit des Seins«, die er durch diese Erfahrung erlebte und wie er zwischen Lachen und Weinen ins jetzige Glück taumelte.[32]

Er führte zudem Studien durch, bei denen die Probanden allesamt nach der Hypnose bei verschiedenen Tests mehr in der Gegenwart verankert waren und zum Beispiel Texte verfassten, in denen häufiger gegenwärtige Ereignisse vorkamen. Sie lachten bei einem humorvollen Werbespot mehr als die Vergleichsgruppen, blühten beim Töpfern von Objekten regelrecht auf und achteten mehr auf den Prozess als auf das Endergebnis.[33] Das bedeutet nicht, dass Sie sich sofort hypnotisieren lassen sollen, aber es zeigt, dass unsere Zeitperspektive veränderbar und auch von unserem sozialen und kulturellen Umfeld abhängig ist.

Das unmittelbare Erleben der Gegenwart ist nichts Neues, es gilt als grundlegender Bestandteil vieler Kulturen und Weltreligionen.[34] Yoga, Hypnose, Selbsthypnose und Meditation sind hervorragende Wege ins Hier und Jetzt, sollten aber am besten von einer Expertin angeleitet werden. Diese Methoden zu erlernen dauert seine Zeit, ist aber sehr lohnenswert. Es gibt auch Möglichkeiten, um blitzschnell in die Gegenwart zurückzufinden. Wir sind im Hier und Jetzt, wenn wir dem Rauschen der Blätter lauschen, auf unseren Körper achten, zum Beispiel auf den Atem oder den Herzschlag, oder einfach präsent sind und uns bewusst auf etwas konzentrieren. Diesen Zustand unseres Gehirns bezeichnet die Neurowissenschaft als *Direkterfahrungsmodus*. Er hilft auch in Momenten, in denen wir besonders beunruhigt oder ängstlich sind, weil er uns die Kontrolle über die Situation zurückgibt.

Das Jetzt

Schreiben Sie zu jeder der folgenden Fragen jeweils fünf Begriffe auf, die Ihnen spontan einfallen.[35]

- Wer bin ich jetzt?
- Wie fühle ich mich jetzt?
- Wie fühlt sich mein Körper gerade an?
- Wann bin ich in der Gegenwart?
- An welchen Orten bin ich »im Moment«?
- Wie komme ich ins Jetzt?

So gelingt es Ihnen, auch ohne Meditation und ganz intuitiv ins Hier und Jetzt zu kommen.

Zeitexperiment

Wege in die Gegenwart mithilfe von Achtsamkeit und Meditation

Achtsamkeit wird oft belächelt, selbst von mir. Doch ich möchte mich darauf einlassen und buche mir den wohl am besten wissenschaftlich dokumentierten Achtsamkeitskurs der Welt. Einen Großteil der Kosten für den achtwöchigen MBSR-Kurses übernehmen sogar die Krankenkassen. MBSR steht für »Mindfulness Based Stress Reduction«, also *achtsamkeitsbasierte Stressreduktion*. Der Grund für meine Entscheidung: Studien haben gezeigt, dass Achtsamkeitstraining und Meditation in vielerlei Hinsicht wirksam sind.

Zum einen steigert sich unsere *Nichtreaktivität*. Das bedeutet, wir lernen, Gedanken, Gefühle und Empfindungen zu beobachten, in Form eines Metabewusstseins, was zu mehr Bewusstheit und Konzentration führen soll. Auf diese Weise können wir unsere Gefühle genauer beschreiben und benennen, sodass wir besser mit ihnen umgehen können, und wir verurteilen oder kritisieren uns nicht, wenn wir unserer Meinung nach irrationale oder unangebrachte Gefühle erleben.[36] Beim Meditieren erhöht sich zum anderen nachweislich die Hirnaktivität in der linken Hemisphäre.[37] Vereinfacht gesagt entstehen eher in der linken Gehirnhälfte unsere positiven Gefühle, die rechte Hirnhälfte ist mehr beim Auftreten der negativen beteiligt (mehr dazu in Kapitel 7). Meditation führt außerdem zu mehr Empathie und Mitgefühl sowie zur Steigerung der Immunfähigkeit, des Wohlbefindens und kann sogar die Heilung von Verletzungen beschleunigen. Auch eine verbissene Fokussierung auf gesteckte Ziele kann sich auflösen, was nicht bedeutet, dass wir keine Ziele mehr haben werden, aber es wird unwahrscheinlicher, dass die Ziele uns beherrschen. Außerdem heißt es, man könne beim Meditieren ganz neue Seiten der Gegenwart entdecken. Wenn das mal nichts ist!

Ein Teil meines Ichs ist skeptisch, denn er mag eigentlich nichts Langsames und damit verbinde ich Achtsamkeit nun mal, aber ein anderer Teil meines Ichs, mein Spatz, ist neugierig geworden. Zu Beginn des ersten Tages bin ich allerdings so unachtsam, dass ich den ersten Kurs glatt verpasse. Oh je, ich bin inzwischen offenbar die vergesslichste Gedächtnisweltmeisterin der Welt! Vielleicht habe ich auch keine Lust darauf oder Angst davor, mich über zwei Stunden auf die Gegenwart zu konzentrieren – Faultier und Chamäleon lassen grüßen. Beim nächsten Mal bin ich dann dabei – natürlich online in der Corona-Zeit –, und die erste Übung, der 45 Minuten lange Bodyscan, dauert für mich ewig. Trotzdem ist die neue Erfahrung, eine Dreiviertelstunde einfach auf dem Boden liegen zu dürfen und nichts tun zu müssen, außer auf meinen Körper zu achten, auf faszinierende Weise erleichternd. Es geht dabei um die Qualität der Aufmerksamkeit. Man achtet erst auf die Füße, dann auf die Waden und so geht es Stück für Stück nach oben bis zum Kopf. Keine Erfahrungen ausschließen, keine Empfindung hinzufügen, lautet das Motto. Mir wird in dem Moment klar, wie wenig ich im Alltag auf meinen Körper achte. Ab jetzt gehören an sechs Tagen pro Woche Bodyscan und Sitzmeditation zu meinen Aufgaben. Ob ich dadurch mehr Gegenwart für mich gefunden habe, erfahren Sie am Ende des Buchs.

Die Lücke zwischen den Gedanken

Das Grundprinzip des Zazen, der Meditationspraxis des Zen-Buddhismus, ist die Gegenwart, so wie bei meinem MBSR-Kurs. Das Interessante dabei ist: Die Gegenwart ist durch Meditation nicht zu erreichen, weil die Gegenwart schon da ist. Eine Zen-Meditation ist also nichts, bei dem es etwas zu meistern gilt, denn Zazen ist bereits die Gegenwart und deshalb kann man direkt loslegen.

Mini-Meditation als sanfter Einstieg

Zeitexperiment

Setzen Sie sich entspannt und aufrecht hin und stellen Sie einen Timer auf 10 Minuten. Ihren Blick richten Sie etwa im 45-Grad-Winkel nach unten. Ihre Augen sind halboffen. Atmen Sie ganz natürlich ein und aus und zählen Sie dabei ganz entspannt in Gedanken Ihre Atemzüge mit: 1 einatmen, ausatmen, 2 einatmen, ausatmen – und nach der 10 fangen Sie mit dem Zählen wieder von vorne an.

Ich empfehle Ihnen: Probieren Sie es einfach mal aus. Meditieren kann Ihnen zu einer großartigen, bewussten, veränderten Zeiterfahrung und Zeitwahrnehmung verhelfen. Das Schöne ist, Sie können überhaupt nichts falsch machen, sondern nur gewinnen. Wer weiß, vielleicht finden Sie sogar Gefallen daran und buchen einen Meditationskurs mit professioneller Anleitung.

Wenn Sie der Meinung sind, Sie müssten Meditation gar nicht ausprobieren, weil Sie auch beim Spazieren, Malen oder Musizieren in einen Flow-Zustand kommen können: Das ist toll, aber nicht dasselbe wie Meditation. Denn wenn wir im Flow sind, beachten wir die Zeit kaum, weil wir total in einer Aufgabe aufgehen, zum Beispiel beim Lesen. Aber während der Lektüre konzentrieren wir uns nicht nur auf einzelne Buchstaben oder ein Wort – wie bei der Meditation etwa ein Mantra –, sondern haben den Kontext im Blick, sonst würden wir nichts verstehen. Auch wenn wir Musik hören, entsteht das

Gesamterlebnis dank unserer Erinnerung an die vorherigen Töne, die in unserem Kopf die Melodie entstehen lassen. Es handelt sich also um eine »erinnernde« Tätigkeit.

Diese Form der Zeitlosigkeit ist daher nicht mit der zu verwechseln, die wir in der Meditation erleben können, ein Zustand, in dem unser »*diskursives Denken*, also die Fähigkeit des Vergleichens, stillsteht«.[38] Beim Meditieren geht es darum, die Lücke zwischen den Gedanken zu erwischen, also den Zustand des Nicht-Denkens zu erleben. Das fühlt sich für viele Menschen vielleicht wie Warten an, zum Beispiel darauf, dass es wieder zu Ende ist. Doch beim Meditieren ist es wichtig, auf nichts zu warten, denn das impliziert eine *Erwartung* und würde damit wieder Gedanken an die Zukunft mit einschließen.[39]

Langeweile und Wartezeiten wieder genießen lernen

Meine Achtsamkeits- und Mediationserfahrungen haben es mir ermöglicht, Wartezeiten ganz neu zu bewerten. Solange wir nicht in der Lage sind, unsere momentane Situation zu akzeptieren, befinden wir uns in einem andauernden Kampf gegen uns selbst, was unfassbar viel Kraft kostet.[40] Das lässt sich im Kleinen beobachten, zum Beispiel in alltäglichen Wartesituationen.

Während wir darauf warten, im Restaurant die Bestellung aufgeben zu dürfen oder bei der Ärztin endlich an der Reihe zu sein, konzentrieren wir uns auf das, was in der Zukunft liegt, aber nicht auf das, was jetzt ist. Dies führt zu einem inneren Widerspruch: Das, was wir wollen, ist gerade nicht verfügbar, was eine negative Identifikation mit der momentanen Lage nach sich zieht. Wir spüren die Zeit, sie kommt uns wieder und wieder in den Sinn. Wir haben es satt, hier »ewig« warten zu müssen! Dadurch stellt sich zwangsläufig ein Gefühl der Unruhe und Unzufriedenheit ein, weil das Erwartete immer noch nicht stattfindet.[41] Dabei ändert es nichts an der Wartezeit, wenn wir uns tierisch darüber aufregen, wie lange das alles heute wieder dauert, anstatt in aller Ruhe ein Vögelchen – oder gar ein Eichhörnchen – auf dem Baum vor dem Wartezimmerfenster zu beobachten oder etwas zu lesen. Wir stressen uns offenbar lieber selbst, anstatt diese Zeit für uns sinnvoll zu nutzen oder einfach zu entspannen, uns gepflegt zu langweilen und unserem Leerlaufnetzwerk freien Lauf zu lassen.

Der Zusammenhang der Gegenwart mit der Vergangenheit und Zukunft

Wir setzen uns bewusst oder unbewusst permanent mit den drei Zeitebenen, also unseren Erinnerungen, dem aktuellen Geschehen und unseren Zukunftsplänen auseinander, und sie sind stets miteinander vernetzt: Im Jetzt greifen wir unbewusst auf die Erfahrungen der Vergangenheit zurück, um unsere Zukunft zu planen.

Wir sind dafür gemacht, ein Leben im Jetzt zu führen, doch allzu oft hängen wir – mehr oder weniger ohne Sinn – in Gedanken in der Vergangenheit oder der Zukunft. Das hindert uns oft daran, im Jetzt ins Handeln zu kommen und zukunftsfähige Entscheidungen zu treffen. Den Moment ganz bewusst zu erleben und zu versuchen, ablenkende Gedanken auszublenden, bedeutet aber nicht, dass es das Ziel ist, für immer und ewig hedonistisch dem Augenblick zu frönen. Im Gegenteil: Indem wir ab und zu bewusst das Jetzt wahrnehmen und Vergangenheit und Zukunft beiseitelassen, erhalten wir Klarheit. Achtsamkeit und Meditation können helfen, den Augenblick zu erfassen, wenn zum Beispiel negative Gedankenschleifen beginnen. Es geht nicht darum, in die Meditation zu »flüchten«, sondern das, was wir dort lernen und erleben, mit in den Alltag zu nehmen.

Halten wir fest: Das, was wir heute tun, ist das, was wir morgen sind. Doch um vom Jetzt in eine neue Zukunft zu gelangen, müssen wir manchmal erst die Vergangenheit überwinden. Wagen wir einen Zeitsprung dorthin.

Ihre Zeit besser verstehen und anders erleben

✓ Wir erleben pro Jahr 13 Millionen ineinander übergehende Jetzt-Momente.

✓ Unsere Gegenwartsbühne umfasst etwa drei Sekunden, und schließt ein wenig Vergangenheit und Zukunft mit ein.

✓ Wir leiden unter zeitlicher und emotionaler Kurzsichtigkeit.

✓ Eine gute Kombination der Zeitperspektiven ist, wenn wir keine zu sehr in den Fokus rücken und die Vergangenheit positiv betrachten, die Gegenwart moderat lustorientiert und optimistisch in die Zukunft blicken, gepaart mit Zielen, die wir gerne umsetzen möchten.

✓ Meditation schafft Klarheit. Wir versuchen dabei, die Lücke zwischen unseren einzelnen Gedanken größer werden zu lassen.

✓ Überlegen Sie, ob es einen Zeitpunkt in Ihrem Tagesablauf gibt, den Sie ab heute bewusst für die reine Gegenwart reservieren können.

Kapitel 5

Der verklärte Blick zurück – Vergangenes durch die emotionale Brille betrachtet

»Wer so lebt, dass er mit Vergnügen auf sein vergangenes Leben zurückblicken kann, lebt zweimal.«

Marcus Valerius Martial

Kein Weg zurück zu meinem früheren Selbst

Gerade ist mir wieder eingefallen, dass ich, kurz bevor Corona die Welt veränderte, auf eine Riesenparty verzichtet habe, weil ich lieber am nächsten Tag fit sein wollte. Das erschien mir damals sehr vernünftig, ich hatte ja keine Ahnung. Am liebsten würde ich meine Entscheidung rückgängig machen! Doch die Zeit lässt sich leider nicht zurückdrehen.

Würde ich, wenn ich eine Zeitmaschine hätte, andere Entscheidungen treffen? Nicht immer, aber manchmal bestimmt! Als ich acht Jahre alt war, wurde ich zum Beispiel wegen zu großer Füße aus der Ballettschule geworfen, woraus ich schloss, grundsätzlich nicht fürs Tanzen geeignet zu sein. Ich hätte natürlich auch ohne Spitzenschuhe weiter tanzen können, habe ich aber nicht getan. Würde ich das gerne rückgängig machen? Ja! Kann ich es? Nein! Was ich jedoch tun kann: wieder anfangen zu tanzen.

In vielen Bereichen machten mir meine Vorstellungen einen Strich durch die Rechnung. Als ich mit elf Jahren noch jüngere Schauspielerinnen sah, dachte ich, ich sei bereits zu alt, um selbst eine erfolgreiche Schauspielerin zu werden – und ließ den Traum fallen. Selbst als Studentin konnte ich mir mein Leben nur bis 30 vorstellen, alles danach war in meiner Vorstellung irgendwie weiß und leer. Ich dachte, bis dahin müsste ich alles erreicht haben, sonst wäre es bestimmt zu spät. Doch das ist es niemals!

Ich habe dazugelernt: Ich werde auf jede Party gehen, auf die ich Lust habe, denn niemand weiß, was morgen kommt. Wenn ich mir etwas wünsche, das noch nicht Realität ist, muss ich heute anfangen, etwas dafür zu tun, damit es irgendwann wahr sein kann. Was ich noch tun will, muss ich jetzt tun oder zumindest beginnen, denn die Zeit, die mir zur Verfügung steht, ist endlich. Mit jedem Tag dauert meine Achterbahnfahrt ein wenig länger, auch wenn das Ende der Strecke hoffentlich noch lange nicht in Sicht ist.

Zurück zur Zeitmaschine: Falls ich die Zeit zurückdrehen könnte, wäre die Party dann noch da?

Fluss oder Konstante? Ein philosophischer Blick auf die Zeit

In der Philosophie gibt es zwei konträre Auffassungen, die Zeit zu betrachten oder ihr Erscheinen zu deuten, nämlich die von Heraklit und Parmenides, die beide etwa um 500 v. Chr. lebten und deren Gedanken über die Zeit in den folgenden Jahrhunderten die abendländische Philosophie prägten. Für Heraklit war die Zeit im Fluss, für Parmenides war sie eine Konstante.[1]

Bei Heraklit lässt sich die Zeit mit etwas Prozesshaftem verbinden, mit dem ewigen Wandel von Entstehen und Vergehen. Wir werden geboren und sterben, Pflanzen wachsen und gehen ein. Für ihn war das Werden ein Fluss von Phänomenen und deshalb sagte er, man könne nicht zweimal in denselben Fluss steigen. Es ist die prozesshafte, *präsentistische* oder *modalzeitliche Konzeption*, die später auch von Augustinus vertreten wurde. In ihr finden wir die Abfolge Vergangenheit, Gegenwart und Zukunft. Sie wird in der Philosophie auch als *A-Reihe* bezeichnet. Diese Auffassung entspricht unserem Alltagsempfinden, unserer subjektiv erlebten Zeit: Die Party, auf die ich damals nicht gegangen bin, war zum Zeitpunkt der Party real, jetzt ist sie aber Vergangenheit und existiert nicht mehr.

Aber wo eine A-Reihe existiert, ist auch eine *B-Reihe* nicht weit. Nach der Auffassung von Parmenides ist die Zeit eine »dauerhafte Ordnung der Dinge«,[2] also eine Konstante, und die einzige verlässliche Wahrheit, denn es ist Verlass darauf, dass morgen die Sonne wieder aufgeht und nach jedem Sommer wieder ein Winter folgt. Er versuchte zu zeigen, dass Vergänglichkeit und Wandel nur eine Illusion unserer Sinne seien. Von ihm stammt das Zitat: »Die wahre Welt ruht unbeweglich und zeitlos, sie ist ohne Anfang und Ende.«[3] Einsteins Relativitätstheorie verträgt sich besser mit der B-Reihe, denn hier gibt es keinen bestimmten Gegenwartspunkt, sondern nur Vorher und Nachher. Dieses Konzept der Zeit wird auch als *Eternalismus* bezeichnet, da hier Gegenwart und Vergangenheit und die Zukunft gleich real sind.[4] Nach dieser Ansicht könnte ich, wenn Zeitreisen möglich wären, noch auf diese Party gehen, da sie auch jetzt noch existiert. Yippie!

Storyteller am Werk

Die Zeit verändert sich, wenn wir uns an sie erinnern. Zeiträume, die uns einst endlos vorkamen, schrumpfen in der Erinnerung zusammen wie eine Karte, die klitzeklein zusammengefaltet wird. Klappen wir unsere Vergangenheit einmal auf. Spätestens seit Prousts Jahrhundertroman *Auf der Suche nach der verlorenen Zeit* wissen wir, dass eine Erinnerung die nächste hervorzaubern kann.

Wenn wir von unserem Ich sprechen, meinen wir meistens das erinnernde Selbst. Wir identifizieren uns demnach mehr mit der Geschichte über unsere Vergangenheit als mit dem Fluss der Ereignisse, die wir im Augenblick erleben. Die Geschichte, die unser erinnerndes Selbst erzählt, bestimmt jedoch erheblich mit, wie das erlebende Selbst die Gegenwart empfindet. Die beiden sind eng miteinander verbunden.[5]

Das erinnernde Ich bedient sich für seine Story in unserem Gedächtnis, in dem all unsere Erfahrungen, die wichtig erschienen, gespeichert sind. An unserem Achterbahnwaggon ist quasi eine Kamera angebracht, die die ganze Zeit Polaroid-Fotos knipst. Nur die einprägsamen Bilder werden aufgehoben, alles andere wird erst mal in den Keller geräumt und verstaut, also vergessen. Die als erinnerungswürdig und bemerkenswert eingestuften Bilder werden markiert und quasi zu einer Collage verknüpft. Im Anschluss wird das Ganze zerschnitten und die Schnipsel in Gehirnregionen für Orte, Gesichter, Farben, Formen, Töne, Geschmack und Gefühle eingeordnet. Nur der genaue Zeitpunkt wird nicht mit abgespeichert, denn unser Gehirn führt keinen genauen Terminkalender.[6] Wenn wir in unserem Gedächtnis nach einer Erinnerung kramen, werden die entsprechenden Bilder und Informationen wie ein Puzzle wieder zusammengesetzt. Fehlt ein Teil, füllt unser erinnerndes Ich die Lücke aus, indem es etwas Passendes dazuerfindet.[7] Es ist einfach ein geborener Geschichtenerzähler.

Wie sieht Ihre Achterbahn des Lebens aus?

Zeitexperiment

Es ist Zeit für Ihre persönliche Achterbahnfahrt, zumindest in der Rückschau. Erinnern Sie sich an etwa 20 besondere und prägende Ereignisse in Ihrem Leben – positive wie negative. Es können gerne auch mehr sein. Schreiben Sie alle auf einen Notizzettel, ohne lange nachzudenken.

Nehmen Sie dann ein großes Blatt Papier und zeichnen Sie horizontal eine Zeitachse von Ihrer Geburt bis heute ein. Auf der vertikalen Achse tragen Sie Ihre Emotionen ein: Je höher, desto positiver sind Ihre Gefühle. Beginnen Sie mit Ihrer ersten Erinnerung und schätzen Sie auf einer Skala von 0 bis 100 ein, wie Sie sich gefühlt haben (0 = abgrundtief schlecht, 100 = mehr als überglücklich). Je besser Ihre Stimmung oder Ihr Wohlergehen war, desto höher befindet sich der Punkt auf der Emotions-Achse. Mit der Zeit-Achse kennen Sie sich ja aus. Zum Schluss verbinden Sie alle Punkte miteinander – und fertig ist Ihre persönliche Achterbahnfahrt bis heute! Sie können rechts noch ein wenig Platz lassen, um später weitere Etappen einzuzeichnen oder Ziele auszumalen, wenn Sie das Bild fortsetzen wollen.

Schauen Sie sich Ihre Zeichnung an und überlegen Sie, wie Sie Ihre Reise als Superhelden- oder Abenteuergeschichte neu erzählen könnten: Was sind die tapfersten, schönsten, spektakulärsten, merkwürdigsten Geschichten Ihres Lebens? Falls Sie sich in der Vergangenheit oder jetzt gerade in einer Krise und damit gefühlt auf einer Talfahrt oder in einem Looping befinden, ist das vollkommen in Ordnung. Auch bei der Heldenreise nach Joseph Campbell[8] muss der Held auf seinem Weg einen Tiefpunkt überwinden, um später über sich selbst hinauszuwachsen. Dieses Muster gibt es in vielen Erzählungen, in der Literatur ebenso wie in Film und Fernsehen. Denken Sie zum Beispiel an Frodo in *Herr der Ringe* oder Anna und Elsa in *Die Eiskönigin*. Also, schauen Sie mit liebevollem Blick auf sich und Ihr Leben und fragen Sie sich: Wozu könnte eine vergangene oder aktuelle Krise einer Superheldin dienen?

Betrachten Sie Ihre Erinnerungen wie eine Art Schatzkammer. Ihre Vergangenheit ist einzigartig, nur Sie allein haben genau diese Abfolge von Erfahrungen im Leben gemacht. Unsere Erinnerungen dienen beim Ausmalen einer möglichen Zukunft quasi als Inspiration. Ohne Vergangenheit ist keine Vorstellung der Zukunft möglich. Die Regionen, in denen unsere Erinnerungen gespeichert sind, leuchten in Hirnscans übrigens auf, wenn wir uns die Zukunft vorstellen.[9] Menschen, die wegen eines Unfalls oder einer Krankheit Teile ihres Gedächtnisses verlieren, verlieren hingegen die Fähigkeit, sich ihre Zukunft auszumalen, und ihr Gefühl für Zeit gleich mit.[10]

Der Philosoph Michael Schmidt-Salomon beschreibt in seinem Buch *Gelassenheit* einen entspannten Umgang mit der Vergangenheit so: »Wer von seinem Selbst lassen kann, entwickelt ein gelassenes Selbst.«[11] Das bedeutet: Wenn wir akzeptieren, wie wir sind und wie wir gehandelt haben, können wir selbstbewusster und humorvoller werden, indem wir veränderbare Situationen aktiv angehen, und das, worauf wir keinen Einfluss haben, gelassener hinnehmen. Nach dem Motto: »Erwarte das Schlimmste und erhoffe das Beste!«

Frei oder nicht frei?

Unser Ich beruht, wie in Kapitel 3 dargestellt, auf den Vorgängen, die sich unbewusst im Gehirn abspielen. Was uns in der Gegenwart beschäftigt, sind häufig Gedanken, die mit unserer Vergangenheit zu tun haben, da wir uns bewusst oder unbewusst darüber ärgern, dass wir uns in bestimmten Situationen nicht anders entschieden oder verhalten haben – so wie ich als Kind, als ich ganz mit dem Tanzen aufhörte. Vielleicht fühlen wir uns sogar für etwas schuldig, weil wir im Nachhinein denken, uns falsch verhalten zu haben. Aber genau darin liegt der Trugschluss, denn wir konnten uns in diesem bestimmten Moment nur so entscheiden, wie wir entschieden haben.[12] Dazu gleich mehr.

Wir sind heute die Person, die wir aufgrund unserer Erbanlagen, Erfahrungen und unserer Vergangenheit sein *müssen*.[13] Es gab in unserem Leben Milliarden Faktoren, auf die wir keinen Einfluss hatten. Vor allem unser soziales Umfeld und unsere körperlichen Voraussetzungen und somit unsere Gehirnaktivität sind mitverantwortlich, dass wir so sind und agieren, wie wir sind.[14] Wir können nie genau wissen, wie unser weiteres Leben ausgesehen hätte, wenn nur ein Aspekt anders gewesen wäre. Womöglich wäre ich als Balletttänzerin eines Tages von der Bühne gefallen – ich bin wirklich sehr tollpatschig –, hätte mich schwer verletzt und meine Karriere wäre beendet gewesen. Auf der Party, die ich verpasst habe, hätte mir eine Diskokugel auf den Kopf fallen können.[15] All das ist ungewiss und ein »Was wäre, wenn« wenig hilfreich. Deshalb verfahre ich mittlerweile nach der Devise: Etwas ist nicht passiert, weil es – aus mir unbekannten Gründen – nicht passieren sollte. Basta. Viel wichtiger ist für mich die Frage: Wohin möchte ich als Nächstes?

Viele Menschen glauben an das *Prinzip der alternativen Möglichkeiten*. Sie sind der Auffassung, dass man in der Vergangenheit in gewissen Situationen die Möglichkeit gehabt hätte, sich anders zu entscheiden. Wenn man aber davon ausgeht, dass das Gehirn in jedem Augenblick des Lebens nur einen *einzigen* Gehirnzustand aufweist und genau darauf unsere Handlungen und damit auch unsere Entscheidungen beruhen, muss man dieses Prinzip zumindest anzweifeln. Denn unser Gehirn versucht in jedem Moment, das Beste aus der aktuellen Situation zu machen, was sich aber im Nachhinein natürlich als falsch herausstellen kann.[16]

Wenn wir von diesem einen momentanen Gehirnzustand ausgehen, konnte sich unser Ich gar nicht anders entscheiden, da die damaligen komplexen inneren und äußeren Umstände dafür verantwortlich waren. Genetiker und Hirnforscherinnen würden sagen, unsere Handlung erfolgte »aufgrund dieser und jener elektrochemischen Prozesse im Gehirn, die durch eine bestimmte genetische Veranlagung beeinflusst sind, in der alte evolutionäre Zwänge gepaart mit zufälligen Mutationen zum Ausdruck kommen«.[17] Dies bedeutet aber nicht, dass wir über keinen freien Willen verfügen oder keine Verantwortung tragen für das, was wir getan haben. Denn bevor wir uns entscheiden, haben wir ja meist bewusst eine Zeit lang hin und her überlegt, uns Gedanken dazu gemacht und es rational und gefühlsmäßig abgewogen – zumindest wenn wir nicht im Affekt gehandelt haben.[18] Wir können demnach in zukünftigen ähnlichen Situationen aufgrund neuer Erfahrungen anders handeln.

Wir sind zwar frei in unserem Handeln, solange wir keinen besonderen Zwängen, Ängsten oder Phobien unterworfen sind, aber eben nicht frei in unserem Wollen. Der Philosoph Arthur Schopenhauer schrieb schon: »Der Mensch kann zwar tun, was er will. Er kann aber nicht wollen, was er will.«[19] Wir haben zwar einen Willen, aber können diesen nicht selbst beeinflussen. Denn welcher Wille wäre es, der diesen Willen ändern möchte? Wir können nicht selbst entscheiden, ob uns Mathe auf Anhieb Spaß macht. Das heißt aber nicht, dass jemand durch einen interessanten, spannenden Einstieg nicht doch noch ein Mathegenie wird. Und es heißt nicht, dass jemand mit zu großen Füßen keine Tänzerin werden kann.

Diese Erkenntnis, dass »wir bloß diejenigen *sein können*, die wir unter gegebenen Bedingungen *sein müssen*«,[20] nennt der uns schon bekannte Philosoph Schmidt-Salomon die »$E=mc^2$-Formel der Selbsterkenntnis«. Einstein war auch der Auffassung, dass diese Sichtweise auf das Leben entscheidende Konsequenzen für unsere Vorstellungen von Schuld und Fehlern hat. Er schrieb, diese Einsicht sei für ihn beim Erleiden der Härte seines Lebens »immer ein Trost gewesen und eine unerschöpfliche Quelle der Toleranz«.[21] Geben wir die *Illusion des Anderskönnens* auf, können wir unsere Fehler aus der Vergangenheit zwar bereuen und etwas tun, um die Situation zu verbessern, aber wir brauchen ihretwegen keine Schuldgefühle zu haben.

Während Schuldgefühle eher dazu führen, keine Verantwortung zu übernehmen, kann Reue uns bei der Weiterentwicklung unterstützen und uns dazu bringen, aus den Folgen unseres Handelns zu lernen und uns zum Positiven zu verändern. In der Folge kann unsere Lebensweise freier, toleranter, tröstlicher und humorvoller werden. Davon ist Schmidt-Salomon überzeugt. Wir sehen dann eher die Chance, von anderen mehr über die Welt zu erfahren, und sehen Kritik nicht als etwas Negatives, sondern als Geschenk, das uns helfen kann, aus Fehlern zu lernen. Zudem kann durch diese Einstellung das Verlangen verschwinden, von anderen bewundert oder anerkannt werden zu wollen. Je weniger stolz man auf eigene

Leistungen sei, desto eher werde man Leistungen erbringen, auf die man stolz sein kann.[22] Falls nicht schon die alten Griechen die ersten Life-Coaches waren, war es definitiv Albert Einstein!

Ein positiver Blick zurück

Allzu oft stecken wir mit einem Bein in der Vergangenheit und mit dem anderen in der Gegenwart, haben aber dann kein Bein mehr frei, um einen selbst gewählten Schritt in eine bessere Zukunft zu machen. Manchmal schafft es unser Papagei sogar, Steine aus der Vergangenheit direkt vor unseren Waggon, also in die Zukunft zu schleudern, sodass wir andauernd über diese Brocken aus der Vergangenheit stolpern oder mit ihnen zu kämpfen haben.

Wie der Papagei die Vergangenheit in die Zukunft wirft

Gerade schmerzvolle Erfahrungen können uns lange runterziehen. Doch sie bringen uns nicht weiter, solange wir uns nicht mit ihnen auseinandersetzen. Wir können Vergangenes nicht ändern, aber es liegt in unserer Macht, unsere Einstellung zu revidieren oder Ereignissen einen neuen Sinn zu geben – wenn Vergebung oder Akzeptanz (noch) nicht möglich ist.[23] Dabei müssen Sie selbstverständlich nicht ausbuddeln, was nicht ausgebuddelt werden möchte. Bei traumatischen Erlebnissen oder schweren Schicksalsschlägen ziehen Sie am besten eine Expertin zu Rate.

Negative Gefühle werden vor allem in der *Amygdala* ausgelöst. Wenn wir uns bewusst dafür entscheiden, die Situation umdeuten zu wollen, gewinnt der präfrontale Cortex die Kontrolle zurück. Die linke Gehirnhälfte übernimmt dabei eine wichtige Funktion, da sie Angst, Wut und Trauer quasi abdrehen kann. Studien zeigen, dass es in einem gewissen Rahmen tatsächlich möglich ist, ein Erlebnis aus der Vergangenheit mit einem neuen Gefühl zu verknüpfen.[24]

Erfahrungen mit positiven Gefühlen impfen

Zeitexperiment

Schreiben Sie drei Ereignisse auf, die Sie in der Vergangenheit als negativ empfunden haben und die sie immer noch mit negativen Gefühlen verbinden, wie Traurigkeit, Schuld, Scham, Demütigung oder Furcht.

Was haben Sie aus dem jeweiligen Ereignis gelernt und welche positive Erfahrung können Sie damit verbinden?

Sie haben diese Erlebnisse zum Beispiel überstanden und wissen, dass Sie andere schwierige Situationen meistern können, also gewinnen Sie dadurch mehr Selbstwirksamkeit, Selbstvertrauen oder Gewissheit. Vielleicht sind Sie sogar in der Lage, anderen Menschen in ähnlichen Situationen zu helfen.

Was können Sie aus den Erfahrungen mitnehmen, um Ihre Zukunft zu verbessern? Zum Beispiel könnten Sie versuchen, solche Situationen künftig zu vermeiden, oder bewusst darauf achten, anders damit umzugehen.

Falls Sie nun schlechte Laune haben sollten, kann diese Erkenntnis hilfreich sein: Zahlreiche Studien haben offenbart, dass wir oft nicht deprimiert und traurig sind, weil Ereignisse aus der Vergangenheit uns belasten, sondern wir erinnern uns an genau diese Ereignisse, wenn wir gerade in einer traurigen Stimmung sind – schwere Schicksalsschläge oder traumatische Erlebnisse selbstverständlich ausgenommen. In der Wissenschaft nennt sich dieser Zusammenhang *Stimmungskongruenz*.[25] Versuchen Sie, Ihre Stimmung gleich wieder zu heben, indem Sie Ihre Lieblingsmusik auflegen oder direkt mit dem nächsten Zeitexperiment weitermachen. Es ist eines meiner liebsten, die ich während der Recherche für dieses Buch ausprobiert habe.

Zeitexperiment

Wer waren Sie? Wer sind Sie heute?

Nehmen Sie ein Blatt Papier zur Hand und notieren Sie 20 Adjektive oder Substantive, die Ihnen als Selbstbeschreibung spontan einfallen. Seien Sie ehrlich mit sich und stellen Sie sich weder zu positiv noch zu negativ dar. Lassen Sie sich Zeit, es macht aber auch nichts, wenn Sie nicht alle 20 zusammenbekommen.

Legen Sie die ausgefüllte Liste für zwei Wochen weg. Stattdessen notieren Sie sich – und das ist das Wichtigste – ab heute jeden Tag drei Dinge, für die Sie dankbar sind. Nach zwei Wochen erstellen Sie eine neue Wer-ich-bin-Liste mit 20 Aspekten.

Erst jetzt betrachten Sie Ihre erste Liste erneut und vergleichen die Ergebnisse. Jeder Aspekt wird nun bewertet. −1 Punkt für etwas Negatives (etwa eingebildet oder ungeduldig), 0 Punkte für einen neutralen Aspekt (wie schüchtern oder müde) und +1 Punkt für eine positive Aussage (wie freundlich oder hilfsbereit).

Ich wage zu behaupten, dass Ihre zweite Liste besser ausfallen wird, denn Sie haben Ihre Vergangenheitsbewertung durch die zwischengeschalteten Dankbarkeitsübungen verändert. Sollte sich keine positive Entwicklung eingestellt haben – kein Grund zur Panik.

Unsere Einstellung gegenüber der Vergangenheit zu ändern kann ein langwieriger Prozess sein. Die Vergangenheit hat ja immens viel Zeit eingenommen. Aber Sie haben schon den ersten Schritt getan. Bleiben Sie dran!

Die Zeit lässt sich nicht zurückdrehen, doch in der Erinnerung können wir gedanklich zu schönen Momenten zurückkreisen und zumindest im Kopf etwas noch einmal erleben, auch wenn das eine andere Erlebnis- und Wahrnehmungsqualität hat. Und wir können uns ändern, sodass unser Zukunfts-Ich zu klügeren, achtsameren, liebevolleren und vernünftigeren Entscheidungen kommen kann.[26] Die Bewertung der Vergangenheit im Jetzt entscheidet mit darüber, wie wir uns in der Zukunft fühlen und verhalten werden. Und diese – hoffentlich glückliche – Zukunft schauen wir uns nun genauer an.

Ihre Zeit besser verstehen und anders erleben

✓ Unser Gedächtnis speichert die Gegenwart nicht immer so, wie sie sich wirklich zugetragen hat.

✓ Wenn wir erkennen, dass wir Milliarden Aspekte unseres Lebens nicht beeinflussen konnten, können wir viel leichter akzeptieren, wer wir sind, und uns zu der Person entwickeln, die wir gerne sein möchten.

✓ Unser Papagei ist in der Lage, sich die Vergangenheit selbst immer wieder vor den eigenen Achterbahnwaggon zu werfen. Aber das muss nicht sein!

✓ Wir können die Zeit nicht zurückdrehen, aber wir können Vergangenes umdeuten und mit neuen Gefühlen versehen. Durch Dankbarkeit blicken wir wohlwollender auf die Vergangenheit und auf das Jetzt.

Kapitel 6

Der mutige Blick nach vorn – in Richtung Glück und Zukunft

»Mut steht am Anfang des Handelns,
Glück am Ende.«

Demokrit

Dieses verdammte Glück …

Ich sitze vor einem Café in der Sonne und rühre gedankenverloren in meinem Cappuccino. Am Nachbartisch unterhalten sich zwei Freundinnen darüber, dass sie irgendwie nicht glücklich seien, obwohl sie doch alles hätten, was sie sich immer gewünscht haben. Ich komme daraufhin ebenfalls ins Grübeln und überlege, ob ich jemanden kenne, der wirklich »vollkommen« glücklich ist. Bin ich es?

In den Medien werden uns permanent Vorstellungen vermittelt, wie Glück angeblich aussieht. Überall lesen oder hören wir Tipps, wie wir gesünder, genialer, effizienter, bewundernswerter, fitter, schöner oder reicher werden, wie wir mehr und noch bessere Freunde und noch mehr Ansehen gewinnen, um so endlich glücklich zu sein. Das erinnert mich an eine Nummer, die ich früher bei Zirkusbesuchen gesehen habe, als ein Jongleur Teller auf zig Stäben zum Rotieren brachte. Sobald sich der erste Teller stabil drehte, flatterte schon der Nächste und dann noch einer und noch einer. Der Jongleur rannte hektisch von einem Stock zum anderen, um die Teller immer wieder anzustupsen.

Auch ich hetze gefühlt andauernd von Teller zu Teller, um am Ende der Vorstellung die Frage »Bist du glücklich?« voller Überzeugung mit einem grinsenden Ja beantworten zu können. Doch das ist tricky, denn was bedeutet Glücklichsein eigentlich? Bin ich im Moment glücklich, bin ich grundsätzlich glücklich? Glück ist inzwischen auf eine allumfassende Art zum Maßstab für ein gelungenes Leben geworden. Verstehen Sie mich nicht falsch: Natürlich bin auch ich gerne glücklich, aber momentanes Glück ist flüchtig. Seit das putzige Eichhörnchen, das mich anfangs zum Lächeln brachte, meinen Balkon als Toilette benutzt, macht mich ein Wiedersehen definitiv nicht mehr so glücklich wie früher. Aber was genau ist nun dieses Glück, nach dem alle immer streben und das doch so schwer aufzuspüren scheint?

Die alte Zauberformel für ein glückliches Leben

Das Wort Glück leitet sich vom mittelhochdeutschen Wort »gelücke« ab, was so etwas wie »passend« bedeutet. Doch wie sieht ein »glückliches« Leben eigentlich aus? Diese Frage beschäftigt die Menschheit bereits seit mehr als 2500 Jahren. Schon große Denker und Philosophen wie Platon oder Aristoteles haben sich darüber Gedanken gemacht.

Die alten Griechen kannten das momentane Glück und damit den schnellen Genuss – *hedone*. Damals ging das eher in die Richtung »Wein, Gaumenschmaus und Gesang«, also das Gefühl, das wir in einem bestimmten Moment empfinden, wenn wir zum Beispiel in einen warmen Schokoladencrêpe beißen, das aber schnell wieder verfliegt, sobald die Leckerei verputzt ist. Heute läuft das Konzept wohl eher unter dem Label »Spaß«, und womöglich verwechseln wir schnellen Genuss zu oft mit echtem Glück. Unser Gehirn erkennt Glück, wenn aufgrund eines auslösenden Moments Belohnungsstoffe ausgeschüttet werden, die zu einem starken Wohlbefinden führen, das aber je nach Auslöser meist sehr schnell wieder verschwindet. Ein Zitat aus der Serie *Mad Men* bringt es ziemlich gut auf den Punkt: »Was ist Glück? Es ist ein kurzer Moment, bevor du mehr Glück brauchst.«[1]

Neben diesem momentanen Spaß existierte in der Antike die als erstrebenswerter geltende Glückseligkeit – *eudaimonia*. Sie steht viel mehr für ein Urteilsvermögen, das den Menschen befähigt, das Richtige zu tun, also verantwortungsvolle Entscheidungen zu treffen und entsprechend zu handeln, sodass ein gelingendes Leben und Zufriedenheit eintreten.[2] Für Aristoteles waren zum Beispiel tugendhafte Einstellungen wie Gerechtigkeit und Weisheit maßgebend. Ihm ging es auch darum, das eigene Potenzial auszuschöpfen. Aristoteles war überzeugt: Glück ist das Resultat einer Tätigkeit.[3] Es ist also ein Prozess und unser Glücksempfinden ist die Belohnung für erfolgreich ausgeführte Handlungen oder Gedanken.

Viele einzelne, kurzlebige Glückszustände, die nach einer gelungenen Zeitnutzung klingen, machen demnach kein gelungenes

Leben aus. Glück findet jede nur in sich selbst, denn dort ist es angelegt – wie in einem Garten, in dem die Samen oder Knollen schon in der Erde sind, aber noch nicht austreiben. Aber es kommt nicht von allein. Nach dieser Auffassung ist es unsere Aufgabe, unseren inneren Garten zu pflegen und nicht nur neue Gartenstühle oder ein Planschbecken zu kaufen. Also, Sonnenhut auf, Harke in die Hand und los! Ein Pinsel tut's vielleicht auch fürs Erste.

Das Leben – ein Gesamtkunstwerk

Ich möchte Ihnen eine kurze Geschichte von einer Giraffe und einem Panda erzählen.[4] Die beiden nehmen an einem Malwettbewerb teil, bei dem es darum geht, wer die schönste Achterbahn malt. Beide sind sehr talentierte Künstler. Bis zur Abgabe sind es noch zwei Wochen, und für das Motiv gibt es keine weiteren Vorgaben.

Der Panda möchte unbedingt gewinnen und plant alles ganz sorgfältig. Er besorgt sich Bücher und Magazine zur aktuellen Kunstszene sowie über Achterbahnen und studiert die alten Kataloge zu den Wettbewerben. Er recherchiert online, kauft sich eine neue Staffelei, die beste Leinwand und die feinsten und dicksten Pinsel. Und exzellente Farben braucht er natürlich auch: das schwärzeste Schwarz, das kräftigste Pink und so weiter. Alle Farben will er haben! Und das beste Licht! Sein Atelier ist nun perfekt ausgestattet. Hektisch kaut er an einem frischen Bambusrohr und überlegt, wie er die Achterbahn malen soll, was ihn inspiriert. Aber er fragt sich auch, mit welchem Ansatz er am besten den Zeitgeist und den Geschmack der Jury treffen könnte. Sein Kopf raucht und er überlegt, ob er nicht doch noch das teuerste und tiefste Blau und ein bisschen Glitzer braucht. Am Abend vor dem Abgabetermin fängt er an zu malen.

Und die Giraffe? Sie sucht erst mal in Ruhe alle Malutensilien zusammen, die sie besitzt: einen großen Zeichenblock, einen dicken Pinsel, ein leeres Einmachglas, das sie mit Wasser füllt, und Wasserfarben in einem alten Malkasten. Zufällig findet sie in einer Schublade noch einen weichen Bleistift. Sie hat keine genaue Vor-

Panda oder Giraffe: Wer wird den Malwettbewerb wohl gewinnen?

stellung, wie sie ihre Achterbahn malen will. Sie fängt einfach an, lässt sich treiben, pflückt durch das geöffnete Fenster immer wieder mal ein paar Blätter von der nahen Baumkrone und legt noch ihre Lieblings-Vinylplatte »Dirty Dancing« auf den Plattenspieler. Sie schwingt kurz die Hüften und malt, bis auf dem Papier ein wunderschönes Gemälde entstanden ist: eine Achterbahn aus Melonen. Als die Giraffe feststellt, dass an einer Stelle noch ein bestimmtes Grün fehlt, fährt sie mit dem Fahrrad zu dem Farbenladen am anderen Ende der Stadt und kauft es. Auf dem Rückweg genießt sie die glitzernden Sonnenstrahlen, die auf dem metallenen Fahrradlenker tanzen, schiebt die Sonnenbrille aus dem Gesicht und spürt den Fahrtwind. Sie legt noch kurz eine Teepause bei den beiden lustigen Elefanten ein. Dabei fällt ihr ein Detail ein, das sie noch ändern will, und lange vor dem Abgabetermin ist ihr Kunstwerk fertig.

Schauen wir uns mal genauer an, was da abgelaufen ist. Der Panda konzentrierte sich darauf, möglichst viele Ressourcen zur Verfügung zu haben. Überaus ambitioniert besorgte er sich die besten Materialien, um mit dem Ergebnis Erfolg zu haben, und beschäftigte sich intensiv mit den vermeintlichen Erwartungen der Jury, um ein Bild zu malen, von dem er glaubte, dass es die Jury als perfekt einstufen würde. Er verlor dabei aber das Wesentliche – das Kunstwerk – aus dem Blick. Die Giraffe hingegen machte sich keine Sorgen um ihre Arbeitsutensilien, also ihre Ressourcen. Was sie antrieb, waren ihre Energie und ihre Leidenschaft, sich künstlerisch auszudrücken. Für sie stand das Motiv von Anfang an im Mittelpunkt. Erst als der künstlerische Schaffensprozess es verlangte, kümmerte sie sich gezielt um weiteres Material.

Sie erahnen wahrscheinlich schon die Brücke zum echten Leben. Die meisten Menschen bewerten ihr Leben mit Blick auf ihre Ressourcen, wie: »Ich bin gesund, habe ein Penthouse, einen Job, viele Freunde und Bekannte – nicht nur auf Facebook. Also muss ich glücklich und zufrieden sein.« Oder andersherum: »Ich habe keine große Wohnung, kein sattes Bankkonto und kein Ansehen, also kann ich jetzt noch nicht glücklich und zufrieden sein.« Daraus ließe sich ableiten, dass Menschen mit einer besseren Ressourcenausstattung tatsächlich ein glücklicheres Leben haben.[5] Aber stimmt das wirklich?

Manchmal geraten wir in ein Leben, das nach außen sehr gelungen und perfekt wirkt, von innen betrachtet aber kalt und mit Sorgen, Zweifeln und Leere gefüllt ist. Das Verlangen nach immer mehr kann uns dazu verleiten, die Zufriedenheit in die Zukunft zu verlagern. Es ist die klassische Wenn-dann-Logik. *Wenn* wir dies und jenes erreicht haben, *dann* sind wir bestimmt glücklich, nur um nach Jahren eventuell festzustellen, dass uns all das gar nicht so glücklich gemacht hat wie erhofft. Mit der Zeit verblassen zudem unsere Erfolge und es wird Menschen geben, die unsere Leistungen übertreffen. Es besteht die Gefahr, dass wir *ewig* auf das Glücklichsein warten.[6] Viele Menschen warten zum Beispiel auf Reichtum, den nächsten Schritt auf der Karriereleiter oder die Pensionierung, weil sie der Meinung sind, dass das Leben dann erst richtig beginnt.

Doch dieses Warten hat Einfluss darauf, wie wir uns in der Gegenwart fühlen. Je größer unsere Unruhe ist, desto größer ist auch die »Gefahr der Unzufriedenheit«, die wir erleben, solange dies oder jenes nicht geschehen oder erreicht ist.[7] Vielleicht hat sich auch recht viel Unkraut in Form von Missmut in unserem »inneren« Garten ausgebreitet. Glück und Sinn im Leben werden wir ebenso wenig finden, wenn wir nur darüber nachdenken und warten, dass die beiden ohne unser Zutun zur Tür hereinspaziert kommen. Die Mischung macht's! Mein Schauspiellehrer sagt gerne: »Das Schaffen hat nur Wert, nicht das Geschaffene.«[8] Aber die Balance ist wichtig. Es braucht unbedingt Phasen der Erholung, der Ruhe und des Nichtstuns, denn nur dann können wir den Wert des Erreichten genießen. Nach der anstrengenden Gartenarbeit dürfen wir das gemütliche Kaffeekränzchen zelebrieren. Der richtige Rhythmus macht's!

Der Sinn des Lebens

Unsere Zufriedenheit orientiert sich daran, ob die Realität mit unseren Erwartungen übereinstimmt oder nicht. Wenn es um die Zukunft geht, lohnt es sich demnach, sie in den Blick zu nehmen. Schon der Psychologe C. G. Jung sagte: »Wer nach außen schaut, träumt. Wer nach innen schaut, erwacht.«[9] Allerdings ist die Auseinandersetzung mit unserem Innersten gar nicht so einfach. Dennoch muss und darf hierzulande heutzutage jeder Mensch selbst herausfinden, wie er sein persönliches Glück definiert.

Bereits 1916 spricht der Philosoph Georg Lukács von der »transzendentalen Obdachlosigkeit«, da traditionelle Bezugspunkte wie Religion, Familie oder Klasse ihre sinnstiftende Bedeutung weitgehend eingebüßt haben. Wir müssen also selbst ran an den Sinn des Lebens. Finden wir ihn in der Anhäufung von Ressourcen? Fraglich. Nicht umsonst antwortete Elon Musk, der sich unter anderem mit dem Amazon-Gründer Jeff Bezos mit der Bezeichnung »Reichster Mensch der Welt« abwechselt, der Legende nach bei einem Abendessen erst nach langer Denkpause auf die Frage, was der Sinn des

Lebens sei: »Dieser wundervolle französische Käse.«[10] Das Wichtige im Leben seien die Empfindungen, etwa ein Spaziergang in der Natur oder eben ein köstliches Stück Käse.

Das Streben nach Ressourcen ist zweifelsohne existenziell. Wir brauchen etwas zu essen und ein Dach über dem Kopf und wollen uns und unsere Familie bestmöglich versorgen. Doch gerade privilegiertere Menschen trampeln oft in ihrem »inneren« Garten auf den Knospen ihrer Pflanzen herum oder klettern auf einen Baum, um mit dem Fernglas ihr Glück oder Lebenskunstwerk woanders zu suchen. Im Grunde ist alles schon da – zugegebenermaßen oft noch von Erde oder 10 000 Dingen bedeckt, die ein Europäer im Durchschnitt besitzt. Sich neue Gegenstände zu kaufen, hat eher damit zu tun, unseren Garten zu schmücken. Sie zu benutzen, gehört zur Gartenarbeit. Das Buch im Regal ziert mein Wohnzimmer, es zu lesen stärkt mein Blumenbeet und damit auch mein Ich. Der Kauf eines Klaviers schmückt meine Wohnung, wenn ich darauf spiele, macht es mich zufrieden. Woran liegt es, dass wir meinen, immer noch mehr Teller jonglieren zu müssen, statt unsere wertvolle Lebenszeit in speziellen persönlichen Momenten schon heute zu genießen?

Die Sache mit dem flüchtigen Glück

Für Epikur lag das Glück im Vorhandensein angenehmer Gefühle und in der Abwesenheit von unangenehmen Empfindungen. Da lag er gar nicht so falsch, denn danach strebt auch unser Gehirn. Gefühle sollen uns zu positivem Handeln bewegen, sodass unser *Belohnungszentrum* anspringt, wenn etwas besser ausfällt als erwartet. Die Forschung zeigt zudem: Wie wir unser Leben bewerten, hängt unter anderem von dem Augenblick ab, in dem wir darüber nachdenken. Probanden, die vor einer Befragung »zufällig« ein 10-Cent-Stück in einer Telefonzelle gefunden, also einen kleinen Glücksmoment erlebt hatten, bewerteten ihr gesamtes Leben signifikant besser.[11] Glück ist demnach durch Zufall beeinflussbar und vom Moment abhängig.

Das menschliche Gehirn ist, was Glücksmomente angeht, recht

simpel gestrickt. Alle guten Gefühle entstehen immer nur aus einem Grund: Unsere Erwartungen werden übertroffen. Egal, ob wir etwas bekommen, das wir schon lange wollten, oder spontan mehr bekommen, als wir erwartet haben. Je größer die Überraschung, desto größer ist die Freude. Ein Beispiel: Sie probieren etwas Neues aus und essen an einem Kiosk einen Schokoladencrêpe mit Banane. Wenn es Ihnen schmeckt, belohnt Ihr Gehirn diese positive Erfahrung, indem es den Neurotransmitter Dopamin ausschüttet, das in Ihnen Wohlbefinden, Freude oder Vergnügen auslöst, wobei der Dopamin-Unterschied im Gehirn entscheidend ist, nicht die absolute Dopamin-Menge. Und wenn man Ihnen dann unerwartet noch einen Erdbeer-Milchshake serviert, umso besser – noch eine Dosis Dopamin, noch einmal Glücksgefühle. Außer natürlich der Crêpe schmeckt nicht oder Sie haben eine Erdbeerallergie. Dann ist die Erfahrung schlecht und Sie möchten nicht mehr davon. Gelernt haben Sie in jedem Fall etwas.

Dieser Moment des Glücks oder der Freude dauert nur kurz an und ist eigentlich ein *Nebenprodukt* eines Lernvorgangs. Wir empfinden Vorfreude, Neugier, Verlangen oder Interesse und werden dadurch zielorientiert, und durch das Dopamin kann unser Korallenfisch besser denken, sodass wir Informationen leichter verarbeiten und folglich sogar leichter lernen.[12] Mit der Zeit entwickeln sich durch diese Lernprozesse unsere Gewohnheiten, die nützlich oder schädlich sein können und die wir sehr schwer wieder loswerden, wenn sie einmal etabliert sind.

Doch wie sinnvoll ist es, nach Glück zu streben, wenn es nur eine *Begleiterscheinung* ist? Glück allein scheint eine schlechte Zielvorgabe für die Gestaltung unserer Zeit zu sein, denn es ist nur ein temporäres Signal, das uns vom Gehirn übermittelt wird. Das Problem ist, dass das schnelle Belohnungsglück in Form von Schokolade, Shopping, Serienmarathons, Rauschmitteln und Co. heutzutage so leicht zu haben ist. So stellt sich bald wieder Leere ein, die neu gefüllt werden möchte.

Auch wenn kurzlebiges Glück allein nicht unser ultimatives Lebensziel sein kann, so ist es doch interessant zu wissen, wann und wie wir es als Nebenprodukt erzeugen können, denn es fühlt sich gut an. Und das Glücksgefühl wird sogar noch stärker, wenn wir lernen, Belohnungen aufzuschieben. Wie sagt man so schön: Vorfreude ist die schönste Freude. Allein die Aussicht auf etwas Gutes, etwa ein kühles Bier an der Bar, die schicke neue Wohnung oder die Gehaltserhöhung, kann Freude hervorrufen, während uns der Gedanke an die nächste Steuererklärung kein Dopamin-Feuerwerk beschert.

Unverhofftes Glück versus Gewohntes

Die bessere Bezeichnung für das Belohnungssystem wäre eigentlich *Erwartungssystem*, da es auf die Zukunft ausgerichtet ist. Was in der Vergangenheit liegt, ist diesem System ziemlich schnuppe, zumindest nachdem ein Lernvorgang abgeschlossen ist. Denken Sie mal an Ihre früheren Erfolge. Sie erinnern sich vermutlich glücklich und zufrieden an eine Ehrenurkunde bei den Bundesjugendspielen oder Ihre letzte Gehaltserhöhung, aber Sie öffnen wahrscheinlich heute keine Flasche Sekt mehr deswegen. Wir gewöhnen uns sehr schnell an das, was uns gestern noch im freudigen Achteck hüpfen ließ. Neue Reize ziehen dagegen Aufmerksamkeit auf sich, denn dabei geht es vor allem um die Zukunft, um Erwartungen und Hoffnungen.

Warum das Belohnungssystem mehr mit Erwartung als mit Belohnung zu tun hat, zeigt folgender Versuch: Der Neurowissenschaftler Wolfram Schultz fand heraus, dass bei Makaken – sie gehören zu den Altweltaffen – Dopamin freigesetzt wurde, also ein wohliges Glücksgefühl auslöste, wenn sie leckere Apfelstückchen erhielten. Die Gehirne der Affen meldeten: Hier passiert etwas überraschend Gutes – *zack* – eine Ladung Dopamin. Später wurden die Apfelstücke mit einem Lämpchen angekündigt, wie bei der klassischen Konditionierung beim Pawlowschen Hund. Zunächst geschah nichts Auffälliges, doch mit der Zeit lernten die Affen, dass dieses Licht Leckereien signalisierte und so wurde das Dopamin schon beim Aufleuchten des Lämpchens ausgeschüttet. Die Affen hatten dazugelernt. Allein die Vorfreude machte sie glücklich. Wenn die Wissenschaftler nur Apfelstückchen servierten, wurde kein Dopamin mehr ausgeschüttet, denn die Erwartung hatte das Glück ausgelöst, nicht das Essen selbst. Bei uns ist es auch so: Wollen wir uns etwas Neues zum Anziehen kaufen, ist das Warten auf den Kauf oder die Lieferung oft viel schöner, als wenn wir es dann endlich tragen.

War das Dopamin-Feuerwerk der Makaken bei leckerem Naschwerk für immer erloschen? Nein. Als die Forscher statt Äpfel auf einmal Rosinen reichten – ohne Lämpchen – wurden in den Gehirnen der Affen wieder Glücksgefühle freigesetzt. Die Überraschung führte erneut zu einer Dopamin-Ausschüttung. Doch auch diese hielt nicht ewig an, denn die Makaken-Gehirne gewöhnten sich auch an die Rosinen.[13] Einzig und allein neue, unerwartete Köstlichkeiten hätten beim Verzehr wieder eine Neurotransmitterausschüttung ausgelöst.

In der Psychologie wird zwischen *Wanting* und *Liking* unterschieden.[14] Wanting löst das Verlangen und die Vorfreude aus, bedeutet also »Ich will«, und Liking, das eigentliche Gefühl des Genusses und Vergnügens, bedeutet »Ich genieße«. Das Wanting führt uns zum Liking, und wenn uns das Liking gefallen hat, wird dies im Gehirn mit allen wichtigen Details, wie dem Ort, den Personen oder den entsprechenden Gerüchen, abgespeichert. Die Wissenschaft tappt in diesem Feld noch ziemlich im Dunkeln. Neurowissenschaftlerinnen nehmen an, dass das Liking in hedonistischen Hotspots im Gehirn entsteht. Körpereigene *Opioide,* wie beispielsweise Endorphine, sorgen für das Vergnügen. Je angenehmer die Erfahrung war, desto stärker prägen wir sie uns ein.[15]

Was unser Wanting und damit das Belohnungssystem angeht, trennt uns im Prinzip nicht viel von den Altweltaffen. Ob Primat oder Smartphone-Nutzer, unsere Gehirne verfügen über dieselben Mechanismen. Auch bei uns hält ein Glücksgefühl immer nur kurz an, denn an etwas Positives gewöhnen wir uns sehr schnell, sodass unsere Ansprüche stetig steigen. Wie die Makaken brauchen auch wir immer Neues, um unser Gehirn wieder zu begeistern: ein neues Auto oder Smartphone, neue Klamotten, neues Glück, mehr Anerkennung oder auch mehr Schokolade. Dieses Phänomen wird von Sozialpsychologen als *hedonistische Tretmühle* bezeichnet, ein Kreislauf, der immer gleich abläuft: Wunsch – Erfüllung – Leere, und dann geht das Spiel wieder von vorne los.[16] Aber es wird immer schwerer, diese

Mühle anzutreiben, weil wir sie immer schneller anschieben wollen. Dieser Prozess, den der Neuropsychologe Jaak Panksepp auch als »Antrieb ohne Ziel«[17] bezeichnet, ist für ein Wirtschaftssystem, das auf Wachstum ausgelegt ist, ein wunderbares Schmieröl und für uns ein, na ja, immerhin funktionierendes Antriebssystem.

Glück, das länger anhält

Es gibt noch eine andere Art Glücksauslöser, der sich nicht abnutzt: das *intrinsische Glück*. Wir nehmen es wahr, wenn wir etwas nachgehen, das uns mit Sinn erfüllt und wir uns aus uns selbst heraus darüber freuen. Es hat also etwas weniger mit Erwartung oder Anerkennung zu tun, sondern wir sind einfach glücklich bei dem, was wir gerade tun, zum Beispiel etwas Neues lernen, Musik hören, Spaß an der Arbeit haben, tanzen, ein gutes Gespräch führen oder bei einer sinnvollen Sache mitarbeiten, die anderen Menschen hilft oder die Welt ein kleines bisschen besser macht. Die Wege, die zu intrinsischem Glück führen, basieren meist auf Lernen, Fortschritt und eigenen Leistungen.[18]

> **Intrinsische Glücksmomente erleben**
>
> Achten Sie mal im Alltag bewusst auf Situationen, in denen Ihnen etwas gelingt und Sie Freude spüren. Das kann schon beim morgendlichen Bettenmachen oder dem Schmieren der Pausenbrote für die Kinder beginnen. Vielleicht fangen Sie an, sich jeden Tag bewusst mit etwas Neuem zu beschäftigen, etwa unbekannte Fremdwörter oder Vokabeln zu lernen, und Sie werden sehen, dass Sie das ein klein wenig glücklicher machen wird. Und es hält gleichzeitig noch Ihr Gehirn fit!

Zeitexperiment

Intrinsisches Glück nutzt sich nicht ab, weil es aus sich selbst heraus entsteht. Hier haben wir also eher den Ablauf Wunsch – Erleben – Erfüllung. Es wirkt demnach der hedonistischen Tretmühle entgegen, ist vielleicht sogar unser Ausweg? Denn hier gehen Glückserleben und Zufriedenheit eine enge Verbindung ein, sodass dieses Glück längere Zeit anhält. Dieses Zusammentreffen zeigt sich besonders in Phasen, in denen uns vieles leicht von der Hand geht oder wir uns in einem kreativen, produktiven Schaffensprozess befinden, quasi im Flow sind. Aber auch diese Phasen halten nicht ewig. Das bedeutet, unser Gehirn kann nicht immer glücklich sein! Sonst wären Glücksmomente ja nichts Besonderes mehr.

Subjektives Wohlbefinden und allgemeine Zufriedenheit

Das kurze Glück und die allgemeine Zufriedenheit sind verschiedene Baustellen, die im Gehirn in unterschiedlichen Systemen entstehen. Zufriedenheit klingt nicht so aufregend, aber sie hat es in sich, denn hier arbeiten Erinnerung und Verstand eng zusammen. Glückliche Momente aus der Vergangenheit werden mit denen im Ist-Zustand verglichen. Dabei werden sowohl unsere Erwartungen miteinbezogen als auch unsere momentane Situation im Vergleich mit anderen. Wenn Glück ein Ausschnitt eines Theaterstücks ist, dann ist Zufriedenheit die knappe, kritische Beurteilung des gesamten Theaterabends. In der Fachliteratur spricht man hier vom *subjektiven Wohlbefinden*, da es um die eigene Zufriedenheit geht.[19] In unserem Achterbahnwaggon spiegelt sich dies in der Grundstimmung wider – also, wie alle den lieben langen Tag so drauf sind –, sozusagen die »Zufriedenheits-Baseline«, auf die das momentane Glück immer wieder »draufgesetzt« wird.[20] Es kommt dabei nicht nur auf die Anzahl der erlebten Glücksmomente an, sondern vor allem darauf, wie wir unser Leben langfristig bewerten.

Wäre es nicht super, wenn es auf der Achterbahnfahrt des Lebens öfter und länger nach oben ginge, es also mehr glückliche Momente und längere glückliche Zeiten gäbe? Doch das Leben ist ein Auf und Ab, wie auch jeder Tag seine Höhen und Tiefen hat. Wenn uns das bewusst ist, schätzen wir eher den Wert des Glücks.

Ihren Glücksmomenten auf der Spur

Zeitexperiment

Versuchen Sie sich an richtig gute Zeiten in Ihrem Leben zu erinnern. Welche drei Augenblicke waren die schönsten Ihres Lebens? Was hat Sie damals glücklich gemacht und weshalb sind Ihnen diese Momente in Erinnerung geblieben? Waren es Geschenke, persönliche Erfolge oder Begegnungen mit Menschen? Wie könnten Sie solche Momente auch in Zukunft wieder erleben, das heißt, lässt sich das kleine Glück replizieren?

Viele Menschen vermuten wahrscheinlich, dass Glück und Freiheit, wenn sie erst mal da sind, all unsere Sehnsüchte erfüllen können. Wirklich frei sind wir allerdings erst, wenn wir in der Lage sind, uns von Unerwünschtem zu trennen, das Streben nach Begehrlichkeiten loszulassen, und lernen, mit negativen Gedanken umzugehen.[21] Das ist die buddhistische Auffassung des Glücks, die in hohem Maße mit den biochemischen Eigenschaften des Gehirns übereinstimmt: Angenehme Gefühle verschwinden genauso schnell wieder, wie sie gekommen sind. Unzufriedenheit bleibt bestehen, solange wir uns weiter nach angenehmen Gefühlen sehnen oder etwas erwarten, ohne es zu erhalten.[22] Daher sind buddhistische und viele andere Mönche überzeugt: Zufriedenheit, Sinn und Bedeutung zu erleben ist viel wertvoller als ein hohes Glücksniveau.[23]

Sie müssen nicht gleich Nonne oder Mönch werden. Die Einsicht, dass wir vor allem zufrieden sind, wenn wir in unserem Tun einen Sinn sehen, reicht vielleicht schon. Es geht darum, die Realität mit klarem Blick zu erkennen und die hedonistische Tretmühle anzuhalten, um wieder den Überblick zu gewinnen. Dann können wir uns eventuell neu orientieren und die Frage klären: »Welches Lebensbild will ich malen?«, statt uns nur darum zu kümmern, was wir für das Kunstwerk Leben scheinbar an Ressourcen benötigen.

Die Lücke zwischen Gegenwart und Ziel

Unsere Vorstellungskraft ist ein hervorragendes Werkzeug zur Planung unserer Zukunft, doch wir sind oft so beschäftigt, die vielen Teller in der Gegenwart in Bewegung zu halten, dass wir unsere wahren Ziele aus den Augen verlieren. Viele Menschen leben so im Alltagstrott, dass sie vergessen, groß zu denken, kühne Zukunftspläne zu entwerfen oder daran zu glauben, dass ein anderes Leben möglich ist. Es scheint irgendeine Kraft in uns zu geben, die versucht uns vorzugaukeln, dass gewisse Ziele für uns unerreichbar wären. Haben wir uns bisher einfach nur nicht genug angestrengt?

Oder tappen wir damit in das neoliberale Glücksversprechen »Alles ist möglich, wenn du dein Glück nur selbst in die Hand nimmst«? Glück ist heute sogar in Klicks quantifizierbar und gewissermaßen zu einem Konsumgut geworden, inklusive riesigem Coaching-Business. Wer nicht glücklich ist, hat sich demzufolge einfach noch nicht richtig darum bemüht, denn das Glück liegt doch allein in seinen Händen. Die Soziologin Eva Illouz schreibt über die Glücksangebote der Moderne, dass sie »das Versprechen einer Selbstvervollkommnung mit dem Postulat einer grundsätzlichen Unvollständigkeit des Selbst« kombinieren.[24] Das würde bedeuten: Trotz angestrengter Glücksuche ist beim Basteln an der ewigen Unvollkommenheit kein Ende in Sicht. Na toll! Aber wie sieht es eigentlich mit unserer persönlichen Entfaltung im Laufe des Lebens aus?

Eine lustige Eigenschaft des Ichs ist, dass es in der Gegenwart tendenziell glaubt, seine Entwicklung sei abgeschlossen. Wir sind davon überzeugt, uns in den nächsten zehn Jahren kaum noch oder sehr viel weniger zu verändern, als wir es im Jahrzehnt zuvor getan haben – unabhängig vom Alter.[25] Aber das ist natürlich Unfug. Wir verändern uns immer! Vermutlich kennen Sie das berühmte Zitat von John Lennon: »Leben ist das, was passiert, während du andere Pläne machst.« Aber wenn wir tatsächlich etwas in unserem Leben ändern möchten, brauchen wir eine Idee, wohin wir wollen. Erst wenn wir uns Ziele ausgemalt haben, entsteht in Gedanken und in der Realität eine Lücke zwischen Gegenwart und Ziel. Dieses Ziel kann Ihr Achterbahnwaggon viel leichter ansteuern als kein Ziel – und vielleicht entdecken Sie auf diesem Weg noch etwas viel Besseres!

Der erfolgreiche Schauspieler George Clooney sagte einmal in einem Interview: »Man kann eigentlich nur scheitern, wenn man etwas nicht versucht. Das ist der einzige Misserfolg, den es gibt.«[26] Das ist das Allerwichtigste beim bewussten Gestalten unserer Zukunft: eine Entscheidung treffen und einfach anfangen. Das Selbstvertrauen, das wir für das Erreichen unserer Ziele brauchen, entsteht nicht von heute auf morgen aus dem Nichts, sondern ganz nebenbei aus den vielen kleinen, erfolgreichen Schritten auf dem Weg dorthin. Schauen wir uns mal an, wie wir unseren Achterbahnwaggon leichter auf diese Ziele zusteuern können.

Ihre Zeit besser verstehen und anders erleben

- ✓ Wenn wir uns entscheiden, wie unsere Zukunft aussehen soll, können wir viel leichter das tun, was wir wirklich tun wollen.
- ✓ Unsere Gesellschaft ist ressourcenorientiert. Das führt dazu, dass wir die Ressourcen oft mehr im Auge haben als das eigentliche Ziel: ein zufriedenes Leben.
- ✓ Wer wie der Panda ständig mit der Optimierung der Ressourcen beschäftigt ist, hat kaum Zeit, sich auf das Leben selbst zu konzentrieren.
- ✓ Glücksgefühle haben immer etwas mit unseren Erwartungen zu tun. Glück ist nur das Nebenprodukt eines Lernvorgangs, zum Beispiel die Freude, etwas Neues über unsere Sinne wahrzunehmen.
- ✓ Überlegen Sie mal: Was könnte in drei Monaten geschehen, was Sie derzeit noch für unmöglich halten? Oder in einem Jahr oder in zehn Jahren? Was könnten Sie heute schon dafür tun, um diesen Traum zu verwirklichen?

Kapitel 7

Außer man tut es – Weichenstellung für die Zukunft

»Wir sehen die Dinge nicht,
wie sie sind.
Wir sehen sie so, wie wir sind.«

Anaïs Nin

Der Papagei in meinem Kopf

Während des ersten Corona-Lockdowns hat sich in meinem Viertel ein Trend zum Tischtennisspielen etabliert. An vielen Nachmittagen stehe ich nun Linda an der Steinplatte neben dem Friedhof gegenüber. Nach vielen Matches kann ich behaupten: Wir spielen in etwa gleich gut, Linda vielleicht einen Schlag besser als ich. So kommt es, dass meine Gegnerin mich an manchen Tagen abzieht, an anderen Tagen liegt die Chance zu gewinnen eher bei mir. Irgendwann fällt mir auf, dass wir unsere besten Ballwechsel spielen, wenn wir uns dabei entspannt unterhalten und keine Punkte zählen. Mir wird klar: Das Spiel wird nicht an der Tischtennisplatte entschieden, sondern in unseren Köpfen.

Wenn ich den Punkt *unbedingt* machen möchte und mich besonders verbissen konzentriere, kann ich fast sicher sein, dass ich den Schlag vermasseln werde. Mein Papagei sitzt dann quasi auf meiner Schulter und quatscht ganze Romane. Je weniger ich mich über gute Schläge freue und verlorenen Punkten nachtrauere, desto besser läuft es. Kurz: Umso weniger ich nachdenke, desto besser spiele ich. Manchmal hat meine innere Stimme regelrecht Macht über mich, meine Gefühle und meine Handlungen. Dabei hätte ich doch viel lieber Macht über meine innere Stimme. Denn ich bin überzeugt, das ist ein entscheidender Faktor, wenn es um die Weichenstellung für meine Zukunft geht – nicht nur an der Tischtennisplatte.

Wer hat hier das Sagen?

Wie viel Einfluss hat das bewusste Weichenstellen auf langfristige Zufriedenheit oder Erfolg im Leben? Die meisten Menschen antworten: ungefähr 70 Prozent. Und wie viel Zeit nutzen wir, um unsere Zukunft bewusst zu planen?[1] Wenn ich ehrlich bin, denke ich und damit mein Papagei zwar recht viel über mein künftiges Leben nach, vor allem darüber, was ich später esse oder wann ich wieder Pause mache – also weder weit voraus noch sonderlich gezielt oder strategisch. Wie ist es bei Ihnen? Das Problem: Sich die Zukunft vorzustellen und vorauszudenken ist relativ leicht. Sie aber tatsächlich zu gestalten und »in der Gegenwart zukunftsfähige Entscheidungen zu treffen und zu verwirklichen, das schaffen viel zu viele nicht«.[2] Doch Neues in unser Leben zu bringen oder Veränderungen zu bewirken ist nicht leicht, aber auch nicht unmöglich.

Um unserem Achterbahnwaggon einen Stups in die Richtung zu geben, in die wir fahren möchten, helfen Ziele. Doch wenn wir unser Handeln besser verstehen und in Zukunft unsere Zeit sinnvoller füllen wollen, hilft es zu wissen, wie und wo die Entscheidungsfindung abläuft, *bevor* wir uns mit der Umsetzung unserer Ziele beschäftigen. Warum wollen wir überhaupt das, was wir wollen?

Beim Entscheidungsfindungsprozess haben unsere Gefühle das erste und letzte Wort. Die Reise beginnt im winzigen *Mittelhirn* im Nackenbereich, das ein wichtiger Umschaltpunkt für verschiedene Körperreflexe ist, zum Beispiel für die Steuerung unserer Atmung. Hier wird zunächst differenziert, ob wir eine Belohnung ergattern oder etwas Unangenehmes vermeiden wollen. Der »Belohnungsweg« führt von dort zum *Nucleus accumbens* im limbischen System, der »Strafvermeidungsweg« in die vordere Inselrinde, da sie nicht nur etwas mit der Zeit zu tun hat, sondern auch mit der »negativen Vorfreude«, also dem Gefühl, eine Strafe zu erwarten. Anschließend wird der präfrontale Cortex beteiligt – das Reich von Verstand und Vernunft –, um nach Erklärungen und Gründen zu suchen, warum diese Idee oder dieses Ziel umgesetzt werden soll oder nicht. Hier sind inzwischen auch die Informationen aus dem Mittelhirn, dem limbischen System und der Insula eingetroffen, und unsere Werte, Erinnerungen und Erfahrungen werden in den Entscheidungsprozess integriert. Diese Bewertung wird an den Nucleus accumbens gesendet und es entsteht ein kurzes Hin und Her. Dies wiederholt sich ein paarmal, bis wir eine Entscheidung treffen und umsetzen.[3] Am Ende hat das limbische System wieder die Macht, denn es verfügt über direkten Einfluss und Zugriff auf die Systeme unseres Gehirns, die unser Handeln steuern und bestimmen – und damit unser Sein in der Zeit steuern und bestimmen.[4] Diese Prozesse laufen in Sekundenbruchteilen ab.

Denken in verschiedenen Geschwindigkeiten

In der Psychologie wird unser Denken in *schnelles, unbewusstes, emotionales,* vom Belohnungssystem und Vergnügen getriebenes Denken und *langsames, rationales* Denken unterteilt – auch wenn beide Systeme immer an allen Vorgängen beteiligt sind. Der Wirtschaftsnobelpreisträger Daniel Kahneman bezeichnet das schnelle, intuitive Denken als *System 1.* Es ist bei schnellen, automatisierten, unbewusst ablaufenden Handlungen am Werk. Etwa wenn wir intuitiv zusammenzucken oder blitzschnell auf eine Gefahr reagieren. Auch Lesen, Schreiben, Fahrrad- oder Autofahren, also Tätigkeiten, die wir lange und intensiv geübt, wiederholt und dadurch verinnerlicht haben, gehören dazu. *System 2,* die rationale Ebene, steht für langfristiges Planen und unsere bewussten Handlungen.[5]

Der Zeithorizont spielt bei unseren Entscheidungen auch eine Rolle. Wenn wir zum Beispiel einen Film aussuchen sollen, den wir erst in ein paar Tagen anschauen werden, entscheiden wir uns für anspruchsvollere Werke, als wenn wir sie am selben Tag angucken dürfen. Wir leiden wieder mal an emotionaler und zeitlicher Kurzsichtigkeit. Beim Einkaufen ist es ähnlich: Wir wählen gesündere Produkte, wenn wir nicht sofort Zugriff darauf haben, sondern sie erst ein paar Tage später geliefert werden. So entschied sich bei einem weiteren Experiment etwa mehr als die Hälfte der Probanden für einen Obstsnack statt für Schokolade nach dem Mittagessen, wenn sie sich eine Woche vorher entscheiden mussten. Als es dann aber so weit war, konnten die Teilnehmenden ihre ursprüngliche Entscheidung ändern. Mehr als 80 Prozent wollten dann die Süßigkeit.[6] Hier siegt wieder das Chamäleon mit seiner Liebe zum Jetzt-Haben-Wollen.

Das emotionale »Will-Ich« oder »Jetzt-Ich« – alias Faultier und Chamäleon – und das rationalere »Sollte-Ich« oder »Zukunfts-Ich« – alias Korallenfisch und Biene – konkurrieren ständig miteinander, doch in der Gegenwart ist Team Faultier meist stärker. Der Korallenfisch und das fleißige Bienchen müssen sich durchsetzen, um uns zukunftsfähiger zu machen.[7]

Ihr Korallenfisch in der Muckibude

Zeitexperiment

Sie können bei Entscheidungen die »10-10-10-Regel« nutzen, um Ihren Korallenfisch – Ihr rationales Denken – zu stärken.[8] Dabei fragen Sie sich, welche Auswirkung die zu treffende Entscheidung für die nächsten 10 Minuten, die nächsten 10 Monate und die nächsten 10 Jahre hat. Mit diesem kleinen Trick planen Sie schon heute die Zukunft mit ein, können dadurch Ihr Belohnungssystem, das auf das Jetzt fixiert ist, so manches Mal austricksen und die Weichen Ihrer Achterbahnfahrt bewusst anders stellen. Diese Methode ist nicht nur bei großen, lebensverändernden Entscheidungen sinnvoll, sie funktioniert auch bei Alltagsentscheidungen, um langfristig die bessere Wahl zu treffen.

Nehmen wir an, Sie haben sich für Junkfood zum Mittagessen entschieden statt für eine gesündere Alternative. In 10 Minuten hat dieser Entschluss die Auswirkung, dass Sie sich gesättigt fühlen und es Ihnen hoffentlich geschmeckt hat – vielleicht ist Ihnen aber auch ein wenig schlecht. In 10 Monaten haben Sie vermutlich eine neue Speckrolle an der Hüfte und in 10 Jahren verstopfte Arterien oder sonstige gesundheitliche Probleme, weil Sie sich schlichtweg zu oft für Junkfood entschieden haben. Also vielleicht doch lieber öfter gesundes Essen – warum nicht gleich heute?

Ein anderes Beispiel: Sie entscheiden sich, eine Folge Ihrer Lieblingsserie anzuschauen, statt sich ein Buch zu schnappen, eine Sprache zu lernen oder Cello zu üben. In 10 Minuten werden Sie immer noch fernsehen und fühlen sich entspannt und unterhalten. In 10 Monaten kennen Sie alle verfügbaren Staffeln dieser und anderer Serien, haben dafür aber andere Aktivitäten und Projekte, an denen Sie hätten arbeiten können, hintangestellt und sich nicht weiterentwickelt. In 10 Jahren haben Sie nach wie vor keine neuen Fertigkeiten und Fähigkeiten, aber dafür sehr viele Stunden Serien geschaut. Eine Freundin hat übrigens einmal nachgerechnet, dass sie fast ein gesamtes Jahr ihres Lebens mit Seriengucken verbracht hat. Bei mir sind es sicher sieben Jahre.[9] Serien sind toll, aber wofür wollen Sie Ihre Energie und Ihre Zeit wirklich einsetzen?

Pläne für das Zukunfts-Ich

Verstand und Vernunft arbeiten im präfrontalen Cortex gemeinsam an unseren komplexen Vorstellungen. Sie können Erinnerungen und Wissen abrufen und sind sehr gut im Pläneschmieden, also im Schienenlegen und Weichenstellen für unsere Achterbahn.[10] Stellen Sie sich einen riesigen, ausfahrbaren Bildschirm vorne am Achterbahnwaggon vor, auf dem alle möglichen Pläne für unser Zukunfts-Ich skizziert werden können. Aber warum setzen wir sie dann so oft nicht um? Da kommen wieder die Interessen der restlichen Mitfahrer ins Spiel. Sie sind der Grund, warum wir nicht immer das tun, was wir uns vorgenommen haben.

Die neuronalen Netzwerke, die für unser *Jetzt-Ich* und unsere Verhaltensmuster zuständig sind, sind jahrelang eingespielte Datenautobahnen und vor allem auf Belohnungen im Jetzt und Hier spezialisiert. Unsere Kurzsichtigkeit lässt grüßen! Diese äußerst effektive Eigenschaft unseres Belohnungssystems, möglichst schnell etwas haben zu wollen, führt jedoch in einer immer komplexeren Welt nicht mehr so leicht in eine bessere Zukunft. Daher müssen wir uns heute mehr denn je auf die zu erwartenden langfristigen Folgen unseres Handelns konzentrieren und dafür sorgen, dass die Zukunft bereits im Jetzt emotional so interessant für uns wird, dass unser *Zukunfts-Ich* bei unseren aktuellen Entscheidungen eine wichtigere Rolle einnimmt. Besonders wenn wir bereits bestimme Ziele und Wünsche auserkoren haben. Aber ohne die richtigen Emotionen läuft nichts. Das können positive Gefühle sein. Sie können aber auch mit sich selbst beispielsweise vereinbaren, jedes Mal 50 Euro zu verschenken, wenn Sie nicht ins Fitnessstudio gehen oder Ihr eigenes Sportprogramm machen. Legen Sie den 50-Euro-Schein dazu am besten immer direkt auf Ihre Sporttasche oder kleben Sie ihn an einen Spiegel, in den Sie jeden Morgen schauen. Auch wichtig: Unser zukünftiges Ich wird im Gehirn wie eine komplett fremde Person verarbeitet.[11] Daher müssen wir uns unsere Zukunft, unser zukünftiges Ich, so konkret und präsent wie möglich ausmalen, um in die Gänge zu kommen und etwas zu tun.

Die Vision Ihrer zukünftigen Route

Zeitexperiment

Ein Vision-Board ist ein großes Blatt, auf dem Sie Ihre Zukunft durch Aufkleben von Bildern visualisieren – das sind die individuellen Weichen Ihrer Achterbahnfahrt. Ihr Gehirn kennt die Richtung, in die Sie fahren möchten, und findet Wege, um Ihre Lebensträume zu verwirklichen. Was würden Sie sich wünschen, wenn wirklich alles möglich wäre?

Legen Sie für Ihr Vision-Board Kategorien fest, zum Beispiel Ich, Gesundheit, Freunde, Familie, Liebe, Urlaub, Finanzen, Beruf und Hobby. Überlegen Sie sich auch, wie Sie in Zukunft sein möchten, zum Beispiel fokussiert, aufmerksam, begeistert, diszipliniert et cetera.

Suchen Sie sich mindestens ein passendes Bild für Ihre Kategorien oder Ihre Selbstbeschreibung aus. Das Internet oder Zeitschriften bieten unendlich viele Möglichkeiten zur bildlichen Inspiration. So können Sie bereits heute eine präzise Vorstellung von Ihrem Zukunfts-Ich in 10, 20 oder 30 Jahren gewinnen und Ihr Unterbewusstsein darauf einstimmen.

Emotionale Grundeinstellung – unsere Haltung zum Leben

Wir verfügen schon sehr früh über eine *emotionale Grundeinstellung*, eine eher positivere oder negativere Lebenshaltung. Sie spiegelt unsere Fähigkeit wider, wie lange wir positive Emotionen aufrechterhalten können. Neben fünf weiteren Punkten, darunter Resilienz und soziale Intuition, gehört sie zu unserem *emotionalen Stil*, den der Neurowissenschaftler Richard Davidson intensiv erforschte. Diese verschiedenen Dimensionen unseres emotionalen Stils beruhen auf neuronalen Mustern und Eigenschaften unseres Gehirns. Gemessen wurde die Grundeinstellung, indem man beobachtete, wie lange die entsprechenden neuronalen Netzwerke und die Lachmuskeln der

Probanden aktiv blieben, nachdem ihnen ein Bild gezeigt wurde, das positive Gefühle auslöst.[12]

Wir brauchen emotionale Anreize – sie sind es, die uns durchs Leben leiten. Unsere beiden Gehirnhälften arbeiten grundsätzlich immer zusammen, haben dabei jedoch ihre Präferenzen, um bei der Bearbeitung Zeit zu sparen. Sehr vereinfacht gesagt: Die linke Seite des Stirnhirns ist stärker aktiviert, wenn wir besser gelaunt sind, die rechte springt eher bei schlechter Laune an. Gefällt uns der neue Song, der im Radio läuft, kommt besonders die linke Hirnhälfte in Schwung. Finden wir das Lied grottig, geschieht die Erregung eher in der rechten. Das funktioniert schon im Kleinkindalter: Schmeckt etwas süß, wird die linke Seite aktiver, schmeckt es sauer, feuert die rechte Seite.[13]

Wenn die rechte Hirnhälfte etwas aktiver ist und wir schlecht mit negativen Gefühlen umgehen können, *tendieren* wir eher zum Unglücklichsein, sind introvertierter, oft misstrauischer. Menschen mit besonders aktiver linker Gehirnhälfte sind hingegen optimistischer, ausgelassener, haben Selbstvertrauen, können gut mit Stress umgehen, meistern die Schwierigkeiten des Lebens leichter und haben sogar ein besseres Immunsystem. Da die negativen Gefühle in der rechten Seite wahrscheinlich gar nicht so oft auftreten und schneller wieder verschwinden, wenn die linke Hirnhälfte grundsätzlich ein wenig aktiver ist, schüttet der Körper insgesamt wahrscheinlich weniger Stresshormone aus.[14]

Diese grundlegend positive Einstellung ist besonders ausgeprägt, wenn wir über ein gutes *Stressmanagement* verfügen, also die Fähigkeit besitzen, uns selbst zu beruhigen – man kann es auch Resilienz nennen. Das ist die Fähigkeit, auf stressige Situation flexibel zu reagieren, sich von belastenden Situationen zu erholen und gestärkt daraus hervorzugehen. In Kapitel 8 werden wir noch genauer darauf eingehen.

Hier die gute Nachricht: Die emotionale Grundeinstellung ist gar nicht so festgeschrieben, wie ihr Name andeutet. Da unser Gehirn plastisch ist, können wir sie beeinflussen, zum Beispiel durch Meditations- und Achtsamkeitstraining. Laut Richard Davidson sollten wir zudem unsere Fähigkeiten zum Belohnungsaufschub trainieren.[15] Schicken wir unser Faultier, das immer alles sofort haben möchte, ins mentale Geduld-Fitnessstudio, werden auch wir automatisch optimistischer.

Wollen Sie auf den verführerischen Schokoladencrêpe verzichten, können Sie versuchen, Ihr Faultier in seinem Verlangen zu zügeln. Sagen Sie sich dann: »Ich verputze diesen Crêpe jetzt nicht sofort, nur weil ich gerade an dem Kiosk vorbeilaufe und es dort so herrlich duftet. Ich werde ihn erst essen, wenn ich ihn wirklich möchte.« Schreiben Sie sich Ihr Vorhaben auf und legen Sie einen Zeitpunkt fest. Das können fünf Minuten oder auch drei Wochen sein. Die Biene und der Korallenfisch bestimmen nun, wann Sie den Crêpe wollen. Vielleicht haben Sie, wenn es so weit ist, dann schon gar keine Lust mehr darauf. Beim Üben des *Belohnungsaufschubs* geht es darum, die Aktivität im präfrontalen Cortex (Korallenfisch) und im *ventralen Striatum*, ein Areal, in dem Belohnungsgefühle verarbeitet werden, zu erhöhen und die Verknüpfung der Bereiche untereinander zu stärken. Denn sie sind mitentscheidend für die grundlegende Stimmung unseres Gehirns. Zugegeben, es erfordert Training, das gierige Faultier auf die hinteren Plätze zu verweisen. Aber Übung macht ja bekanntlich den Meister!

Emotionaler Vorgeschmack auf die Zukunft

Unser Gehirn ist also die ganze Zeit damit beschäftigt, Erlebnisse mit positiven oder negativen Gefühlen zu bewerten und zu sortieren, um ihren Nutzen für uns einzuschätzen. In Zusammenarbeit mit dem limbischen System und dem *deklarativen Gedächtnis* entsteht so ein riesiges emotionales Archiv. Je emotionaler die Umstände einer erlebten Situation sind, desto besser und schneller sind die Erinnerungen wieder abrufbar. So findet im Laufe unseres Lebens eine kontinuierliche *emotionale Konditionierung* statt, die unsere Handlungen und Pläne erheblich mitbestimmt, ohne dass uns das richtig bewusst ist.[16]

Gefühle sind unsere eingebauten Ratgeber, deren Einschätzung großes Gewicht hat. Wir können sie bewusst zur Gestaltung unserer Zukunft einsetzen, indem wir unsere Ziele stark emotional einfärben. Eiserner Wille allein reicht oft nicht aus, um uns zum Handeln zu bewegen. Also, wie können wir unser Faultier mithilfe des Chamäleons motivieren, damit es Spaß an sinnvollen, längerfristigen Zielen hat? Indem wir ihm einen kleinen motivierenden Vorgeschmack bieten und die Zukunft schon jetzt erfahrbar machen.

Zeitexperiment

Ihre Wünsche vor Augen

Überlegen Sie sich, was Sie sich gerade am meisten wünschen: einen neuen Job, ein eigenes Haus, ein bestimmtes Erlebnis, ein laufendes Projekt abschließen et cetera. Notieren Sie den Wunsch auf einem großen Blatt Papier ganz oben als Titel, aber nicht zu groß.

Schreiben Sie nun den Anfangsbuchstaben Ihres Wunsches in die Mitte des Blattes und kreisen Sie ihn ein, das betont seine Bedeutung. Links davon notieren Sie stichpunktartig, aber detailliert, was Sie konkret mit diesem Wunsch verbinden. Rechts listen Sie die Gefühle auf, die Ihrer Meinung nach eintreten werden, sobald sich dieser Wunsch erfüllt hat, wie Dankbarkeit, Freiheit, Freude. Versuchen Sie anschließend, sich die wichtigsten Punkte beider Seiten grob einzuprägen.

Schließen Sie nun die Augen und stellen Sie sich den Anfangsbuchstaben Ihres Wunsches vor. Wenn der Buchstabe sich in konkrete Bilder verwandelt, umso besser. Versuchen Sie, Ihren Traum zu visualisieren, als wäre er schon Realität.

Gehen Sie dann im Kopf die notierten Details durch und stellen Sie sich bewusst die Gefühle vor, die sie künftig haben werden. Versuchen Sie sich gedanklich in die zukünftige Situation zu begeben, als wäre alles schon eingetroffen, und beobachten Sie, wie Sie sich dabei fühlen.[17]

Wenn Faultier, Chamäleon, Spatz, Bienchen und Co. sich für Ihr künftiges Vorhaben begeistern, haben Sie für die Erreichung Ihrer konkreten Ziele tatkräftige Mitstreiter im Waggon. Natürlich können und müssen Sie nicht genau wissen, wo Sie in diesem oder nächsten, in zehn oder 15 Jahren sein und was Sie bis dahin alles erreicht haben wollen. Auf Ihrem Weg dorthin erleben und entdecken Sie vielleicht etwas noch viel Besseres, von dem Sie heute noch gar nichts wissen können.

Es geht vielmehr darum, mehr Wanting – also Neugier, Lust, Verlangen – für Ihr Zukunfts-Ich und seine Abenteuer bereits im Jetzt zu entwickeln und aktiv zu werden. Wir wollen dem Chamäleon und dem Faultier die Sache nicht als Anstrengung verkaufen. Sie sollen sich selbst und ganz automatisch von diesen tollen Zukunftsbildern angezogen fühlen. Und zwar schon heute!

Der immense Einfluss unserer Gedanken

Der Sportpädagoge Timothy Gallwey ist davon überzeugt, dass unsere Gedanken nicht nur unsere Leistung im Sport beeinflussen, sondern auch unser ganzes Leben prägen. Er beobachtete seine innere Stimme, unter anderem beim Tennis, und kam zu folgendem Schluss: Wenn er mit sich selbst sprechen konnte, musste es ein Ich und ein Selbst geben. Er wählte dafür die Bezeichnung *Selbst 1* und *Selbst 2*. Selbst 1 ist für ihn die innere Stimme, der Kommentator – unser Papagei. Selbst 2, zu dem der Körper mit Nervensystem, Gedächtnis, Unterbewusstsein und unserem gesamten Können gehört, sieht er als Macher, der unsere Handlungen ausführt – das wäre unser Achterbahnwaggon.

Selbst 2 ist ziemlich gut darin, aus Erfolgen und Fehlern zu lernen, zumindest wenn es »machen« darf, wozu es gemacht ist: nämlich machen! Es könnte Bestleistungen erbringen – wenn Selbst 1 ihm nicht andauernd dazwischenfunken würde. Selbst 2 ist am Zug, wenn wir uns entspannt konzentrieren, unser Achterbahnwaggon bequem rollt. Wir verbessern uns demnach vor allem, wenn wir weniger denken, hoffen, fürchten und uns stattdessen unangestrengt fokussieren, ohne bewusst zu bewerten und zu urteilen.[18] Aber was tun wir den lieben langen Tag? Genau: bewerten, urteilen und noch mal bewerten!

Bei der ganzen Kritik, die Selbst 1 ständig übt, vergisst es, was Selbst 2 den ganzen Tag leistet: Es sind unfassbar komplexe Abläufe, die Sinnes- und Körperwahrnehmungen zuverlässig zusammenführen. Zu diesem Zweck arbeiten Billionen Zellen zusammen, unser Herz schlägt – wie wir bereits wissen – etwa 100 000 Mal am Tag und unsere Lunge lässt uns täglich knapp 20 000 Atemzüge nehmen, von den Stoffwechselprozessen ganz zu schweigen. Auch unser Hirn kümmert sich rund um die Uhr um uns. Es verarbeitet jede Sekunde Millionen von Reizen, stimmt Muskeln aufeinander ab, lässt uns laufen, ohne hinzufallen, unsere Hand trifft den Lichtschalter oder weiß, wie es an ein Glas Wasser kommt.

Erkennen Sie an, was Sie jeden Tag leisten, selbst wenn Sie gefühlt wenig geleistet haben, und honorieren Sie bewusster die Arbeit von Selbst 2. Durch diese Würdigung entwickeln Sie Selbstvertrauen – und das ist die Grundlage jeder Spitzenleistung. Dann arbeitet Selbst 2 hervorragend![19] Das größte Problem dabei ist: Die negativen Kommentare von Selbst 1 sind uns oft gar nicht bewusst, doch Selbst 2 beginnt irgendwann, den Nonsens zu glauben, und so kann jeder negative Gedanke zu einer selbsterfüllenden Prophezeiung werden und ein negatives Selbstbild wird ein ums andere Mal bestätigt. Ein Teufelskreis!

Selbstzweifel bringen uns nicht weiter. Auch allein durch Nachdenken kommen wir oft kein Stückchen voran. Wir müssen einfach loslegen, Neues ausprobieren, um zu wissen, ob es funktioniert, oder um zu lernen, ob es uns guttut und gefällt, ob wir also die Weichen unserer Achterbahn richtig gestellt haben. Nur wenn wir etwas tun, können Fehler passieren. Lernen bedeutet Fehler machen, bis etwas klappt. Sie gehören zum Weichenstellen, zum Leben. Doch das alles kostet sehr viel Energie! Viel leichter und unbeschwerter gelingt das, wenn unsere Insassen alle in die gleiche Richtung wollen.

Kohärent vorwärts – Harmonie im Achterbahnwaggon

Neurowissenschaftler bezeichnen den Zustand, wenn alles im Gehirn möglichst gut zusammenpasst, sodass wenig Energie verbraucht wird, als *Kohärenz*. Beide Gehirnhälften arbeiten reibungslos zusammen, unser Denken, Fühlen und Handeln bilden eine Einheit und unsere Erwartungen stimmen mit der Realität überein. Nichts stört und wir fühlen uns mit uns selbst, mit anderen Menschen, vielleicht sogar mit der Natur oder dem Universum verbunden.[20] Wir befinden uns in Resonanz, im Flow und wir vergessen die Zeit. Bezogen auf unsere Achterbahnfahrt bedeutet Kohärenz: Es herrscht eine harmonische Stimmung und Ruhe, wenn alle Insassen konzentriert sind, unser Waggon das tut, was er am besten kann, und der Papagei die Klappe hält.

Das führt zu der erstaunlichen Erkenntnis: Volle, entspannte Konzentration macht uns in vielerlei Hinsicht zufriedener, während ein abgelenktes Gehirn unglücklich ist. Wir schweifen selbst dann schnell mit unseren Gedanken ab, wenn wir bewusst über etwas nachdenken, ein Problem lösen oder uns neues Wissen aneignen. Eine Studie der Harvard University zeigt, dass wir uns etwa 47 Prozent unserer Zeit nicht auf das konzentrieren, was wir im Augenblick tun, denn unsere Gedanken reisen in der Zeit herum und springen dabei assoziativ von einem zum nächsten.[21] Wir sind im Leerlaufnetzwerk unterwegs und unser Hundewelpe tollt ausgelassen umher. Die Fähigkeit, über etwas nachzudenken, das nicht im Jetzt stattfindet, ist zwar an sich wunderbar, verschafft uns aber kein gutes Gefühl, wenn wir eigentlich etwas anderes tun wollen, und klaut uns vor allem eins: Zeit. Wir sind also unglücklicher, wenn wir gerade nicht das tun, was wir uns vorgenommen haben. Anstatt zum Beispiel zu versuchen, alle Punkte auf unserer ellenlangen To-do-Liste abzuarbeiten, nehmen Sie sich lieber mehrmals vor, jeweils eine halbe Stunde konzentriert an einem Punkt zu arbeiten. Dann haben Sie immer wieder das Gefühl, das erledigt zu haben, was Sie sich vorgenommen haben.

Chaos und Harmonie im Achterbahnwaggon

Sobald wir mit unseren Gedanken abschweifen, herrscht Action und alle Insassen wollen ein Wörtchen mitreden. Das kann Stress erzeugen und den Waggon ein wenig ins Schlingern bringen, denn die widerstreitenden Motivationen oder Gedanken erzeugen Unruhe und lenken uns von der Fahrt ab – und dann rast uns die Zeit davon. Unruhe herrscht, weil alle das Beste für uns wollen. Wir sind jedoch deutlich leistungsfähiger, effizienter und zufriedener, wenn unsere Motive, Gefühle, unser Verstand und unsere Handlungen aufeinander abgestimmt sind und zusammenarbeiten.[22] Wir erreichen Ziele leichter, wenn alle Achterbahnreisende dorthin wollen. Es geht erst wieder ruhiger zu, wenn ein Kompromiss ausgehandelt ist.

Konzentration ist die stärkste Waffe, um die Zeit nach unseren Wünschen zu gestalten: Wenn unser Hundewelpe es schafft, sich zu entspannen, sich auf den Schoß der fleißigen Biene legt und sich mit dem Korallenfisch verbündet, können die Drei es sich in der ersten Reihe bequem machen und sich auf ihre Arbeit fokussieren. Das Faultier schläft auf der Rückbank, der Spatz döst, das Chamäleon genießt den Fahrtwind und erholt sich ein wenig und der Papagei hat Sendepause. Wenn es uns gelingt, eine Gewohnheit für den Flow und volle Konzentration zu entwickeln, ist schon viel gewonnen. Denn dann läuft der Achterbahnwaggon mit Leichtigkeit in die angestrebte Richtung. Dafür müssen wir nur irgendwie diese ablenkende innere Stimme – den endlos plappernden Papagei – besser in den Griff bekommen.

Ihr ganz persönlicher Plapperpapagei

Stellen Sie einen Timer auf eine Minute. Konzentrieren Sie sich nun darauf, Ihre Gedanken wahrzunehmen, bis die Zeit abgelaufen ist.

Stellen Sie den Timer erneut. Doch nun stellen Sie sich Ihren Papagei vor, wie er Ihre Gedanken ausspricht – das schafft schon mal ein wenig Abstand. So fällt Ihnen in Zukunft schneller auf, wenn Ihr Papagei sie abschweifen lässt. Wenn Sie Lust haben, geben Sie ihm einen Namen.

Zeitexperiment

Vielleicht fällt es Ihnen mithilfe dieses Experiments in Zukunft leichter, Ihre Gedanken bewusst aus einer Außenperspektive wahrzunehmen. Sie sind nicht identisch mit Ihren Gedanken! Es klingt ein bisschen verrückt, aber es gibt Ihnen Eigenverantwortung und Freiheit zurück, wenn Sie sich nicht mit Ihrer inneren Stimme identifizieren.

Wenn das noch nicht so gut funktioniert, dann stellen Sie sich bitte **keinen** Papagei vor. Denken Sie **auf gar keinen Fall**, Ihr Papagei würde eine Minute lang Ihre Gedanken aussprechen. Spätestens jetzt müsste es klappen!

Der plappernde Papagei meint es zwar gut mit uns, denn er möchte, dass wir in Sicherheit sind und Kontrolle über unser Leben haben, aber manchmal lenkt er uns nur unnötig ab oder redet sogar kompletten Schwachsinn.

Im Gaga-Modus unterwegs – Tohuwabohu im Achterbahnwaggon

Wenn wir vor einem Problem stehen oder uns in einer stressigen Situation befinden, dreht der Papagei regelrecht durch. Er urteilt unfassbar hart, streut Selbstzweifel – total unkontrolliert. Ich nenne das den »Gaga-Modus«: Alle Insassen im Achterbahnwaggon schreien wild durcheinander, keiner weiß mehr, wo es langgeht, und der Papagei hüpft aufgeregt hin und her, während er absoluten Quatsch von sich gibt. Er trägt uns irrationale Gebote, Verbote oder Mahnungen vor, verdammt unsere Unzulänglichkeiten, unsere mangelnde Disziplin, unser fehlendes Talent, unsere unzureichenden Zeitmanagementfähigkeiten, obwohl diese Anschuldigungen meist überhaupt nicht zutreffen.

Gaga-Modus stoppen

Zeitexperiment

Kümmern Sie sich darum, dass Sie Ihren Kurs harmonisch halten können, ohne sich allzu sehr von den anderen Insassen im Waggon stören zu lassen. Der *erste* und allerwichtigste Schritt ist, den Gaga-Modus möglichst früh zu bemerken und ihn als solchen zu benennen. Der Hundewelpe wirft sich auf den Papagei. Wenn Sie merken, dass der Gaga-Modus einsetzt, sagen Sie im *zweiten* Schritt: »Stopp!« Wenn es geht, sogar laut, aber auch innerlich hilft es, Distanz herzustellen. Wirklich alle Tiere im Waggon halten ein Stoppschild hoch! Im *dritten* Schritt geht es darum, etwas zu verändern und die Situation besser zu machen und einen neuen Kurs einzuschlagen.

Selbst wenn Sie gerade voll im Stress sind, nehmen Sie sich eine Minute Zeit – es gibt schließlich fast tausend am Tag. Konzentrieren Sie sich kurz auf Ihren Herzschlag und die Atmung, um erst mal ein wenig Zeit zu gewinnen – Sie wissen ja, sie läuft dann subjektiv langsamer.

Schreiben Sie Ihre Selbstzweifel, Ängste und Sorgen in Stichpunkten auf. So können Sie die aktuelle stressige Situation objektiver betrachten und leichter etwas ändern. Oder Sie können überlegen, wir Ihr Zukunfts-Ich die aktuelle Situation meistern würde. Alternativ können Sie sich auch Menschen, die Sie bewundern, vorstellen und überlegen, wie diese mit der Situation umgehen würden. Das hilft Ihnen dabei, tatsächlich nach Lösungen zu suchen, statt weiterhin in den negativen Gedankenschleifen hängenzubleiben. Alle im Waggon helfen mit, verschiedene Lösungen zu finden!

Für Fortgeschrittene: Sie können auch versuchen, Probleme und Herausforderungen mit Freude zu begegnen, weil Sie und Ihre Geduld daran wachsen dürfen. Sie wissen ja: Das Chamäleon kann alle Insassen mit seiner Stimmung anstecken.

Den Papagei sanft zum Positiven lenken

So wie unsere innere Stimme manchmal in Stress- oder sogar Alltagssituationen mit uns redet, würden wir kaum mit unserem ärgsten Feind sprechen. Unseren Freunden würden wir verbieten, so mit sich selbst zu reden! Wenn wir mit uns hart ins Gericht gehen, stecken dahinter nicht nur scheinbar feststehende Tatsachen über uns, sondern auch Überzeugungsmuster, die tief in unserem Unterbewusstsein verankert sind.[23] Diese können in den verschiedensten Situationen in Form von negativen Gedanken hervorbrechen.

Der Ursprung der inneren Stimme

Innere Dialoge beginnen ungefähr ab dem dritten Lebensjahr und sind zu Beginn auch noch sehr freundlich. Ab diesem Alter können wir zwischen Außenwelt und Innenwelt unterscheiden. Wir wissen, dass es ein Ich und die anderen gibt, und mit unseren wachsenden sprachlichen Fähigkeiten fängt unsere innere Stimme an, unser Denken und Handeln zu kommentieren.

Wir übernehmen das, was Eltern und unsere Bezugspersonen uns sagen, beibringen oder vorleben. Wir lernen, an roten Ampeln stehen zu bleiben oder erst nach rechts und links zu sehen, bevor wir die Straße überqueren. Wir integrieren diese Regeln in unseren inneren Dialog und verwandeln sie in eigene Gebote. Das ist ein wichtiger Schritt. Denn um so sicher wie möglich aufzuwachsen, müssen wir unseren Eltern vertrauen und lernen, so zu denken wie sie, beziehungsweise das zu tun, was sie uns sagen. Unsere innere Stimme ist zu diesem Zeitpunkt überlebenswichtig. Dabei bildet sich auch unsere Vorstellung, wie die Welt ist.[24]

Solche Denk- und Verhaltensmuster erfüllen in der Situation, in der wir sie uns aneignen, eine sinnvolle Funktion. Sie stammen aus unseren frühkindlichen Erfahrungen oder sind Überzeugungen und Denkweisen, die wir von Eltern oder Großeltern (und die wiederum von noch früheren Generationen) übernommen haben. Doch später im Leben werden sie unter Umständen zu einem Hemmnis. Zum Beispiel wenn wir unbewusst die Regel aufgestellt haben, es sei nicht erlaubt, so zu sein, wie wir sind. Oder wer etwas im Leben verdient hat, wer des Erfolgs würdig ist und wer eben nicht.[25] Oder wenn wir der Maxime folgen: »Andere können das vielleicht, aber ich nicht.«

Artgerechte Haltung für Ihren Papagei

Ihr Papagei sollte wie eine ehrliche und gute Freundin sein – kein durchgeknallter, nervender Freak. Im Idealfall spricht er mit Ihnen und Sie handeln später danach, als wären Sie selbst die Liebe Ihres Lebens! Der unsinnige Gaga-Modus hindert Sie in vielen Bereichen, das zu tun, was Sie wirklich tun möchten, und führt dazu, dass Sie bei alten Strategien und Denk- und Verhaltensmustern bleiben, die jedoch nicht hilfreich sind, um Ihre Zeit mehr nach Ihren Vorstellungen zu gestalten.[26] Wenn Sie neue Weichen für Ihre Achterbahn stellen wollen, müssen Sie sich bewusst und aktiv darum kümmern, denn diese lang bewährten Strukturen zu ändern, ist nicht leicht. Arbeiten Sie gegebenenfalls mit professioneller Unterstützung daran, Ihre negativen Denk- und Verhaltensmuster zu identifizieren und aufzubrechen.

Vieles, was wir erreichen wollen, beginnt mit einer neuen Idee. Wenn wir diese jedoch gleich zu Beginn unbewusst falsch bewerten, kann ein negativer Kreislauf entstehen. Nehmen wir an, Sie spielen mit dem Gedanken, in einem Chor zu singen oder Gesangsunterricht zu nehmen. Doch früher, im Musikunterricht, konnten Sie nicht gerade mit großem Talent glänzen, fand zumindest Ihre Lehrerin. Dann übermannt Sie bei der Idee dieses Gefühl von damals und Ihr Papagei sagt sofort: »Das kannst du nicht!« Wenn Sie sich bereits im Vorfeld einreden, Sie könnten nicht singen, führt dieser Gedanke zu einem Gefühl, das Sie unzufrieden macht – und am Ende treffen Sie die Entscheidung, gar nicht mehr zu singen. Sollten Sie sich bei einem Karaoke-Abend doch trauen, auf die Bühne zu gehen, bewerten Sie Ihren Auftritt vermutlich schrecklich schlecht und der Papagei bestätigt prompt in seiner altbewährten Art: »Siehst du, du kannst nicht singen. Hab ich doch gleich gesagt!« Die Folge: Sie lassen es in Zukunft ganz sein.

Da Sie nun diesen negativen Kreislauf kennen: Gedanke – Gefühl – Entscheidung – Erfahrung – Trugschluss – Gewohnheit – Gedanke, können Sie ihn in Zukunft besser durchbrechen. Stellen Sie also zu Beginn fest: »Ich kann *noch* nicht singen« oder »Ich singe gerne«, und dann machen Sie weiter und werden Fortschritte sehen. Seit ich dieses Prinzip verstanden habe, singe ich jeden Tag, vermutlich sehr zum Leidwesen meiner Nachbarn, aber es macht mich glücklich. Unsere Gedanken und Gefühle sind entscheidend!

Simsalabim – aus Hindernis wird Lösung

Zeitexperiment

Es gibt so einige wenig hilfreiche Sätze, die der Papagei regelmäßig von sich gibt. Schreiben Sie Ihre hemmenden Gedanken auf und formen Sie sie zu lösungsorientierten Gedanken um. Hier ein paar Beispiele:

»Ich schaffe das alles nicht, es ist zu viel!« wird zu: »Ich lege Prioritäten fest und erledige alles Schritt für Schritt.«

»Ich halte das nicht mehr aus!« wird zu: »Es ist hart, jetzt gerade so zu fühlen, aber es wird besser werden, ich werde da rauskommen. Auch wenn es Zeit braucht.«

»Ich kann das nicht, ich bin zu dumm!« wird zu: »Ich habe das noch nie ernsthaft probiert, also gehe ich erst mal davon aus, dass ich erfolgreich sein werde, wenn ich mir Zeit nehme. Ich bewahre Ruhe und werde besser und schneller werden, wenn ich weiter Schritt für Schritt daran arbeite. Es klappt doch schon ganz gut!«[27]

Es ist letzten Endes Ihre Entscheidung, ob Sie dem Papagei die große Bühne überlassen und sich stören lassen wollen oder ob sie ihn freundlich, aber bestimmt auf seinen Platz zurückschicken. Dort kann er vor sich hin schimpfen – aber leise, bitte! –, und Sie können sich ganz in Ruhe auf das Wichtige und Wesentliche konzentrieren.

Damit wir in der Gegenwart und in der Zukunft nicht mehr nur auf alte Gewohnheiten und Muster der Vergangenheit zurückgreifen, sollten wir nicht nur unsere Gedanken im Blick behalten und verändern, sondern auch neue, energiesparende Verhaltensmuster entwickeln.

Brandneue Streckenabschnitte durch frische Routinen

Alle Insassen haben quasi einen Lieblingsplatz im Waggon. Doch wenn jeder an seinem Stammplatz sitzt, wenn alles so gemacht wird wie immer, ist die Wahrscheinlichkeit groß, dass keine Veränderung stattfindet. Wenn wir nichts verändern, leben wir – überspitzt formuliert – jeden Tag nur eine weitere Kopie der Vergangenheit. Sobald wir etwas an der üblichen Sitzordnung ändern wollen, rebellieren die Insassen. Das liegt daran, dass unser Gehirn Energie sparen will und Neues eben meist so furchtbar anstrengend ist. Daher müssen wir zunächst unser Faultier und all die anderen für die energieintensive Veränderung, aber auch für den zukünftigen Erfolg begeistern.

In der Regel wissen wir ziemlich genau, was richtig wäre und uns guttun würde: mehr Sport, gesunde Ernährung statt Junkfood, nicht mehr rauchen et cetera. Wir haben also in den meisten Fällen kein Erkenntnisproblem, es hapert »nur« an der Umsetzung. Tatsächlich ist es viel leichter, sich neue Routinen anzugewöhnen, als alte loszuwerden.[28] Die gute Nachricht ist: Es ist machbar, denn wir sind lernfähig und können neue, positive Erfahrungen in unser Leben integrieren. Vor allem, wenn wir wollen und wissen wie.

Um unser Faultier zu besiegen, können wir uns die Arbeitsweise unseres Gehirns zunutze machen: Prozesse, die eingeübt sind, werden irgendwann automatisiert. Routinen sparen eine ganze Menge Energie und Zeit, da wir uns nicht unnötig mit überflüssigen Gedanken herumschlagen. Wie beim Zähneputzen: Es kann immer mal nervig sein, die Zahnbürste in die Hand nehmen zu müssen, vor allem Kinder verdrehen dabei regelmäßig die Augen, aber sind wir dann am Werk, läuft das Zähneputzen vollautomatisch. Es kostet nur ein wenig *Aktivierungsenergie,* es jeden Tag wieder zu tun, da wir es schon so viele Tage hintereinander regelmäßig getan haben.

Zeit für eine neue Gewohnheit!

Ungefähr 90 Tage dauert es, eine neue Gewohnheit zu etablieren. Motivieren Sie sich, indem Sie sich klare Zukunftsbilder vorstellen. Nutzen Sie hierzu zum Beispiel ein Vision-Board oder das Zeitexperiment »Ihre Wünsche vor Augen« und stellen Sie sich vor, die Routine wäre schon jetzt ein fester Bestandteil Ihres Alltags.

Wir denken anfangs oft, es sei zu schwierig, dabei ist es einfach nur ungewohnt. Zu Beginn kann es knifflig sein, doch bereits nach der ersten Woche und einigen Erfolgserlebnissen wird es Ihnen leichter fallen, Ihre neue Aktivität aus freien Stücken auszuführen.

Beachten Sie bei der Etablierung einer neuen Gewohnheit die folgenden drei Regeln:

Regel 1: Die neue Gewohnheit muss klar formuliert sein und es gibt eine konkrete Vorstellung der Umsetzung. Zum Beispiel: »Nach dem Aufstehen gehe ich spazieren – ohne Ablenkungen, um in Ruhe in den Tag zu starten«, »Nach dem Aufstehen mache ich Yoga – mit leiser Musik, um mich auf den Tag einzustimmen«, »Vor dem Schlafengehen lese ich in einem Sachbuch – ohne Ablenkungen, um mich weiterzubilden.«

Regel 2: Die neue Gewohnheit muss sehr leicht umsetzbar sein. Legen Sie am Vorabend schon Ihre Sportklamotten raus oder rollen Sie die Yogamatte aus. Legen Sie morgens direkt nach dem Bettenmachen das Buch für den Abend auf das Kopfkissen. Anfangs reichen nach der »Zwei-Minuten-Regel« der Selbstmanagement-Methode von David Allen bereits zwei Minuten aus, um eine neue Gewohnheit zu etablieren.[29] Also zuerst die Routine, danach die Ausdehnung des

Zeitraums. Auf diese Weise machen Sie kaum negative Erfahrungen und beginnen Ihre neue Gewohnheit ohne große Kraftanstrengung. Belohnen Sie sich ruhig für kleine Erfolge!

Regel 3: Es gibt keine Ausnahmen. Das ist ein bisschen hart, aber wahr. Wenn Sie gar keine Zeit haben, führen Sie die neue Gewohnheit zumindest ganz kurz aus. Wenn Sie einen Tag komplett auslassen, fangen die 90 Tage wieder von vorne an. Wenn das passiert, bleiben Sie nachsichtig mit sich, drücken Sie den Reset-Button und starten erneut durch. Nehmen Sie das einmalige Scheitern nicht als Grund oder gar Ausrede, sofort alles aufzugeben.

Beginnen Sie immer nur mit einer neuen Routine, sonst überfordern Sie sich womöglich und dann klappt am Ende gar nichts. Also nicht mit dem Rauchen aufhören, eine neue Sportart beginnen, die Ernährung radikal umstellen, täglich meditieren und gleichzeitig noch einen Zeichenkurs belegen. Treffen Sie lieber eine klare Entscheidung und priorisieren Sie diese *eine* neue Gewohnheit, bis sie sitzt. Beschäftigen Sie sich ausführlich damit und suchen sich gegebenenfalls Unterstützung. Sie möchten gerne jeden Tag meditieren? Dann besuchen Sie zu Beginn einen Meditationskurs für die Basics. Sie möchten regelmäßig joggen? Wenn Sie ungern allein laufen, halten Sie nach einer Laufgruppe Ausschau, die Ihrem momentanen Lauftempo entspricht. Führen Sie – wenn möglich – Ihre neuen Aktivitäten immer zur gleichen Zeit aus. Auch derselbe Ort kann helfen. Möchten Sie weitere neue Gewohnheiten in Ihren Alltag einbauen, verknüpfen Sie sie am besten mit einer Routine, die Sie schon etabliert haben.

Ich gebe es offen zu: Ich habe eine gewisse Abneigung, etwas umzusetzen, das mir von anderen vorgeschlagen wird. Falls es Ihnen auch so geht: Machen Sie Ihre eigenen Regeln, die Ihnen am besten bei der Einführung neuer Routinen helfen. Nichtsdestotrotz ein letzter Tipp: Stellen Sie sich zu Ihrer neuen Gewohnheit ein Vorbild vor, das gut zu ihr passt. Wir halten zum Beispiel länger an Trainingsgeräten durch, wenn wir uns einen sehr disziplinierten Bekannten vorstellen.[30] Innere Bilder wirken einfach gigantisch!

Wir haben nun gesehen, wie wir die Weichen für unsere Achterbahnfahrt stellen können. Nun müssen wir uns nur noch für unsere neuen Gewohnheiten entscheiden. Was genau wir ändern wollen, schauen wir uns in Kapitel 9 an. Doch selbst wenn neue Gewohnheiten etabliert sind, stellen sich uns immer wieder neue Hindernisse in den Weg und rauben uns Zeit. Allen voran unsere Gefühlswelt, vor allem negative Emotionen und die Welt um uns herum.

Ihre Zeit besser verstehen und anders erleben

- ✓ Wir können uns leichter konzentrieren, wenn Harmonie im Achterbahnwaggon herrscht.

- ✓ Unser Papagei quatscht den ganzen Tag. Seine weniger hilfreichen Kommentare beruhen auf Denk-und Verhaltensmustern, die schon sehr alt und deswegen leider manchmal ziemlich fest verankert sind.

- ✓ Glauben Sie nicht alles, was Ihr Papagei sagt! Achten Sie in stressigen Situationen darauf, ob Sie gerade mit dem Problem an sich oder mit der Lösung beschäftigt sind.

- ✓ Routinen geben uns die Kraft und Energie, indem sie uns kognitive Arbeit ersparen. Notieren Sie jeden Tag Ihre Ziele und haken Sie ab, was Sie erledigt haben.

- ✓ Welche Routinen möchten Sie in Ihrem Leben neu etablieren?

Kapitel 8

Hindernisse auf dem Weg zu selbstbestimmter Zeit

»Ein großer Teil der Sorgen
besteht aus unbegründeter Furcht.«

Jean-Paul Sartre

Durchkreuzte Pläne, erzwungenes Nichtstun und Bummelei

Gerade läuft mal wieder nichts wie geplant! Ich wollte doch schon vor einem Monat meinen Online-Kurs veröffentlicht haben. Es gab aber so viele unerwartete Hürden – und jetzt flattert auch noch eine E-Mail von meiner Rechtsanwältin ins Postfach. Ich kann mich überhaupt nicht auf meine eigentliche Arbeit konzentrieren. Vielleicht hilft eine Pause. Ich beschließe, mir eine Zeitung kaufen zu gehen.

Am Kiosk hängt ein handgeschriebenes Schild: »Bin ab ca. 10.30 Uhr wieder da!« Ich schaue auf die Uhr. Es ist schon kurz nach halb elf. In der Nähe gibt es zum Glück eine Bank, also setze ich mich kurz. Der Besitzer wird ja jeden Moment kommen. Mich beschleicht das Gefühl, dass mir durch diese Verzögerung kostbare Zeit geklaut wird. Irgendwie ist mir das aber auch ganz recht, denn ich bin nicht gerade scharf auf die Probleme, die mich am Schreibtisch erwarten. Dennoch … so langsam könnte er sich blicken lassen. Ich will doch nur eine Zeitung.

10.41 Uhr, immer noch niemand in Sicht. Ich seufze. Dieses erzwungene Nichtstun stresst mich! Ich sehe alle paar Minuten auf die Uhr, dann wieder rüber zum Kiosk, als ob sich der Besitzer dadurch manifestieren würde. Na toll, das wird definitiv kein effektiver Morgen mehr. Ich werde heute oder morgen länger arbeiten müssen, um das Versäumte aufzuholen.

Eine Viertelstunde später stapfe ich frustriert wieder nach Hause – ohne Zeitung. »Woher kommen eigentlich diese Schuldgefühle und dieser Druck?«, frage ich mich, als ich wieder am Schreibtisch bin. »Wieso kann ich nicht mal ein paar Minuten auf einer Bank sitzen und die Ruhe genießen?« Ich schüttle den Kopf. Doch gleich darauf meldet sich mein Papagei: »Weil du dafür keine Zeit hast, sieh dir nur mal deine To-do-Liste an!« Ist mein Zeitmanagement wirklich so schlecht? Ja, wahrscheinlich bin ich selbst schuld, dass ich nie all das schaffe, was ich mir vornehme. Ich stürze mich kopfüber – und leider auch etwas kopflos – in die Arbeit.

Permanente Zeitknappheit bei maximalem Stress

Vielleicht kennen auch Sie das Gefühl, ständig unter Zeitnot zu leiden und permanent unter Druck zu stehen. Alles soll besser heute als morgen fertig sein. Am besten schon gestern! Wir »müssen« und »sollten« heute ziemlich viel. Obwohl wir uns heute in unserer modernen Gesellschaft einzigartig individualistisch und frei entfalten können – wir dürfen denken, lieben, glauben, hoffen und leben, wie wir möchten –, ist unser Alltag von so vielen Herausforderungen, To-do-Listen und Deadlines bestimmt wie noch nie.

Menschen wünschen sich mehr Zeit für sich, mit der Familie und mit Freunden. Dieser Wunsch steht noch vor der Absicht, finanzielle Rücklagen zu bilden.[1] In jedem Moment, in dem wir uns auf die faule Haut legen, rauschen die anderen gefühlt an uns vorbei und wir haben Angst, das Erreichte wieder zu verlieren oder etwas zu verpassen, und strengen uns deshalb noch mehr an, denn die Welt und die Uhrzeiger drehen sich erbarmungslos weiter. Uns läuft scheinbar die Zeit davon, was angesichts der Errungenschaften der Moderne ein wenig absurd erscheint. Wasch- und Spülmaschinen sowie alle anderen technischen Geräte führen ja eher zu großer Zeitersparnis. Trotzdem wendeten Bäuerinnen vor 100 Jahren weniger Zeit auf als wir heute, um sich um den Haushalt zu kümmern.[2] Unsere Ansprüche sind jedoch gestiegen und somit ganz andere als damals.

Seit den 1970er-Jahren beschreiben Menschen bereits, sich ständig gehetzt zu fühlen und 1989 titelte das Magazin *Der Spiegel* »Warum haben wir keine Zeit?«[3] Jedoch ist dieses Phänomen bereits seit der Antike bekannt. Ist es also ein mit dem Menschsein verbundenes Gefühl, dass die Zeit knapp ist und alles immer schneller wird, oder hat sich bis heute etwas Grundlegendes verändert oder gar beschleunigt?

Hindernisse dieser Zeit – Informationsflut, Ablenkung und Unlust

Drei große Herausforderungen unserer Zeit sind, dass wir es mit einer immer größeren Flut an *Informationen* zu tun haben, die Welt immer *komplexer* wird und damit unsere *Anforderungen und Aufgaben* steigen.

Mit dem Internet und der Digitalisierung haben wir unvorstellbare Zeitvorteile errungen. E-Mails treffen in Echtzeit beim Empfänger ein, wir können von überall schnell auf gespeicherte Daten in der Cloud zugreifen, aktuelle Nachrichten zu jeder Tages- und Nachtzeit abrufen. Vieles ist rund um die Uhr konsumierbar, wir sind fast jederzeit erreichbar. Diese Vorteile bringen aber auch Nachteile mit sich, wie ständige Erreichbarkeit und höheren Termindruck. Wir begreifen langsam, dass wir auch mal Offline-Zeit brauchen, um uns zu entspannen, gepflegt zu langweilen oder unserem Gehirn eine kreative Pause zu gönnen. Doch wir haben angesichts der vielen Möglichkeiten irgendwie Angst, etwas zu verpassen – neudeutsch *FOMO*, kurz für *Fear Of Missing Out*.

Auch diese Einstellung ist gar nicht so neu. Der dänische Philosoph Søren Kierkegaard, der in der ersten Hälfte des 19. Jahrhunderts lebte, meinte, Angst sei ein Schwindelgefühl der Freiheit.[4] Doch wir haben nicht nur Angst, etwas zu verpassen, sondern auch Angst vor dem Scheitern oder vor Fehlentscheidungen – und tun daher manchmal lieber gar nichts, statt etwas zu riskieren. Wenn wir allerdings gar nichts tun, bleibt nicht alles so, wie es ist. Viele Probleme lösen sich nicht von selbst in Luft auf – im Gegenteil: Vieles wird durch unser Nichtstun unter Umständen sogar viel schlechter.

Und Hand aufs Herz: Oft haben wir einfach keine Lust oder Energie, das zu tun, wofür wir Zeit hätten. Es ist nicht wenig Zeit, die wir haben, sondern »wir lassen nur viel davon verloren gehen«,[5] mit anderen Worten, wir verschwenden sie, stellte bereits Seneca im alten Rom fest – und der hatte weder ein Smartphone noch kannte er Zeitfresser wie Fortnite, Netflix, Twitter, Insta und Co.!

»Beschleunigung« im Vergnügungspark

Die Erkenntnis, dass wir in einem Zeitalter der Beschleunigung leben, ist unumstößlich – könnte man meinen. Allein in den letzten 50 Jahren hat sich die Weltwirtschaftsleistung in einem unfassbaren Ausmaß gesteigert und durch kurzsichtige Entscheidungen haben wir uns dabei allerlei Probleme aufgehalst: Staatsschulden, ein nicht mehr zukunftsfähiges Rentensystem, eine immer größer werdende Schere zwischen Arm und Reich und nicht zu vergessen der Kli... – nein, ich hatte es ja versprochen.[6] Das geschah, während alles immer schneller, effizienter und »immer besser« wurde. Und vieles ist tatsächlich besser geworden! Heute ist es aber nicht nur die Gier, die unsere kapitalistische Wirtschaft weltweit antreibt, sondern auch das Bedrohungsszenario, dass es wieder bergab gehen wird, wenn sich alle nicht weiter anstrengen: Unzählige Arbeitsplätze gehen verloren, Firmen gehen bankrott, Steuereinnahmen sinken, kulturelle Angebote, das Gesundheitssystem, die Rente und vieles mehr verschlechtern sich.[7]

Die Zeit selbst hat sich natürlich nicht beschleunigt. Auch heute ist ein Tag genauso lang wie früher, aber vieles geschieht in engeren Zeitabständen, die Ereignisse verdichten sich und wir wollen unsere Ziele immer schneller erreichen. Der Philosoph Byung-Chul Han bezeichnet die Gegenwart sogar als Hindernis, das möglichst rasch zur Erreichung der Ziele zu überwinden sei. Für ihn ist die Beschleunigung »der Versuch, die Zwischenzeit, die für die Überwindung des Zwischenraumes notwendig ist, ganz zum Verschwinden zu bringen«.[8]

Der Philosoph und Physiker Norman Sieroka beschreibt in seinem Buch *Philosophie der Zeit*, dass wir das Phänomen Beschleunigung nicht treffend benennen, weil sich Zeit nicht beschleunigen kann. Bezeichnungen wie »Zeitdruck«, »Zeitverlust« und »Beschleunigung« sind in seinen Augen nicht zielführend, da sie das Gefühl einer schnelllebigen Zeit unnötig verstärken. Da wir die kulturell-intersubjektive Zeit immer dominanter erleben, glauben wir, unsere Eigenzeit stärker daran anpassen zu müssen. Durch die schnellere Taktung von Ereignissen haben sich die Anforderungen erhöht. Es geht also nicht um die eigene Zeit, die irgendwie schneller tickt, sondern um das Verhältnis der persönlichen Mind-Time zur gesellschaftlich-intersubjektiven Zeit.[9] Wenn jemand zum Beispiel immer wieder zu spät kommt, tut er das nicht, weil sich die Zeit beschleunigt hat, sondern weil seine Eigenzeit zur Weltzeit desynchronisiert ist.[10] Diese Erkenntnis kann schon mal entspannend wirken. Ich bin gar nicht zu spät, sondern einfach nur nicht synchronisiert.

Drei Booster für die »Beschleunigung«

An drei Bereichen lässt sich diese »Beschleunigung« besonders gut festmachen. Der *technische Fortschritt* schreitet unaufhörlich voran, da Kommunikation, Digitalisierung, Produktion und Transport immer effizienter werden. Computer und Smartphone haben dazu geführt, dass wir das Büro mit nach Hause nehmen können. Früher war nach Feierabend kaum noch jemand erreichbar, heutzutage können wir jederzeit mit fast jedem kommunizieren – und das tun wir auch. Wir zücken durchschnittlich alle etwa 150 Mal am Tag unser Smartphone. Etwa alle 6,5 Minuten![11] Sie können ja einmal selbst zählen. Wir nehmen heute an nur einem Tag etwa fünfmal so viele Informationen auf wie im Jahr 1986 und damit angeblich ungefähr den Inhalt von 175 Zeitungsausgaben. Schon 2010 wurde der jährliche Verlust der US-amerikanischen Volkswirtschaft aufgrund von Informationsüberlastung auf eine Billion Dollar geschätzt.[12] Und ich sag's mal so: Die Informationsflut ist nicht weniger geworden.

Außerdem findet eine *Beschleunigung des sozialen Wandels* statt: Einstellungen und Werte, Sprache ebenso wie Trends, Lebensstile, soziale Verpflichtungen scheinen sich in immer kürzeren Abständen zu verändern. Unser Alltagswissen erweitert sich immer schneller. Das berufliche Leben wie auch die Familie zeichnen sich nicht mehr unbedingt durch Beständigkeit aus.[13]

Dadurch scheint sich auch unser *Lebenstempo* weiter zu steigern.

Bereits in den 1990er-Jahren stellte der Sozialpsychologe Robert Levine fest, dass sich in manchen Großstädten wie New York, Tokio oder München die Bewohner doppelt so schnell bewegen, reagieren und sogar schneller reden als in ländlicheren Gebieten.[14]

Weniger Stress, mehr Aufmerksamkeit!

Viele Menschen leiden unter chronischer Zeitknappheit, sprich: Stress, oder fühlen sich überfordert, sind aber gleichzeitig auch inspiriert und doch gelangweilt und leer. Theoretisch sind wir mit der ganzen Welt in Kontakt, aber im Grunde einsam. Unsere verdichteten Zeitmuster erschweren ein entspanntes Leben und bieten eine Erklärung für die anwachsende Zahl von Depressionen und Burnouts.[15] Zahlreiche Zeitmanagement-Bücher versprechen Abhilfe und beschäftigen sich damit, wie wir schneller und effektiver mit der riesigen Aufgaben- und Informationsflut umgehen können. Geht man der Wirkung von Seminaren und Zeitmanagementtechniken auf den Grund, wie es Organisationspsychologinnen getan haben, stellt sich heraus, dass einige Teilnehmende sich kurzzeitig zwar besser fühlen, dieser Effekt aber schon nach wenigen Wochen verschwunden ist. Auch Zeit spart man damit nicht.[16]

Der Psychologe Tony Crabbe ist überzeugt, dass wir uns in einem permanenten »Busy-Modus« befinden, der Stress zum Dauerzustand macht. Durch Zeitmanagement erledigen wir vielleicht mehr, halsen uns dadurch aber letztlich noch mehr auf und sind am Ende noch beschäftigter als vorher. Das hat zur Folge, dass unsere Aufmerksamkeit schrumpft und wir die Fähigkeit verlieren, im Jetzt sinnvolle, weitsichtige Entscheidungen zu treffen. Zeitmanagement macht uns also vielleicht effektiver, aber nicht unbedingt effizienter.[17] Wir wollen ja nicht nur viel richtig machen, sondern die richtigen Dinge gut umsetzen.

Eine Studie der Psychologen Michael DeDonno und Heath Demaree hat sogar gezeigt, dass wir schlechtere Leistungen erbringen, wenn wir unter Zeitdruck stehen. Dabei beruht demzufolge der Leistungsabfall nicht wirklich auf Zeitmangel, sondern vor allem auf dem Gefühl, unter Zeitdruck zu stehen.[18] Deswegen kann es hilfreich sein, in Stresssituationen immer wieder mal tief durchzuatmen und zur Ruhe zu kommen, denn so tricksen wir unser limbisches System aus, das bei Stress in höchster Alarmbereitschaft ist und unser logisches Denken kappt – unser Korallenfisch steigt aus. In Notsituationen können wir kämpfen, wegrennen oder erstarren, aber nicht denken.

Viel wichtiger als Zeitmanagement und Selbstorganisation ist daher *Aufmerksamkeitsmanagement*. Um entspannter ruhiger und somit effizienter zu werden, ist es entscheidend, einen Blick auf unsere Konzentration und Aufmerksamkeit zu werfen und zu lernen, sie gezielt einzusetzen. Denn entspannte, fokussierte Aufmerksamkeit führt uns in den Flow – und der ist dringend nötig in einer immer komplexeren Welt, in der wir vorausschauendes Handeln brauchen, weil wir noch mit einem Gehirn arbeiten, das sich vor Millionen von Jahren entwickelt hat. Unsere geistigen Fähigkeiten können mit den steigenden Anforderungen jedoch kaum mithalten.

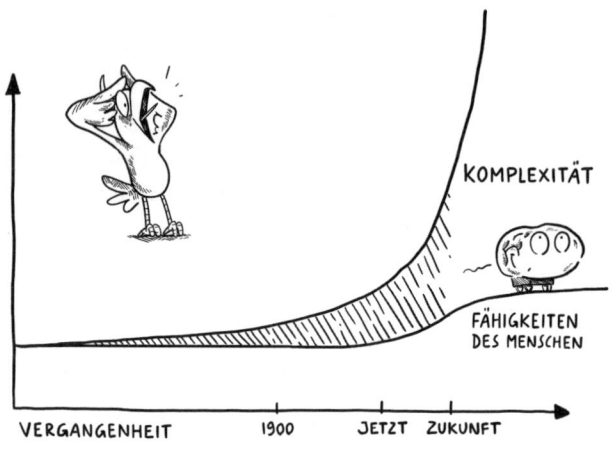

Unsere immer komplexere Welt[19]

Wie wir konkret mit diesem Zuviel an Anforderungen umgehen, denen wir tagtäglich gerecht werden wollen, betrachten wir in Kapitel 9 noch genauer.

Die äußeren Umstände können wir nicht immer ohne Weiteres ändern, wir können ab und zu nur lernen, anders mit ihnen umzugehen. Wenn uns das gelingt, erhalten wir als Belohnung ein Gefühl der entspannten, gelassenen Kontrolle. Unser Selbstwertgefühl wächst vor allem aus der »Akzeptanz unserer Unvollkommenheit«.[20] Es geht also zuerst einmal darum, nicht alles perfekt machen zu wollen. Was ist aber, wenn wir uns diesen komplexen Herausforderungen grundlegend nicht gewachsen fühlen? In dem Fall sollten wir unser Selbstbild und unsere innere Einstellung hinterfragen und damit unsere Fähigkeiten, uns auf neue Situationen einzustellen.

Ein bunter Schlüssel zur Selbstverwirklichung

Unser Selbstbild hat enormen Einfluss auf unseren Lebensweg, also wie unsere Achterbahnfahrt verläuft und inwieweit wir glauben, ihren Verlauf beeinflussen und selbst gestalten zu können. Die Psychologin Carol Dweck unterscheidet zwischen einem *statischen* und einem *dynamischen* Selbstbild.

Ein statisches Selbstbild kann in unserer Welt voller neuer Aufgaben ein Hindernis darstellen. Menschen mit dieser Auffassung glauben, dass sie zwar grundsätzlich in der Lage sind dazuzulernen, doch an ihrer Intelligenz nichts ändern können. Sie stimmen im Hinblick auf Persönlichkeit und Charakter der Aussage zu: »Ich kann einige Dinge anders machen, doch meine grundlegenden Eigenschaften bleiben konstant.«[21] Personen mit einem statischen Selbstbild erwarten von sich, sofort absolut perfekt zu sein, ohne irgendeine Form des Lernprozesses oder Übens.

Wenn Menschen mit einem statischen Selbstbild etwas nicht gleich können, bedeutet dies für sie, in dieser Sache nicht gut oder nicht talentiert genug zu sein, sodass sie sich dieser Aufgabe gar nicht erst stellen. Das hat zur Folge, dass bestimmte Abschnitte auf der Achterbahnstrecke ihnen für immer verborgen bleiben, weil sie sich nicht trauen, die Weichen entsprechend auszurichten. Wenn sie zum Beispiel den Traum haben, einen Roman zu schreiben, versuchen sie es erst gar nicht: aus Angst, jemand könnte sagen, dass sie kein Naturtalent seien. Jede Form der Kritik würde bedeuten, keine gute Schriftstellerin zu sein.[22] Das Risiko, Zeit und Arbeit zu investieren, wird oft als zu hoch eingeschätzt. Die Gefahr, trotz investierter Energie zu scheitern oder sich bloßzustellen, ist zu groß. Um aber ihr eigenes Selbstwertgefühl aufzuwerten, möchten sie daher umso mehr in den Bereichen glänzen, in denen sie sich sicher fühlen. Ihr Selbstbewusstsein ist jedoch anfälliger, da es durch Rückschläge viel leichter beeinträchtigt werden kann.[23] Dies kann dazu führen, komplexe Herausforderungen zu meiden.

Wer über ein dynamisches Selbstbild verfügt, hält im Leben hingegen alles für möglich und stimmt der Aussage zu: »Ich kann meine Intelligenz erheblich vergrößern, egal wie intelligent ich bin«[24] und ist überzeugt, dass selbst grundlegende Eigenschaften unserer Persönlichkeit veränderbar sind. Wir bauen unsere Achterbahnstrecke, so wie wir es wollen, nehmen jeden Looping, weil wir es uns zutrauen oder bereit sind, mehrere Anläufe zu nehmen, wenn uns das am Ende unserem Ziel näherbringt. Das heißt, wir können unseren Waggon mit zusätzlichen Features und Gadgets verbessern und neue Funktionen hinzufügen.

Menschen mit diesem Selbstbild sind überzeugt, dass mit Fleiß, Ausdauer, Leidenschaft und Anstrengung die eigenen Fähigkeiten weiterentwickelt werden können – egal was Schulnoten oder die Bewertungen anderer Menschen sagen. Es geht nicht darum, der oder die Beste zu sein, sondern es ist viel wichtiger, das eigene Potenzial zu erkennen und zu entfalten. Sie scheuen sich nicht, sich von erfolgreichen Menschen Tipps geben zu lassen oder Ratschläge zu befolgen. Sie lassen sich durch Misserfolge nicht frustrieren. Ihnen ist bewusst, dass sie aus eigenen Fehlern lernen können und dass diese nichts darüber aussagen, wie gut sie am Ende werden können. Herausforderungen nehmen sie motiviert an. Je schwieriger die Lage, umso mehr bemühen sie sich, ihre Situation zu ändern und zu verbessern.[25]

Beide Selbstbilder können anhand der Hirnwellen im EEG sichtbar gemacht werden. Hierzu beobachtete man die Aufmerksamkeit im Gehirn, nachdem schwierige Fragen gestellt wurden: Probanden mit statischer Lebenseinstellung zeigten nur dann Interesse an dem Feedback, wenn es mit ihren eigenen Fähigkeiten zu tun hatte. Sie waren also besonders aufmerksam, wenn sie erfuhren, ob sie mit ihrer Antwort richtig oder falsch lagen. Informationen, die ihnen geholfen hätten, etwas dazuzulernen, etwa die richtige Antwort, interessierten sie überhaupt nicht. Anders sah es bei Menschen mit einem dynamischen Selbstbild aus: Sie waren daran interessiert, etwas zu lernen.[26]

Jeder Mensch kommt mit einem dynamischen Selbstbild zur Welt. Wir lernen laufen und sprechen, und zu diesem Zeitpunkt ist unsere innere Stimme noch völlig unbeeindruckt von der Leistung anderer. Kein Kind vergleicht seine Lauf- oder Sprechfortschritte mit anderen oder wertet seine eigenen Fähigkeiten ab. Wie sich unser Selbstbild dann nach der ersten Weltentdeckungsphase weiterentwickelt, hängt in den ersten Lebensjahren maßgeblich von unseren Bezugspersonen ab, also Eltern, Erzieherinnen und Lehrern, und der Art und Weise ab, wie sie uns beim Lernen unterstützen und fördern. Oder eben nicht.

Aber keine Sorge! Falls in der frühkindlichen Phase Förderer und Vorbilder gefehlt haben, ist es noch nicht zu spät! Ihr Selbstbild kann maßgeblich durch Sie selbst auch jetzt noch verändert werden. Oft reicht schon die Erkenntnis, dass man über ein statisches Selbstbild verfügt, um es in ein dynamisches zu transformieren. Und das kann zumindest in einigen Lebensbereichen doch durchaus wünschenswert sein: Dynamisches Denken befähigt uns dazu, Außergewöhnliches oder scheinbar Unerreichbares möglich zu machen, und kann daher ein bunter Schlüssel zur Selbstverwirklichung sein. Professionelle Unterstützung kann dabei helfen, über das eigene Selbstbild zu sprechen und konkrete, umsetzbare Etappenziele und Pläne festzulegen.

Zurück zum dynamischen Selbstbild

Zeitexperiment

Um einzuschätzen, zu welchem Selbstbild Sie eher tendieren, überlegen Sie, in welchem Ausmaß Sie den folgenden Aussagen zustimmen würden. Wo sehen Sie sich eher?[27]

Statisches Selbstbild	Dynamisches Selbstbild
Intelligenz ist eine angeborene Eigenschaft, die sich nicht verändern lässt.	*Ich kann meine Intelligenz erheblich vergrößern, egal wie intelligent ich bin.*
Ich habe bestimmte menschliche Eigenschaften und es gibt nicht viel, was ich daran ändern kann.	*Ich kann selbst grundlegende Eigenschaften meiner Persönlichkeit verändern.*
0% ⊢――――⊣ 100%	0% ⊢――――⊣ 100%

Tatsächlich ist der beste Weg zurück zu einem dynamischen Selbstbild, den Unterschied zwischen den beiden Sichtweisen zu erkennen. Auch ich dachte lange Zeit, Intelligenz sei etwas Festsehendes, da mein Intelligenzquotient sehr früh gemessen und mir das so erklärt wurde. Dabei kann man sich Intelligenz wie einen Muskel vorstellen. Wenn wir mehr üben, werden wir besser – und am Ende steht ein leistungsfähigeres und intelligenteres Gehirn und wir können unsere Potenziale ausschöpfen.[28] Mit unserem Charakter ist es ähnlich. Jeder Mensch hat eine liebevolle, ehrliche, großzügige und mutige Seite, aber eben auch habgierige, eifersüchtige oder feige Anteile in sich.[29] Entscheidend ist, welche Seite wir mit unseren Gedanken und Taten »füttern« – so können wir auch persönliche Eigenschaften ändern, wenn wir das möchten. Wie gehen wir dann aber mit negativen Situationen und Gefühlen wie Angst um?

Das Gehirn, die alte Drama-Queen

Egal ob statisches oder dynamisches Selbstbild – negative Gefühle ereilen uns alle, denn unser Gehirn schenkt Negativem mehr Beachtung als positiven Ereignissen. Ein gigantisches Arbeitspensum, Dauerstress im Job und im Privatleben, zwischenmenschliche Konflikte mit anstrengenden Kollegen – vieles kann eine miese Stimmung hervorrufen. Wir erleben negative Gefühle intensiver, sie werden leichter ausgelöst und hinterlassen tiefere Spuren. Warum? Weil unser Gehirn eine Drama-Queen ist!

Es ist wesentlich leichter, uns traurig zu machen, als uns zum Lachen zu bringen. Schlechte Nachrichten interessieren uns mehr als positive Schlagzeilen. Wenn wir gelobt werden, tun wir das viel schneller ab, als wenn wir in irgendeiner Weise kritisiert werden. Wir können das kaum beeinflussen.[30] Das ist ein weiteres Erbe der Evolution, das uns in Zukunft vor Negativem bewahren soll, denn Angst, Trauer und Wut halten uns von allem ab, das uns nicht guttut. Im Grunde genommen möchte Ihnen ein negatives Gefühl also meistens nur freundlich mitteilen: »Ändere dein Leben! Übernimm Verantwortung für dich!«

Wir sind meist hervorragend darin, angebliche Fehler herauszuarbeiten, nicht klug, nicht schön, nicht fleißig, nicht aktiv genug zu sein, und halten uns diese bei jeder Gelegenheit wieder vor – hallo, Gaga-Modus! Dabei fällt vieles von dem, was gut läuft, unter den Tisch.

Erkennen Sie Erfolge an und freuen Sie sich über sie, aber mit Bedacht. Denn bei zu viel oder unnötigem Lob besteht die Gefahr, dass wir dadurch zu hohe Erwartungen an uns selbst stellen. Können wir diese Leistung dann mal doch nicht erbringen, bedeutet das für Selbst 1, dass wir gescheitert sind oder auch die Erwartungen anderer enttäuschen werden.[31] Somit kann der eigene Erfolg zu unserem Feind werden und dann stecken wir schon wieder im Gaga-Modus.

Sorgen Sie sich lieber später!

Zeitexperiment

Sich keine Sorgen zu machen ist fast unmöglich, sie auf später zu verschieben ist wesentlich leichter. In der Psychologie spricht man dabei von *Stimuluskontrolle*.[32] Sie können zwei Zeitfenster am Tag festlegen, in denen Sie sich Sorgen machen dürfen, und zwar ganz bewusst.

Wenn Sie merken, dass außerhalb Ihrer »Sorgenzeit« das Grübeln beginnt, schreiben Sie auf, was Ihnen durch den Kopf geht, notieren spontan kurz fünf mögliche Lösungsstrategien – damit der Korallenfisch wieder am Zug ist – und verschieben das Nachdenken auf die terminierte Zeit. Wir kennen das bereits: Bemerken, stoppen und die Situation verbessern.

Nach Lösungen zu suchen ist gut, nur einem Problem andauernd nachzuhängen verschwendet in vielerlei Hinsicht Zeit und Energie. Ständiges Nörgeln und Beschweren, das aufgrund von Langzeitstress auftreten kann, führt dazu, dass der Hippocampus schrumpft – eine Region im Gehirn, die für unser Gedächtnis eine entscheidende Rolle spielt. Verantwortlich ist das durch den Stress ausgeschüttete Cortisol, das zudem unser Immunsystem schwächt.[33]

Unser Papagei liebt es, Problemen nachzuhängen, denn um Schwierigkeiten können unsere Gedanken sehr leicht kreisen. Wir können uns dem Schmerz hingeben und fühlen, wie schlimm alles ist. Der Papagei wird von Faultier und Chamäleon gekrault. Das ist manchmal richtig und wichtig, also eine gesunde Reaktion. Doch bei vielen Alltagsproblemen, wenn wir uns beispielsweise über eine Person aufregen, verschenken wir unsere Gedanken und unsere Zeit an diese Person. Viel zu oft steigern wir uns in Probleme hinein, weil uns das leichter fällt oder wir keinen anderen Weg gelernt haben, mit unseren Gefühlen umzugehen. Doch wenn wir beispielsweise unserer Wut freien Lauf lassen, befreit uns das noch lange nicht von ihr: Selbst wenn Versuchspersonen das Gefühl hatten, Dampf abgelassen zu haben, waren sie danach noch wütender.[34]

Es geht aber auch nicht darum, Gefühle zu unterdrücken. Sie

brauchen Beachtung, denn sie wollen uns ja etwas mitteilen. Sie sind wie eine Postbotin, die nicht aufgibt, bis sie ihre Botschaft übermittelt hat. Wenn wir die Annahme verweigern, werden diese Gefühle immer lauter und stärker. Wenn wir sie hingegen annehmen, müssen sie nicht immer und immer wieder bei uns anklopfen.

Zeitexperiment

Gefühle jeder Art mit offenen Armen empfangen

Sie sind gerade traurig oder wütend und das Verschieben auf später klappt nicht? Dann fragen Sie sich, ob Sie dieses Gefühl gerade bewusst zulassen können. Einmal tief einatmen hilft. Nachdem Sie sich das erlaubt haben, merken Sie vielleicht, wie sich Ihr ganzer Körper entspannt.[35] Danach *benennen* Sie das Gefühl, das schaltet Ihren Korallenfisch und damit Ihr rationales Denken dazu, und überlegen, welche Botschaft es für Sie hat.

Wenn Sie das Experiment erweitern möchten, beobachten Sie sich mindestens eine Woche lang und notieren Sie sich, welche drei negativen Gefühle Sie überwiegend am Tag begleiten. Sind Sie schnell gereizt, genervt, beleidigt, unzufrieden mit sich oder enttäuscht von anderen?

Überlegen Sie anschließend, mit welchen drei positiven Gefühlen Sie am liebsten Ihren Tag verbringen würden, etwa Freude, Dankbarkeit, Glück, Zusammenhalt, Unterstützung. Welche Übungen oder kleine Rituale könnten Ihnen helfen, mehr positive Gefühle in Ihrem Alltag zu erleben? Das Zeitexperiment »Erfahrungen mit positiven Gefühlen impfen« könnte ein guter Anfang sein.

Studien zeigen, wie wichtig und hilfreich es ist, unsere Gefühle zu benennen, denn dadurch gewinnt unser Stirnhirn – der Korallenfisch – die Kontrolle zurück und kann die negativen Gefühle abdrehen. Wenn wir hingegen nur über uns selbst nachdenken, bleibt die Stimmung gleich.[36] Dann dreht sich der Papagei weiter im Kreis.

Anstatt uns auf das Negative zu konzentrieren, sollten wir versuchen zu erkennen, was gut für uns ist und welche Möglichkeiten es gibt, die aktuelle Belastung zu beseitigen. Wenn wir beginnen, ganz bewusst auf Positives zu achten, wird unser Gehirn das mit der Zeit auch von ganz allein unbewusst tun.

Unter Belastung resilienter reagieren

Es gibt Menschen, die sich von belastenden Erfahrungen schnell wieder erholen, während andere komplett aus der Bahn geworfen werden. Erstere haben dafür bessere Veranlagungen, die uns bereits bekannte Resilienz. Auf neuronaler Ebene zeigt sie sich durch die Stärke der Verbindung zwischen präfrontalem Cortex und Amygdala.[37] Auch hier gibt es eine Spezialisierung der beiden Gehirnhälften: Eine hohe Resilienz weisen Menschen auf, die eine stärkere Aktivität im linken Bereich des präfrontalen Cortex aufweisen. Weniger Belastbare zeigen diese auf der rechten Seite. Es scheint, als ob die linke Seite die Aktivität in der Amygdala – der Hirnregion, die für negative Emotionen mitverantwortlich ist – dämpfen und verkürzen kann. Auch die Anzahl der Verbindungen zwischen präfrontalem Cortex und Amygdala spielt eine Rolle, wie schnell wir uns von starken Belastungen wieder erholen.[38]

Der Psychologe und Hirnforscher Richard Davidson rät zur Verbesserung der Resilienz zu Achtsamkeitsmeditation, da sie die Assoziationskette verkürzt, in die uns negative Gedanken verstricken können.[39] Der erste Schritt ist wieder, frühzeitig zu bemerken, dass wir in einer negativen Gedankenschleife festhängen. Wir bremsen sie, indem wir das Gefühl benennen, und im nächsten Schritt geht es dann um die Lösung. Davidson empfiehlt dazu eine bewusste Neubewertung der Situation, also aus dem Blickwinkel eines dynamischen Selbstbilds heraus.

**Extreme Situationen und Gefühle einordnen
und neu bewerten**

Zeitexperiment

Sie verlieren Ihren Job, Sie verpassen Ihren Zug oder Flug, Ihre langjährige Beziehung geht in die Brüche, Sie haben etwas Wertvolles verloren – in solchen Situationen können Ihre Emotionen Sie überwältigen.

Wenn Sie aus irgendeinem Grund schlecht gelaunt sind oder sich nicht gut fühlen, wenn Sie von Stress oder negativen Emotionen übermannt werden, fragen Sie sich: Wie schlimm ist es wirklich? Ordnen Sie dann das, was Ihnen gerade passiert ist, auf einer Skala von 0 bis 10 ein – nüchtern und realistisch.

Eine nüchterne und realistische Einordnung kann uns helfen, besser mit einer schlechten Erfahrung umzugehen. Zug verpasst? Klar, empfinden wir im ersten Moment wie eine klare 10, kann sich aber als eine 3 erweisen. Ein Jobverlust kann sich im ersten Moment natürlich wie eine glatte 10 anfühlen, ist aber vielleicht doch nur eine 6, wenn wir das Ganze etwas nüchterner bewerten, und kann später eine 2 oder sogar eine 1 werden, weil wir einen noch viel besseren Arbeitsplatz oder unsere wahre Berufung finden, auch wenn die Veränderung uns zunächst Angst macht.[40] Eine Beziehung, die zu Ende geht, kann Platz schaffen für eine noch viel bessere. Der Verlust eines geliebten Menschen allerdings ist eine 10 und bleibt erst mal eine 10. Bei Ereignissen unter 10 können wir versuchen, einen Perspektivwechsel vorzunehmen.

Liebesbriefe der Angst

Ängste, die uns viel Zeit rauben können, manifestieren sich häufig, wenn unsere Vorstellung davon, wie unser Leben sein soll, nicht mit dem übereinstimmt, wie unser Leben ist, und sich Wünsche scheinbar nicht realisieren lassen. Zur Begriffsklärung: Es gibt einen Unterschied zwischen *Furcht* und *Angst*. Wir haben Furcht vor etwas Bestimmtem, von dem wir ausgehen, es lösen zu können. Angst dagegen ist gegenstandslos, sie ist einfach da.[41] Sie ist immer subjektiv und mit Nachdenken verbunden. Wenn Sie zum Beispiel auf einer glatten Fläche ausrutschen, haben Sie keine Zeit nachzudenken, Ihr Körper reagiert und kann so einen Sturz im besten Fall verhindern. Dieses Gefühl wird als Furcht bezeichnet, weil es sich auf den möglichen Sturz bezieht. Wenn wir uns danach jedoch in den düstersten Farben ausmalen, was alles hätte passieren können, und wir uns am Ende fragen, ob vielleicht nicht doch ein Zeh gebrochen ist, ist das Angst.

Das Gefühl der Angst an sich ist nichts Schlimmes. Es möchte uns warnen und beschützen. Es fordert uns auf, nach Bewältigungs- und Lösungsstrategien zu suchen. Natürlich ist es kein angenehmes Gefühl, das darf es aber auch nicht sein, da die Angst sonst ihren Zweck nicht erfüllen würde: Sie nötigt uns förmlich dazu, uns weiterzuentwickeln. Wenn wir Angst haben krank zu werden, kann das dazu führen, dass wir uns gesünder ernähren, mehr Sport machen und uns allgemein mehr um uns kümmern. Die Angst davor, dass geliebte Menschen, zum Beispiel die Eltern, sterben – was wir leider sowieso nicht verhindern können –, sorgt dafür, dass wir vorher mehr Zeit mit ihnen verbringen wollen. Angst vor den Folgen der Klimakrise kann dazu führen, dass wir uns für den Umweltschutz einsetzen wollen. Huch, vergessen Sie bitte schnell wieder, dass ich das Thema erwähnt habe.

Doch wenn wir unsere Angst nicht nutzen, um Lösungen zu finden, kann sie uns überwältigen. Wir geben die Hoffnung auf und erstarren. Dann können wir unser Potenzial nicht ausschöpfen. Wenn wir die Warnhinweise erkennen und lernen, sie richtig zu deuten, kann die Angst uns vor allem als Wegweiser dienen. Der Neurowissenschaftler Gerald Hüther ist davon überzeugt, dass der erste Schritt im Umgang mit der Angst ist, zu akzeptieren, dass sie ein Teil von uns ist und uns beschützt. Dann sind persönliche Krisen auch eine Chance für Veränderung und persönliche Entwicklung. Wir sind bereit, Neues in unser Leben zu lassen, weil der derzeitige Zustand schlichtweg nicht haltbar ist.[42]

Der Freikletterer Alex Honnold sagt in dem beeindruckenden Dokumentationsfilm *Free Solo*, der die allererste Besteigung ohne Seil oder Sicherung eines fast senkrechten, 975 Meter hohen Felsens in Kalifornien namens El Capitan zeigt: »Alle versuchen immer, ihre Angst zu unterdrücken. Ich versuche, es anders zu machen – ich dehne meine Komfortzone aus, indem ich immer wieder und wieder die gleichen Bewegungsabläufe trainiere. Ich arbeite mich so lange durch die Angst, bis ich mich einfach nicht mehr vor ihr fürchte.«[43] Er nutzt seine Angst, um seine Fähigkeiten zu verbessern und sich besser zu konzentrieren. Er deutet sie also um, sieht sie vielmehr als Chance und entdeckt darin Vorteile, als sie nur als negative Emotion zu betrachten.[44] Wenn wir also Angst spüren, können wir erst mal das »Licht anknipsen« und nachsehen, was sie von uns möchte. Finden Sie heraus, wovor Ihr Chamäleon wirklich Angst hat. Oft steht uns nämlich die Angst vor der Angst selbst im Weg.

Das eingebaute Metronom des Körpers

Wir spüren Angst körperlich: Unser Herz rast, wir atmen heftig und manche bekommen sogar feuchte Hände. Wenn wir unsere Angst positiv umformen möchten, ist es sinnvoll, bei den Anzeichen unseres Körpers anzusetzen. Denn im Gegensatz zu anderen Körperfunktionen können wir unseren Atem bewusst beeinflussen.

Wir wissen bereits: Der Rhythmus unseres Atems ist ein innerer Taktgeber. Wenn wir ruhiger atmen, werden auch wir ruhiger. Der Neurologe Ferdinand Binofski konnte in einer Studie zeigen, wie sehr uns der Atem mitbestimmt. Er bat die Musiker eines Orchesters, schneller zu atmen, während sie spielten. Tatsächlich spielten die Künstlerinnen die Stücke schneller, ohne dass sie es merkten. Unser Atem ist quasi unser natürliches Metronom.[45] Wir können es bewusst gegen Angst und andere negative Gefühle wie Stress einsetzen, indem wir den Takt verlangsamen.

Zeitexperiment

Atmen Sie Angst und Stress weg

Atmen Sie langsam ein und zählen dabei bis 4, halten Sie dann den Atem an, während Sie erneut bis 4 zählen. Beim Ausatmen zählen Sie bis 8 oder bis 6, wenn Ihnen das angenehmer ist.

Diese Atemtechnik löst eine Entspannungsreaktion im ganzen Körper aus, stellt eine bewusste Verbindung zwischen Körper und Geist her und bringt Sie so ins Hier und Jetzt zurück, weil Sie sich voll und ganz auf das Atmen konzentrieren.

Wenn Sie oft mit Angst zu tun haben, suchen Sie sich am besten professionelle Unterstützung, um diese anzugehen, denn es gibt zahlreiche Methoden – neben Atemübungen zum Beispiel auch Klopftechniken, mit denen man sehr schnell lernen kann, mit negativen Gefühlen besser umzugehen.[46]

Bewusstes Atmen sorgt sogar für eine bessere Verbindung zum eigenen Ich, sie stärkt unseren Achterbahnwaggon sowie die Verbindung zu den Schienen, also zur Zeit. Um das zu erleben, können Sie mal die Wim-Hof-Methode ausprobieren. Der Extremsportler ist davon überzeugt, dass wir durch Atemübungen und Kältetherapie unser Immunsystem stärken können. Das konnte sogar in Studien nachgewiesen werden.[47] Wichtig ist, dass Sie bei der Durchführung dieser Atemtechnik alle Hinweise genauestens beachten. Am besten nehmen Sie sich etwas Zeit für einen Anfängerkurs. Mit dem Auftritts- und Wettkampfcoach Boris Beimann absolvierte ich mehrere Atemtrainings und kann sagen: Durch die intensive Atemtechnik entsteht tatsächlich eine ganz neue, sehr entspannende Körper- und Zeiterfahrung. Schon bei der ersten Session intensiven, bewussten Atmens hielt ich nach dem Ausatmen über zwei Minuten die Luft an, was ich nie für möglich gehalten hätte. Mir selbst kam der Zeitraum viel kürzer vor, doch die Stoppuhr lügt nicht. Übrigens hilft diese Atemtechnik auch dabei, den Alkoholabbau im Körper zu beschleunigen, falls mal Bedarf besteht.[48]

Apropos Atem anhalten: Die Forscherin Linda Stone hat herausgefunden, dass 80 Prozent der Menschen während des Tippens am Computer nicht tief atmen. Sie nennt das »E-Mail-Apnoe«.[49] Achten Sie mal darauf und atmen Sie in Zukunft bewusster! Erholung ist ohnehin ein wichtiger Aspekt für unser Wohlbefinden. Unwillkürliche Aufmerksamkeit ist entspannend, wenn wir zum Beispiel einen Sonnenuntergang oder einen Waldspaziergang genießen, was während der Arbeitszeit nicht so leicht möglich ist. Bestimmt finden Sie in der Umgebung Ihres Arbeitsplatzes Fleckchen, an denen Sie entspannen können, zum Beispiel ein nettes Café, in dem Sie bei einem Espresso draußen sitzen und mit Ihren Kollegen in der Mittagspause plaudern können. Da kann die kulturell-intersubjektive Zeit noch so schnell vergehen. Wir haben die Möglichkeit mit dem bewussten Umgang unserer Gefühle und unserer Aufmerksamkeit unsere Eigenzeit etwas mehr mitzubestimmen, da sollen die Uhren doch so schnell ticken, wie sie wollen.

Nach dieser kurzen Verschnaufpause schauen wir uns nun an, was wir den ganzen Tag so tun und mit unserer Zeit anstellen – und ob wir das überhaupt als sinnvoll empfinden.

Ihre Zeit besser verstehen und anders erleben

- ✓ Wir nehmen seit einigen Jahrzehnten bereits eine Erhöhung des Lebenstempos wahr.

- ✓ Drei große Herausforderungen unserer Zeit sind die Informationsflut, die zunehmende Komplexität und die damit gestiegenen beruflichen Anforderungen.

- ✓ Furcht ist konkret, Angst gegenstandslos. Sorgen und Angst sind – wie alle Gefühle – Überbringerinnen von Botschaften.

- ✓ Unser Gehirn interessiert sich leider vor allem für Negatives statt für Positives. Daher sollten wir uns darum kümmern. Der Weg raus aus der Negativität: Bemerken, stoppen und die Situation verbessern.

- ✓ Achten Sie im Alltag darauf, wie schnell Sie den Gaga-Modus bemerken.

Kapitel 9

Jeden Tag und immer wieder – Beschäftigung im Hier und Jetzt

»Der Mensch flieht vor der Zeit,
die Zeit vor dem Menschen!«

Edward Young

Heute, morgen, übermorgen

Vor einigen Jahren wurde mir eine Frage gestellt, die ich bis heute nicht vergessen habe. Ich hielt einen Vortrag über Gedächtnistechniken an einer Schule. Dort kamen regelmäßig erfolgreiche Menschen vorbei und erzählten von ihrem Beruf oder ihren Forschungsergebnissen, etwa Mitarbeiter der ESA, Wissenschaftlerinnen aus diversen Fachbereichen oder interessante Persönlichkeiten mit tollen Biografien.

An diesem Nachmittag fragte mich ein Schüler: »Warum haben Sie eigentlich nichts aus Ihrem Leben gemacht?« Ganz schön frech für jemanden, der noch nicht mal sein Abitur in der Tasche hat, könnte man meinen, aber ich nehme Kritik gerne ernst. Ich war irritiert – immerhin war ich mehrmalige Juniorengedächtnisweltmeisterin, hatte fünf Bücher veröffentlicht und Sendungen im Fernsehen moderiert. Reichte das nicht? Irgendwie geriet ich ein wenig in Erklärungsnot. Okay, ich hatte mich nach meinem Abitur nicht auf drei Studiengänge gleichzeitig gestürzt und diese in Rekordzeit abgeschlossen, keine drei Auslandssemester an den besten Universitäten absolviert und keinen hoch bezahlten Job in der Wirtschaft ergattert. Ich hatte nicht einmal einen weniger gut bezahlten Job in der Wissenschaft angestrebt.

Wenn ich heute mal zurückdenke, als Studentin habe ich mir wirklich viel Zeit gelassen und nur ein einziges Auslandssemester in Venedig genossen. Und zugegeben: In dem Semester habe ich viel getan, aber nicht sonderlich viel studiert. Nach meinem Diplom in Politikwissenschaften begann ich eine Musical-Ausbildung, obwohl ich vorher wusste, dass ich nie in diesem Beruf arbeiten würde, und machte eine Schauspielausbildung, ohne mich je darum zu kümmern, diese Karriere voranzutreiben. Dafür habe ich das riesengroße Glück, mit unterschiedlichen Projekten so viel zu verdienen, dass ich mir heute meine Zeit überwiegend frei einteilen und so beispielsweise im Sommer einfach mal sechs Wochen lang jeden Tag sechs Stunden Tanzkurse besuchen kann. Ich konnte mir auch Zeit nehmen, um mit Freunden einen Verein[1] zu gründen, mit dem wir unter anderem die Wertaussagen des Grundgesetzes für Jugendliche erlebbar machen. Ich für meinen Teil bin sehr zufrieden mit meinen bisherigen Erfolgen. Ab wann hat man eigentlich etwas aus seinem Leben gemacht?

Leistung oder Beitrag, was zählt mehr?

Erfolg definiert sich in unserer Gesellschaft weitgehend über den sozialen Status und viel zu sehr über das Einkommen. »Ob jemand als erfolgreich gilt, das sollte jedoch vielmehr davon abhängen, was er oder sie zur Gesellschaft beiträgt. Und ob dieser Beitrag das Leben anderer Menschen berührt«,[2] findet Friedensnobelpreisträger Yunus Muhammad. Ist die gut betuchte Managerin mit großem Einfamilienhaus »erfolgreicher« im Leben, oder doch der Krankenpfleger, der sich täglich um das Leben vieler Menschen kümmert und sie unterstützt? Egal, wie die Einschätzung anderer ausfällt, wahrscheinlich wünschen sich beide im Grunde Gesundheit, Sicherheit, ein gewisses Maß an Wohlstand und vor allem mehr Zeit. Wie wir alle.

Wir müssen unabhängig von der Meinung anderer klären, was Erfolg für uns bedeutet. Diese Definition hängt mit unserer Zufriedenheit zusammen und umfasst unter anderem den Einklang von Geist und Körper sowie die Bereitschaft, etwas für andere zu tun. Oder war das jetzt doch die Definition von Glück? Also, was bedeutet Erfolg für Sie? Ist es eher finanzielle Belohnung, Lob, Respekt, Statusgewinn oder Begeisterung für die eigene Arbeit? Lebensfreude, besondere Glücksmomente oder eine enge Verbundenheit zu geliebten Menschen? Oder abends mit dem Gefühl ins Bett zu gehen, heute das Beste für Familie, Freunde und die Arbeit oder sogar für die Welt getan zu haben?[3] Wenn Sie in Ihren Augen noch nicht erfolgreich sind, macht das gar nichts. Sie können jederzeit beginnen, der Mensch zu werden, der Sie gerne sein möchten. Nehmen Sie sich dafür ruhig Zeit, denn so gut wie nichts geht von heute auf morgen.

Weil jeder Tag zählt

Seit der Erfindung der mechanischen Uhren vor rund 700 Jahren mussten die Menschen lernen, den Spagat zwischen dieser vorgegebenen Zeit und ihrer biologischen Uhr hinzubekommen. Unser Alltag wird heute kaum noch vom circadianen Rhythmus bestimmt. Das wissen wir bereits aus Kapitel 2: Wir planen häufig, ohne dies in Bezug auf unsere persönlichen Bedürfnisse zu hinterfragen, mal abgesehen von freien Tagen oder Wochenenden. Durch diese Anpassung ist die Beziehung zur Natur und zu uns selbst allmählich verloren gegangen.[4]

Zeitexperiment

Ihre Tätigkeiten im Tagesablauf

Beobachten Sie sich ein paar Tage, sowohl unter der Woche als auch am Wochenende, gerne auch zwei Wochen, um herauszufinden, welche Angewohnheiten Sie haben. So können Sie möglicherweise entdecken, was Sie eventuell noch von Ihrem persönlich definierten Erfolg abhält.

Stellen Sie einen Timer so oft wie möglich – auf jeden Fall abends und am Wochenende – jeweils auf 15-Minuten-Intervalle und notieren dann stichpunktartig, was in der letzten Viertelstunde passiert ist. Die einzelnen Tätigkeiten kennzeichnen Sie mit einem Plus für gute Gewohnheiten, einem Minus für schlechte Gewohnheiten und einem n für neutrale Tätigkeiten, wie Aufstehen, Anziehen, Wäsche aufhängen.[5]

Sie können sich auch notieren, wie Sie sich dabei gefühlt haben, zum Beispiel auf einer Skala von 1 (sehr schlecht) bis 10 (sehr gut). Auf diese Weise können Sie herausfinden, was Sie den ganzen Tag so mit Ihrer Zeit anstellen und wie gut oder schlecht gelaunt Sie dabei sind.

Das habe ich in den letzten 15 Minuten getan	Hatte ich mir vorgenommen, das zu tun?	Bewertung	Wie habe ich mich dabei gefühlt? (1 = sehr schlecht, 10 = sehr gut)
Handy zweimal gecheckt	Nein	–	2
Frischen Minztee gemacht	Ja	+	8
Geschirr abgewaschen	Ja	n	5

Das scheint erst mal wahnsinnig aufwendig und klingt etwas nach radikaler Selbstoptimierung. Es geht bei der Bewertung nicht darum, die Zahlen zu verbessern, sondern den Ist-Zustand besser zu erkennen. Das Nachdenken über Routinen lohnt sich, denn am Ende unseres Lebens werden wir einen Großteil unserer Zeit mit den Aktivitäten verbracht haben, die wir jeden Tag oder zumindest regelmäßig tun. Vor allem diese täglichen Kleinigkeiten können uns persönlichen Erfolg bescheren.

Wenn Ihr Ziel zum Beispiel ist, dass Ihre Wohnung aufgeräumt ist, bringt es nichts, sich nur auf das Ziel zu konzentrieren und ein einziges Mal komplett aufzuräumen, denn schon bald wird wieder Unordnung herrschen. Damit wären Sie nur das Symptom, aber nicht die Ursache angegangen. Um langfristige Erfolge zu erzielen, muss sich etwas auf der systemischen Ebene verändern: Es wäre zum Beispiel hilfreich, jeden Tag ein wenig mehr Ordnung zu halten.[6] Wie Sie wissen, möchte das Faultier immer Energie sparen, daher treffen wir oft automatisierte, gedankenlose Entscheidungen, wodurch wir Zeit unbewusst verplempern. Das ist natürlich vollkommen okay, sollte aber ja nicht immer so sein. Das Faultier fühlt sich sowieso viel wohler, wenn es sich verdiente Ruhe und Auszeit gönnen darf.

Um herauszufinden, was uns wirklich wichtig ist, treten wir nun einen Schritt zurück und werfen einen Blick darauf, ob unsere Tätigkeiten und Gewohnheiten im Tagesverlauf mit unseren Wertvorstellungen übereinstimmen.

Mehr Orientierung, bitte!

Unsere Entscheidungen und unser Verhalten beruhen auf unserem Wertekompass, auf dem all unsere Wünsche, Träume und Ziele basieren (sollten). Die Wertebildung geschieht vor allem über Bezugspersonen wie Eltern oder Erzieher sowie über positive oder auch negative Kindheitserfahrungen. Manchmal sind unsere wahren Werte verdeckt oder mit Gewohnheiten oder Vorstellungen anderer Menschen überlagert. Doch unsere Handlungen und die Gestaltung unserer Zeit sollten unsere persönlichen Werte widerspiegeln.

Denken und handeln Sie nach Ihren Werten? [7]

Zeitexperiment

Notieren Sie, welche Werte Ihnen besonders wichtig sind.
Falls Sie Anregungen suchen: Was wir an Freunden oder Vorbildern bewundern, ähnelt oftmals unseren eigenen Wertvorstellungen. Als Inspiration können auch die Werte der *Bhagavad Gita*, einer hinduistischen Schrift, dienen, wie Dankbarkeit, Furchtlosigkeit, Wohltätigkeit, Ausgeglichenheit, Wahrhaftigkeit oder Mitgefühl für alle Lebewesen.[8]

Im nächsten Schritt überlegen Sie, wo der Ursprung Ihrer wichtigsten persönlichen Werte liegt. Denken Sie dabei an Ihre Eltern oder enge Bezugspersonen: Hatten diese bestimmte Vorstellungen darüber, wie Sie sein oder werden sollten? Sollten Sie sich in einer bestimmten Weise verhalten oder etwas Bestimmtes erreichen? Es kann sehr interessant sein, diese Aspekte bewusst zu beleuchten und zu formulieren.

Stimmen Sie heute noch mit den identifizierten Werten überein oder würde es sich lohnen, Ihre Wertvorstellungen neu zu definieren, sodass sie mit Ihren Lebenszielen besser übereinstimmen?

Meine Werte	Woher kommen sie?	Stimme ich ihnen noch zu?
Empathie	Eltern	Ja
Toleranz	Eltern	Ja. Aber ich habe inzwischen gelernt, dass Toleranz auch Grenzen haben muss.
Anerkennung	Mitschüler	Nein. Natürlich ist sie wichtig, aber in einem ganz anderen Maße als früher vermutet.

Stimmen Ihre Werte und Ideale mit Ihrer Lebenspraxis und damit mit den Prioritäten Ihrer Zeitgestaltung überein? Vielleicht stellen Sie fest, dass es für Sie wertvoll ist, Zeit mit Freunden oder Familie zu verbringen, nur schaffen Sie es im Alltag (noch) nicht so oft, sie zu sehen, oder Sie sind mit den Gedanken oft (noch) woanders, wenn Sie zusammen sind.

So manches Mal geht es gar nicht so sehr um die Dauer, sondern darum, wie intensiv oder abwechslungsreich wir die Zeit erleben. Wenn uns das bewusst ist, fällt es uns leichter, unseren Tag sinnvoll(er) zu gestalten. Weder Wertvorstellungen noch Angewohnheiten lassen sich über Nacht ändern. Es kann aber hilfreich für das weitere Leben sein, den persönlichen Wertekompass zu hinterfragen oder neu auszurichten und sich allmählich von nicht mehr zutreffenden Wertvorstellungen zu lösen. Oder Sie stellen fest, dass Ihre Zukunftsvisionen überhaupt nicht mit Ihren Werten übereinstimmen. Zum Glück lässt sich so gut wie alles mit der Zeit anpassen.

Frühjahrsputz der Gewohnheiten

Mit einem bewussteren Wertekompass können wir leichter einschätzen, was wirklich Bedeutung für uns hat, und dadurch fällt uns das Ersetzen alter Routinen leichter. Jeden Tag, selbst wenn es nur ein paar Minuten sind, können Sie Ihre Routinen, die sich als überflüssig herausgestellt haben, überschreiben. Das geht leichter, wenn man weiß, wie schnell das gehen kann. Wenn man jeden Tag nur 1 Prozent besser wird oder sich in einem Bereich verändert, steigert man sich innerhalb eines Jahres um fast 38 Prozent. Der mathematische Beweis: $1{,}01^{365} = 37{,}78$. Das ist die Magie des Zinseszinses oder des exponentiellen Wachstums. »So funktioniert Wissen. Es baut sich nach und nach auf, wie Zinsen«, sagte auch schon der erfolgreiche Investor Warren Buffett.[9]

Aussortieren und neu etablieren

Zeitexperiment

Gehen Sie noch einmal die Routinen durch, die Sie im Zeitexperiment »Ihre Tätigkeiten im Tagesablauf« ausfindig gemacht haben.

Überlegen Sie, welche davon Sie gerne beibehalten und wie viel Zeit Sie dafür aufwenden wollen. Vielleicht finden Sie auch heraus, dass Sie manche Tätigkeiten auf andere Tageszeiten verlegen wollen, statt sie abzuschaffen, etwa Social-Media-Aktivitäten, die Nutzung von Streaming-Diensten et cetera.

Ersetzen Sie alte, nicht mehr benötigte Angewohnheiten mit neuen. Wenn Sie mögen, können Sie jeden Tag eine kleine Extraaufgabe einbauen, in die Sie nur ein paar Minuten investieren müssen, um etwas Neues dazuzulernen, sich ein bisschen zu verbessern oder zu ändern. Egal, ob Sie regelmäßiger Ordnung halten, Klavierspielen, Ihre Fremdsprachenkenntnisse aufpäppeln oder sich in einem Verein einbringen möchten.

Wenn Sie immer noch der Meinung sind, Ihre Zeit würde schlicht nicht ausreichen, machen Sie ein kleines Experiment, wie es Rolf Dobelli in seinem Buch *Die Kunst des digitalen Lebens* vorschlägt: Lassen Sie den täglichen Konsum von Nachrichten weg. Die wichtigsten Nachrichten bekommen Sie über Ihr soziales Umfeld sowieso mit und sparen Zeit. Lesen Sie in der Hälfte der gewonnenen Zeit stattdessen lieber Bücher zu Themen, die Sie wirklich interessieren. Das spart Zeit und Sie gewinnen mehr Wissen!

Spieglein, Spieglein an der Wand: Wer hat den schönsten Job im ganzen Land?

Wer hierzulande gerne seinen Beruf ausübt, kann sich glücklich schätzen, denn fast jeder Vierte in Deutschland geht unmotiviert zur Arbeit, wie eine Studie Anfang 2020 ergab. Damit liegen die Bundesbürger auf dem Spitzenplatz der lustlosen Arbeitnehmer, knapp gefolgt von den Briten.[10] Länder, in denen Arbeitnehmer über mehr Entscheidungsfreiheit und flexible Arbeitszeiten verfügen, schneiden viel besser ab, was die Zufriedenheit im Beruf betrifft.

Sind Sie mit Ihrem Berufsleben nicht glücklich, muss das nicht der Weg in die innere oder reale Kündigung sein. Wer an einem Thema besonders interessiert ist, kann zunächst auch in der Freizeit einen Blog oder einen Podcast starten oder sich zunächst nebenberuflich ein zweites Standbein aufbauen. Viel ausprobieren hilft viel. Vielleicht bringt im Urlaub ein kurzes Praktikum in einem Zoo neue Ideen und führt dazu, die Liebe zu Tieren zu entdecken. Dies könnte der Start zu einer neuen Ausbildung oder einem Studium sein.

Mit 40 Jahren Tiermedizin studieren oder etwas ganz anderes im Leben machen – warum nicht? Wer bereits in Rente ist, kann die Zeitrechnung auf Null setzen und überlegen, was sie oder er – so frisch und jung geblieben – jetzt so alles anstellen möchte, wenn viele Türen wieder offenstehen. Manche machen noch mit 97 Jahren ihren Master-Abschluss! Oder Sie genießen einfach in vollen Zügen, dass alles so ist, wie es ist.

Während Sie an Ihrem Traumberuf arbeiten und die Rente noch in weiter Ferne liegt, können im Berufsleben auch die alltäglichen Zeitfresser die Arbeit ganz schön nervig gestalten. Sie können aber lernen, mit diesen besser umzugehen – und zwar sofort!

Zeitüberschuss als Zeitfresser

Es klingt total merkwürdig, aber wenn uns zu viel Zeit zur Verfügung steht, brauchen wir auch mehr Zeit, um unsere Aufgaben zu erledigen. »Arbeit dehnt sich in genau dem Maß aus, wie Zeit für ihre Erledigung zur Verfügung steht«, so lautet das *Parkinsonsche Gesetz*.[11] Der Grund: Uns berührt emotional stärker, was unmittelbar bevorsteht. Deshalb legen wir oft erst richtig los, wenn eine Deadline näher rückt, statt bereits Wochen oder gar Monate zuvor zu beginnen. Erst dieser Druck bringt uns – und unser Faultier – ins Handeln.

Zeitexperiment

Das gemütliche Faultier austricksen

Sie können versuchen, sich zu überlisten, indem Sie Ihre Termine möglichst glaubwürdig in der Vorstellung für sich vorverlegen. Schaffen Sie dazu persönliche Deadlines und markieren und blocken Sie am besten auch schon Zeitfenster, in denen Sie an diesem Projekt arbeiten wollen. Dann fangen Sie schon früher an, aber ohne allzu großen Zeitdruck.

Bei vielen Menschen funktioniert das hervorragend, mir selbst gelingt das nicht so gut. Was mir hingegen hilft, ist eine Sanduhr. Der verrinnende Sand neben mir bringt mich im Jetzt dazu, etwas für eine noch weit in der Zukunft liegende Deadline zu tun. Und ich erledige sogar mehr in kürzerer Zeit und bin sogar glücklicher, weil ich ohne Ablenkung an dem arbeite, was ich mir vorgenommen habe. Meine Biene ist offenbar Sanduhren-Fan! Mein Faultier kann mittlerweile auch gut damit leben.

Sie können auch in manchen Fällen die Vorlaufzeit für sich arbeiten lassen, bevor Sie richtig mit der Arbeit loslegen. Vermutlich haben Sie es schon erlebt, dass Sie einen ganzen Tag über einem Problem gegrübelt haben und ein paar Nächte später die Lösung plötzlich einfach da war. Der Grund: Ihr Gehirn sucht – bewusst und unbewusst – auf alle Fragen eine Antwort und vergisst eine Aufgabe oder ein Problem erst, wenn es eine Lösung gefunden hat.

Beantworten Sie jetzt bitte *nicht* die folgende Frage: Wie viele Stühle stehen an Ihrem Esstisch? Die Zahl taucht trotzdem in Ihrem Kopf auf, stimmt's? Denken Sie an den herausfahrbaren Bildschirm an der Spitze des Achterbahnwaggons aus Kapitel 6 zurück, auf dem die Insassen die Zukunft planen. Das Unterbewusstsein ist dieser Bildschirm, nachdem er wieder eingefahren wurde. Für jede Frage bleibt ein Fenster auf dem Bildschirm offen, wie bei einem Internetbrowser, und schließt sich erst, wenn die Aufgabe gelöst wurde. Ist dies der Fall, taucht der Bildschirm plötzlich wieder auf und präsentiert dem Papagei die Antwort.

Die unbekannte Ressource – das Unterbewusstsein

Zeitexperiment

Nehmen Sie sich ein oder zwei Wochen, bevor Sie mit konkreten Schritten eines Projekts beginnen wollen, eine Viertelstunde Zeit, um sich Notizen zu Ihren Vorkenntnissen zu machen. Oder legen Sie eine Mindmap an, um Ihre Gedanken zur Struktur des Projekts zu ordnen. Stellen Sie dabei die noch ungelösten Fragen hinsichtlich Ihres Projekts zusammen. Ihr Gehirn wird sich im Anschluss dieser Fragestellungen annehmen, ohne dass Sie weitere Zeit investieren müssen.[12]

Halten Sie stets entweder eine digitale oder analoge Notizmöglichkeit bereit, sodass Sie auftauchende Ideen jederzeit »extern« ablegen können. Auf Ihrem Bildschirm sind dadurch weniger Fenster gleichzeitig offen, was Energie spart, Sie entlasten dadurch also Ihr Gehirn. Schauen Sie einmal pro Woche in Ihre Notizen, das darf auch ein fixer Termin sein. Sonst haben Sie zwar alles aufgeschrieben und damit externalisiert, aber vergessen trotzdem alles wieder.

Zeitmanagement als Zeitfresser

Wir haben schon gehört, dass Zeitmanagementmethoden gar nicht so effektiv sind, aber irgendeinen Rahmen brauchen wir ja, um Klarheit zu haben und ein stabiles Gerüst, in dem wir uns dann frei bewegen können. Erinnern Sie sich noch an den Jongleur im Zirkus, der viele Teller gleichzeitig im Auge haben muss? Wir brauchen ein ähnliches System, um Klarheit und Fokus zu haben.

Beim klassischen Zeitmanagement ist es entscheidend, die Bedeutung der zu bearbeitenden Aufgaben zu erkennen. Es gibt einige, die sofort, und andere, die mittelfristig bis langfristig zu erledigen sind. Diese Einstufung sollte demnach bei der Aufstellung eines Zeitplans als Erstes berücksichtigt werden. Danach folgt die wochen- oder tageweise Planung. So weit, so gut. Doch wir kennen alle den Haken: Selbst wenn wir einige Widrigkeiten einplanen, irren wir uns meistens in der veranschlagten Arbeitszeit – der klassische Planungs-Trugschluss (siehe Kapitel 1).[13] Sie können daher locker bei der Projektplanung die benötigte Zeit verdoppeln. Wenn es dann doch zügiger geht, genießen Sie Ihr Erfolgserlebnis umso mehr. Und wie Sie mit einem Zeitüberschuss besser umgehen, wissen Sie bereits: die Gegenwart genießen oder an der Zukunft basteln.

Statt einen minutiösen Zeitplan für die Umsetzung zu machen, ist es effizienter, die Aufgaben zu priorisieren und dabei die Zeit zu begrenzen, zum Beispiel mit einem Timer oder einer Sanduhr, die 30 oder 60 Minuten läuft. Nutzen Sie das Parkinsonsche Gesetz, indem Sie spielerisch versuchen, Ihre Aufgabe in der vorgegebenen Zeit zu bewältigen. Auch eine Not-do-to-Liste kann helfen: Schreiben Sie auf, was Sie *nicht* während der Arbeit tun möchten: soziale Netzwerke aufrufen, Nachrichtenseiten checken oder sofort E-Mails anschauen, die reinkommen. Was aber unbedingt im Plan stehen sollte, sind Pausen! Legen Sie diese am besten zuerst fest.

Der Autor Rory Vaden spricht in seinem TEDx-Talk darüber, wie man seine Zeit multiplizieren kann, indem man sich im Jetzt fragt: »Was kann ich heute tun, damit ich morgen mehr Zeit habe?« Dabei geht es ihm insbesondere darum zu überlegen, was *nicht* zu tun ist.

Es geht um die Erlaubnis, so einiges ignorieren oder abgeben zu dürfen.[14] Für ihn gibt es nämlich kein Zeitmanagement, sondern nur *Selbstmanagement*.

Ihre persönliche Zeitmultiplikation

Zeitexperiment

Alles, wozu Sie heute Nein sagen, verschafft Ihnen mehr Zeit für morgen. Dabei gilt: Wenn Sie zu etwas Ja sagen, sagen Sie gleichzeitig Nein zu vielen anderen Dingen. Dabei helfen Ihnen folgende Fragen, um Schritt für Schritt Ihre To-do-Liste auszusortieren:

1. Muss ich die Aufgabe überhaupt erledigen? Lohnt sich das?
Bei einem Nein wandert die Aufgabe rigoros in den Papierkorb oder zurück auf die To-do Liste, wenn Sie sich noch nicht endgültig von ihr trennen können. Sie sollten damit Ihre Zeit in jedem Fall nicht verschwenden. Wenn Sie mit Ja antworten, gehen Sie zur nächsten Frage.

2. Lässt sich die Aufgabe automatisieren? Wenn ja, erstellen Sie den dafür nötigen Automatismus, zum Beispiel Online-Überweisungen immer nur Freitag abends vornehmen oder Bankeinzüge erlauben. Wenn nicht, wandert die Aufgabe weiter in die nächste Entscheidungsrunde.

3. Kann ich die Aufgabe delegieren? Kann ich jemandem beibringen, wie das geht? Indem Sie Aufgaben delegieren oder jemanden anleiten, schaffen Sie sich auf lange Sicht mehr Zeit. Können nur Sie selbst sich um die Erledigung kümmern, folgt für die verbleibenden Aufgaben nun die finale Entscheidung.

4. Muss die Aufgabe jetzt erledigt werden? Wenn ja, erledigen Sie die Aufgabe sofort oder möglichst bald – legen Sie hierfür einen Termin fest. Wenn nicht, darf diese Aufgabe absichtlich prokrastinieren und wird später neu geprüft, durchläuft also erneut diese vier Fragen.[15]

Wir sind oft so sehr mit Aufgaben oder Anfragen beschäftigt, die von außen an uns herangetragen werden, dass wir unsere Kernaufgaben hintanstellen. Priorisieren Sie ab sofort Ihren Output. Starten Sie mit Ihren wichtigsten Aufgaben und schenken Sie dem Input erst danach wieder Aufmerksamkeit. Bevor Sie E-Mails beantworten, kümmern Sie sich zuerst um die, die Sie schreiben möchten. Checken Sie Ihre E-Mails nur zweimal am Tag, am besten mittags und kurz vor Feierabend. Hilfreich ist es, die E-Mail-Benachrichtigung auszustellen, um nicht unnötig abgelenkt zu werden. Falls etwas Dringendes eingetroffen ist, das Sie nicht sofort lösen können, machen Sie sich eine Notiz für den nächsten Tag – Sie wissen ja, Ihr Gehirn denkt unterbewusst mit und arbeitet für Sie!

Zeitfresser Multitasking

Manchmal kann Zeitdruck dazu führen, dass wir am liebsten alles gleichzeitig erledigen wollen. Springen wir aber zwischen Aufgaben hin und her, erhöht sich der Zeitaufwand um etwa 40 Prozent. Nur fällt uns das meistens nicht auf, da wir das Gefühl haben, total produktiv zu sein. Multitasking senkt selbst die Leistung eines Harvard-Studierenden auf das Niveau von Achtjährigen.[16] Wir sind effektiver, wenn wir dranbleiben und nicht andauernd unterbrochen werden.

Als zeitliche Richtlinie hat sich das *52/17-Schema* herausgestellt:[17] Es besagt, dass wir etwa 52 Minuten voll konzentriert an unserem »priorisierten Herzensprojekt« arbeiten und anschließend 17 Minuten lang leichtere Aufgaben möglichst abseits des Schreibtisches erledigen, wie Telefonate führen. Spätestens nach dieser Phase, sollten wir kurz aufstehen. Erscheinen Ihnen 52 Minuten zu lang, machen Sie immer nach 25 Minuten eine kurze Pause – diese Vorgehensweise ist als *Pomodoro-Technik* bekannt. Wenn Sie mal gar nicht vorankommen, ist es natürlich kein Problem, die Hauptaufgabe zu wechseln. Legen Sie den Fokus darauf, in dem von Ihnen festgelegten Zeitrahmen mehr Freiheit zu finden, und machen Sie spätestens nach zwei Stunden eine längere Pause. Sonst wird's stressig für das Hirn.

Stress als Zeitfresser

Stress ist an sich kein Problem, sondern nur eine Erhöhung der Körperaktivitäten aufgrund äußerer Reize, die uns in Alarmbereitschaft versetzen. Bewältigen wir solche temporär auftretenden Stresssituationen gut, trägt das sogar zu unserem Wohlbefinden bei, zudem machen uns Herausforderungen stärker.[18] Zum Problem wird Stress erst, wenn er dauerhaft ist. Umso wichtiger ist es, das zu erkennen. Die Lösung ist, Pausen einzuplanen und diese wirklich zur Entspannung zu nutzen.

In Stressmomenten springt unser limbisches System an und stoppt unseren präfrontalen Cortex und damit unser logisches Denken: Unser Korallenfisch sitzt allein auf dem letzten Platz im Achterbahnwaggon, während der Papagei vorne seinen Gaga-Tanz aufführt und alle anderen verrückt macht. Damit ist keinem geholfen.

Erkennen Sie Stress sofort!

Um Stress möglichst früh zu erkennen, achten Sie auf körperliche Anzeichen und beobachten Sie die Situation: Fühlen Sie sich gerade überfordert? Nehmen Sie die Sache womöglich gerade zu ernst? Indem Sie sich Ihre Emotionen bewusst machen und diese benennen, können Sie viel schneller die Stimmung wechseln und die Situation neu bewerten (siehe Kapitel 8).

Wir wissen bereits, wie der Hase läuft. Wenn Sie merken, dass Sie bei einer Aufgabe in Stress geraten, machen Sie eine kurze Pause, achten Sie auf Ihren Atem oder stellen Sie sich an ein offenes Fenster und blicken in die Ferne. Durchatmen hilft oft!

Dann überlegen Sie sich wieder sofort fünf Lösungsmöglichkeiten, so absurd sie auch scheinen mögen, aber Sie brauchen jetzt Ihren Korallenfisch. Entscheiden Sie sich für die realistischste Lösung und erstellen Sie einen einfachen, schrittweisen Arbeitsplan. So können Sie sich auf die jeweils anstehende Aufgabe konzentrieren und aus Ihrem Gedankenkarussell ausbrechen.

Zeitexperiment

Wir sind meist überdiszipliniert, was unsere Arbeit angeht, opfern manchmal sogar unsere Freizeit dafür. In einer Studie von 2018 gaben zwei Drittel der Befragten an, dass sie sich in ihrer freien Zeit mit etwas beschäftigten, das eigentlich ihrer Arbeitszeit zuzurechnen gewesen wäre.[19] Wenn es um unser eigenes Wohl geht, sieht das meist ganz anders aus.

Der Psychologe Mark Williams hat herausgefunden: Gerade in stressigen Zeiten neigen wir dazu, das wegzulassen, was uns Freude bereitet und unsere Stimmung hebt.[20] Wir verzichten also auf alles, was uns Spaß macht, weil andere Dinge vermeintlich Vorrang haben: Probleme im Job, Abgabefristen, wichtige Familienangelegenheiten et cetera. Nach dem Motto »Erst die Arbeit, dann das Vergnügen«. Für Letzteres ist vielleicht später noch Zeit – außer es kommt mal wieder etwas Wichtigeres dazwischen.

Dabei könnten wir viele unserer Pflichten viel leichter und mit weniger Stress erledigen, wenn wir uns angenehmen Dingen nicht verwehren, wie im Chor singen, Bilder malen, Freunde treffen, den Lieblingssport ausüben, meditieren oder einfach nur entspannen. Lassen Sie also auch Ihre Freizeit nicht unbeaufsichtigt! Was wollen Sie wirklich damit anstellen? Streichen Sie keine Tätigkeiten mehr aus Ihrem Kalender, die Sie lieben! Ja, Hobbys kosten Zeit, aber sie steigern Ihr Wohlbefinden. Nehmen Sie sich die Zeit dafür – allein oder mit Menschen, die Sie mögen.

Der Weg zu subjektivem Wohlbefinden

Unentwegt zu arbeiten, um mehr zu verdienen, um dann mehr Zeit zu haben, ist nämlich leider ein Trugschluss und demnach keine Lösung. Es gibt einige Studien, die belegen, dass mit einem Anstieg des Status und der Ressourcen der Zeitstress weiter zunimmt: Wer über so viel Geld verfügen kann, dass er sich jeden Wunsch erfüllen will, gerät demnach bei der Realisierung sehr schnell in Zeitschwierigkeiten.[21] Reiche Menschen fühlen größeren Zeitdruck – und das unabhängig von ihrem Job. Sie haben sogar kaum Zeit, wenn sie gar keiner Erwerbstätigkeit nachgehen. Einige sind trotzdem im Dauerstress, zumindest fühlen sie sich mehr als andere vom Termindruck geplagt.[22]

Bestimmt haben Sie auch schon davon gehört: Geld macht zwar glücklich, aber nur bis zu einem bestimmten Betrag. Bei etwa 80 000 Euro Bruttoeinkommen pro Jahr ist Schluss. Die Psychologen Ed Diener und Martin Seligman fanden heraus, dass selbst das Vermögen eines Multimilliardärs nicht die ultimative Lebenszufriedenheit bringt. Die 400 vermögendsten US-Amerikaner ordneten sich auf einer Skala von 0 bis 7 nur um 0,1 Punkte zufriedener ein als die Massai in Ostafrika, die ohne fließendes Wasser und ohne Strom auskommen, aber von keiner existenziellen Not betroffen sind. Die reichsten Amerikaner lagen bei erstaunlichen 5,8 Punkten.[23]

Der Psychologe Daniel Kahneman interessierte sich nicht nur für das subjektive Wohlbefinden, sondern auch dafür, wie es sich mit dem in Echtzeit empfundenen Glück verhält. Er befragte Menschen zu unterschiedlichsten Tageszeiten, wie sie sich gerade fühlten. Überraschenderweise konnte er zwischen Arm und Reich keine statistisch relevanten Unterschiede feststellen. Menschen fühlen sich also *unabhängig vom Einkommen* im Alltag ziemlich gleich glücklich, wenn sie spontan zu ihrem aktuellen Befinden befragt werden. Signifikant anders stellte sich jedoch die Relation zwischen Wohlstand und negativen Gefühlen dar, was Kahneman gar als mitunter »pervers« bezeichnete: Je höher das Einkommen und damit der Wohlstand war, desto häufiger hatten die Leute mit negativen Gefühlen wie Wut, Feindseligkeit, Angst oder unangenehmer Stimmung zu kämpfen.[24] Klingt gar nicht so erstrebenswert. Ein wenig mehr Geld ist aber nützlich, denn wer sich freie Zeit durch Hilfe im Haushalt oder Garten »erkaufen« kann, wird nachweislich zufriedener.[25] Stefan Klein, der Autor von *Die Ökonomie des Glücks*, findet: »Reiche mögen zufriedener als ihre weniger gutverdienenden Mitbürger sein, glücklicher sind sie nicht.«[26]

Der menschliche Zufriedenheits-Cocktail

Was Erfolg und wahrer Reichtum ist, darf glücklicherweise jede und jeder für sich selbst herausfinden. Es kann sehr aufschlussreich sein, sich über die Dinge klar zu werden, die am ehesten zu Zufriedenheit führen. Es gibt zwei ausschlaggebende Faktoren, die für das subjektive Wohlbefinden, also für unsere Zufriedenheit von Bedeutung sind, wie Studien weltweit belegen: Empathie und Selbstbestimmung. Unsere Zufriedenheit steigt in dem Maß, in dem wir selbst über unsere Arbeitszeit bestimmen können. Wenn uns das Wohl unserer Mitmenschen am Herzen liegt, führt dies langfristig zu einem noch größeren Wohlbefinden.[27]

Ein Experiment des Neurowissenschaftlers Matthew Lieberman zeigt, dass uns auch Fairness glücklicher macht. Einem Probanden wurde dabei vom Versuchsleiter mitgeteilt, eine zweite Versuchsperson habe Geld bekommen und nun die Aufgabe, dieses zwischen ihnen beiden aufzuteilen. In der ersten Runde hieß es, die andere habe 1 Dollar erhalten und würde davon 50 Cent abgeben. In der zweiten Runde erfuhr die Testperson, sie werde 7 Dollar erhalten, obwohl 22 Dollar zum Teilen vorhanden waren. Was machte die Teilnehmenden der Studie glücklicher? Tatsächlich die 50 Cent, die in ihren Augen fairer verteilt wurden. Das bestätigte sich sogar in Hirnscans der Probanden: Sie zeigten eine höhere Aktivität in den Bereichen, die für Glück verantwortlich sind.[28]

Subjektives Wohlbefinden beinhaltet also auch das Gerechtigkeitsempfinden und ist somit auf andere Personen ausgerichtet. Viel zufriedener als Gewinnmaximierung machen uns Fairness, Gemeinschaft, Kooperation und die Möglichkeit, über unsere Arbeitszeit zumindest mitbestimmen zu können. Die sozialen und moralischen Bedürfnisse jedes Einzelnen sind demnach nicht zu unterschätzen, wenn wir etwas Sinnvolles mit unserer Zeit anfangen möchten.[29]

Wertvolle Zeit

Wertvolle Zeit erleben wir, wenn wir über Strategien verfügen, um Krisen und Probleme zu lösen. Oder wir erleben sie, wenn wir Probleme gerne lösen, obwohl das anstrengend ist, wenn wir unsere Arbeit lieben, weil wir zum Beispiel etwas herstellen, das jemandem hilft, wenn unser Job mit unseren Wertvorstellungen übereinstimmt, oder wenn wir etwas tun, das uns Spaß macht, und im Blick behalten, was uns guttut. In diesen Fällen ist unsere Energie so hoch, dass unsere intrinsische Motivation uns mit Leichtigkeit über die Hindernisse des Tages schiebt.

Dabei haben wir vor allem eine Verantwortung uns selbst gegenüber, auch wenn uns geliebte Menschen oder unser Job wichtiger sind: Eigenverantwortung und Selbstliebe bedeuten, dass wir gut auf uns achten, freundlich und ehrlich mit unseren Gedanken und unserem Körper umgehen. All das führt zu mehr Freiheit für uns, für andere und für unseren Umgang mit der Zeit. Wenn wir Selbstwirksamkeit und Zufriedenheit erfahren, sind wir leichter in der Lage, gegen Ungerechtigkeiten vorzugehen oder unsere eventuellen Privilegien zu nutzen, beispielsweise um anderen zu helfen, uns für mehr Nachhaltigkeit einzusetzen oder die Welt ein bisschen gerechter zu machen. Erst wenn wir uns genug um uns selbst kümmern, haben wir genug Kraft, etwas für andere zu tun. Andersherum kann etwas, das wir für andere tun, uns selbst noch mehr Energie und Erfüllung geben. Und das kann uns wiederum glücklicher und die gemeinsam verbrachte Zeit mit anderen sinnvoller machen. Doch warum wollen wir überhaupt so gerne Zeit mit anderen Menschen verbringen?

Ihre Zeit besser verstehen und anders erleben

- ✓ Was wir heute Tag für Tag tun, beeinflusst unsere Zukunft mehr als uns das wahrscheinlich bewusst ist.
- ✓ Klarheit über unsere Definition von Erfolg hilft dabei, unsere Zeit genau dafür einzusetzen.
- ✓ Wenn wir über einen klaren Wertekompass verfügen, fällt es uns leichter, gute Entscheidungen zu treffen.
- ✓ Wenn wir jeden Tag nur 1 Prozent besser werden, verbessern wir uns im Jahr um etwa 38 Prozent.
- ✓ Flexible Arbeitszeiten und eine gute Zusammenarbeit im Team erhöhen das subjektive Wohlbefinden.
- ✓ Wie können Sie konkret jeden Tag mehr Entspannung in Ihren Alltag bringen? Legen Sie besonderes Augenmerk auf die systemische Ebene. Kleine Schritte jeden Tag führen Sie vielleicht ganz allein zu Ihrem Ziel oder darüber hinaus.

Kapitel 10

Geteilte Zeit, vielfaches Glück

»Erst wenn wir nicht mehr gezwungen sind,
mit den Augen der anderen auf uns zu blicken,
sind wir frei.«

Kübra Gümüşay

Der Einfluss der anderen auf mich und meine Zukunft

Eigentlich glaube ich nicht an Hypnose. Aber aus einem Impuls heraus habe ich den kostenlosen Online-Kurs angeklickt, der in meiner Timeline aufpoppte. Es soll darum gehen, die Angst vor Ablehnung aufzulösen – eine unserer größten Ängste, wie ich erfahre. Ich sitze auf meinem cremefarbenen Teppich im Schneidersitz, schließe dann die Augen und schaue nach oben, als ob ich in meine Augenbrauen blicken würde. Das hat offenbar den Zweck, in einen REM-Zustand zu kommen, in dem sich die Augen schnell bewegen, und tatsächlich spüre ich es, wenn ich meine geschlossenen Lider sanft berühre. Nach kurzer Zeit darf ich die Augen wieder entspannen. Hypnotisiert fühle ich mich nicht, nehme aber eine Form der Entspannung wahr.

Nun soll ich gedanklich an Orte meiner Kindheit zurückkehren, wo ich in irgendeiner Form von anderen verletzt wurde – also in eine Zeit, in der die Meinung anderer so wichtig war, dass mich diese Erlebnisse bis heute unbewusst beeinflussen könnten. Mir fällt tatsächlich eine Situation ein, an die ich lange nicht mehr gedacht hatte: Ich habe früh angefangen, Geige zu spielen. Nach einem Konzert fragte mich ein Mädchen, wie es denn im Kinderorchester so sei. Ich beantwortete ihre Frage, und da ich gerade erfahren hatte, dass ich ins Jugendorchester wechseln durfte, erzählte ich ihr auch ganz stolz davon. Hinter der Bühne hörte ich meine Sitznachbarin aus dem Kinderorchester verächtlich sagen: »Boah, die Christiane ist so arrogant! Die gibt voll an, dass sie jetzt ins große Orchester darf.«

Diese Worte haben mich offenbar sehr getroffen, stelle ich rückblickend fest. Ab diesem Moment war es für mich keine Option, in der Schule und überhaupt in etwas sehr gut zu sein. Mir selbst war das damals gar nicht bewusst. Ich dachte: Ich bin einfach unglaublich faul. Schon verrückt, dass eine einzige, scheinbar harmlose Situation so viel Einfluss auf mein Leben nehmen konnte.

Kein Mensch ist eine Insel

Wie wir anderen gegenübertreten, hängt unter anderem von unserem Selbstwertgefühl ab, denn wir sind darauf »konditioniert, unseren Selbstwert durch den Spiegel der anderen zu erfahren«, schreibt Stefanie Stahl in dem Buch *Dein inneres Kind muss Heimat finden*.[1] Im besten Falle unterstützen und inspirieren wir uns gegenseitig. Doch die Menschen, die wir am meisten mögen, sind gleichzeitig meistens auch diejenigen, die uns am schwersten verletzen können. Unbekannte können uns auf Social Media beleidigen und das tut weh, auch uns bekannte Personen können mit einem Satz unser Selbstbild erschüttern. Unsere Entwicklung ist stark von der sozialen, emotionalen und intellektuellen Kompetenz unserer Bezugspersonen und im Besonderen von deren Empathie abhängig. Daher ist es von großer Bedeutung, in welchem Umfeld wir groß werden und mit welchen Menschen wir uns umgeben.

Wir sind soziale Lebewesen, andere Menschen sind unentbehrlich für uns. Alle Menschen, mit denen wir viel Zeit verbringen, beeinflussen demnach uns, unser Wertesystem und unsere Vorstellung von der Welt. Unsere Erbanlagen haben natürlich Einfluss auf unsere Persönlichkeit. Introvertierte Menschen erholen sich zum Beispiel alleine besser, sie sind schneller erschöpft, wenn sie Zeit mit anderen verbringen als Extravertierte. Während Letztere gut beim Sprechen nachdenken können und Energie im Zusammensein mit anderen tanken, überlegen Introvertierte tendenziell erst kurz, bevor sie sprechen.[2] Auch Eigenschaften wie Emotionalität, Anpassungsfähigkeit und Impulsivität scheinen bis zu einem gewissen Grad in unseren Genen verankert zu sein.[3] Doch wie wir uns entwickeln und wie sich unsere Persönlichkeitsmerkmale ausprägen, ist stark von Faktoren wie Erziehung, Erfahrungen, Ausbildung und dem sozialen Umfeld geprägt. Als Kind passen wir uns den Verhaltensweisen und Vorstellungswelten der Erwachsenen an, mit denen wir aufwachsen und viel Zeit verbringen. Als Jugendliche orientieren wir uns vor allem an den Denk- und Verhaltensweisen unserer *Peer-Groups*, also den Gruppen, zu denen wir gerne gehören (wollen). Dabei können wir uns aber auch von unserem Denken, Fühlen und Handeln, das uns ursprünglich prägte, entfernen.[4]

Wie mit der Zeit aus Wir ein Ich und wieder ein Wir wird

Kinder lernen, sich durch sogenanntes *Imitationslernen* den Gepflogenheiten der Gemeinschaft anzupassen.[5] Sie ahmen andere nach und spielen Situationen immer wieder durch, sodass sich diese Aktivitätsmuster im Gehirn festigen. Schwierigkeiten treten häufig auf, wenn Kinder wenig Empathie erfahren, denn sie möchten ihre Eltern oder andere Bezugspersonen stolz machen und von ihnen geliebt werden. Sie suchen die Fehler in der Folge bei sich, verurteilen sich selbst und beginnen unter Umständen sogar, ihre Bedürfnisse oder Gefühle zu unterdrücken. Das kann dazu führen, dass sie später einmal so leben, wie andere es von ihnen erwarten, statt ihren eigenen Wünschen und Träumen zu folgen. Umso wichtiger ist es, diesen Strukturen aus der Kindheit nachzugehen, denn Selbstreflexion führt zu einem deutlich besseren Verhältnis nicht nur mit uns selbst, sondern auch zu unkomplizierteren zwischenmenschlichen Beziehungen.

Sobald wir das Licht der Welt erblicken, hängt unser Leben zunächst von der Zuneigung unserer Bezugspersonen ab, und in den ersten Jahren bildet sich unser Ur- und Selbstvertrauen aus. Schon als Kleinkind bauen wir zu unseren engsten Vertrauten ein unbestimmtes, aber starkes Wir-Gefühl auf, und so sind unsere ersten Wörter meist »Mama«, »Papa« oder die Namen anderer Bezugspersonen. Erst dann lernen wir unseren eigenen Namen und erkennen unser Ich, das auf dem Wissen basiert, das wir durch andere über uns gelernt haben.

In der frühen Kindheit entstehen unsere *Glaubenssätze* und unbewusst entwickeln sich Selbstschutzstrategien wie das Streben nach Harmonie, Perfektion, Macht oder Kontrolle oder das Unterdrücken von Emotionen, die uns später das Miteinander erschweren können.[6] Oft erst im Alter von etwa sechs Jahren verwenden Kinder das Wort »Wir«, das weitaus komplexer ist als das Ich-Bewusstsein. Dieses Wir-Bewusstsein entsteht, wenn wir in der Lage sind, die Zusammengehörigkeit der eigenen Familie, einer entsprechenden Altersgruppe oder anderen Gemeinschaften zu erkennen und uns ihr verbunden fühlen. Je stärker sich dieses Wir über das sich von anderen Gemeinschaften Trennende definiert, desto größer wird das Wir-Gefühl innerhalb der eigenen Gruppe – und umso schwieriger wird es später, sich in andere Gruppen oder Lebenswelten hineinzuversetzen oder sich sogar mit ihnen verbunden zu fühlen.

Einigen Menschen, etwa Künstlerinnen oder Abenteurern, fällt es leichter, aus den gewohnten Lebenswelten auszubrechen, statt sich nur innerhalb der Muster und Normen ihrer eigenen Gruppe aufzuhalten. Sie wollen die Welt neu entdecken oder gestalten. Auch Unternehmer denken oft in ganz neuen Bahnen, wenn sie eine Branche revolutionieren, die Welt verbessern, den Mars besiedeln oder wie Steve Jobs eine Delle ins Universum schlagen wollen. [7]

Die Gruppe als Taktgeber

Wir verbringen viel Zeit mit anderen Menschen, und wie sie sich fühlen, kann Einfluss darauf haben, wie glücklich wir unsere Zeit verbringen, denn Gefühle können ansteckend sein. Eine Langzeitstudie über 20 Jahre in Massachusetts zeigte zum Beispiel, dass sich sowohl Glück als auch Niedergeschlagenheit innerhalb gesellschaftlicher Gruppen ausbreiten können. Wenn eine befreundete Person im Umkreis von weniger als zwei Kilometern lebt und sich glücklich fühlt, ist demnach die Wahrscheinlichkeit, dass auch wir uns glücklich fühlen, um 25 Prozent höher. Wohnt sie noch näher, steigt dieser Wert weiter an.[8]

Der Psychologe Robert Levine, der uns schon in Kapitel 8 begegnet ist, untersuchte in den 1990er-Jahren, ob Gesellschaften ihre eigene Zeit haben, indem er verglich, wie schnell Leute gingen, wie rasch man auf dem Postamt bedient wurde und wie genau die öffentlichen

Uhren in den von ihm untersuchten 31 Ländern tickten – das alles nannte er *Lebenstempo*. Die Schweiz landete dabei »als Schnellste« auf dem ersten Platz, gefolgt von Irland und Deutschland. Die »langsamsten« Länder waren Brasilien, Indonesien und Mexiko.[9]

Auch unser individuelles Arbeitstempo wird davon beeinflusst, ob wir allein oder in der Gruppe arbeiten. Diesen Effekt des »Mitreißens« untersuchte die Sozialpsychologin Janice Kelly, indem sie Testpersonen bat, zunächst allein Buchstabenrätsel zu lösen.[10] Währenddessen gab es unterschiedliche Zeitvorgaben. Wenn es recht zügig gehen sollte, waren sie anfangs zwar nicht begeistert, gewöhnten sich aber ziemlich schnell an das Tempo, sodass ihnen sogar langweilig war, wenn die Geschwindigkeit später wieder gedrosselt wurde. Waren mehrere Personen im Raum, bestärkten sich Teams gegenseitig, und je größer die Gruppe war, desto stärker war dieser Effekt. Wer vom Tempo abwich, galt sogar schnell als Außenseiter. Das bedeutet: Gibt jemand innerhalb einer Gruppe ein höheres Tempo vor, passen sich die Teammitglieder an. Diese Beschleunigung stoppt erst, wenn so viele mit den Aufgaben nicht mehr nachkommen, dass ein Großteil nicht mehr erledigt werden kann. Sind wir allein, geben wir viel schneller auf, als wenn wir von einer Gruppe mitgezogen werden, weil wir im Vergleich nicht zurückfallen möchten.[11]

Gesellschaftliche Anerkennung – unser sehnlichster Wunsch

Stressige Situationen, etwa eine soziale Abfuhr, verändern unsere Zeitwahrnehmung, wie die Psychologen Roy Baumeister und Jean Twenge herausfanden. In einem Versuch wurde mit einer Gruppe von Menschen ein Kennenlernspiel durchgeführt, bei dem jeder unter anderem eine peinliche Geschichte erzählen musste. Anschließend wurden die Probanden gebeten, sich anonym für zwei Personen zu entscheiden, die ihnen sympathisch waren, um mit ihnen gemeinsam den Versuch fortzusetzen. Danach wurde der einen Hälfte der Teilnehmenden Folgendes mitgeteilt: Es wäre den Veranstaltern total

Der innere Wunsch nach Scheinwerferlicht, um von anderen wahrgenommen zu werden

unangenehm und es sei auch noch nie vorgekommen, aber keiner der anderen Teilnehmer habe sich für sie als Mitspieler entschieden. Das war natürlich erstunken und erlogen! Diese Testpersonen saßen nun mit dieser traurigen Erkenntnis allein in einem Raum. Und während sie vermutlich noch grübelten, warum sie nicht ausgewählt worden waren, sollten sie jetzt auch noch schätzen, wann 40 Sekunden vergangen waren. Dieselbe Aufgabe erhielt auch die andere Hälfte der Gruppe, nur gingen diese Personen mit einem ganz anderen Gefühl an die Sache heran: Ihnen war erzählt worden, dass es noch nie vorgekommen sei, aber alle Teilnehmer hätten sich für sie entschieden – und damit sei es unmöglich, die Gruppe gerecht aufzuteilen. Daher werde man ausnahmsweise den Test mit ihnen alleine durchführen. Offenbar beeinflusst der Gedanke, dass wir nicht gemocht werden, unsere Zeitwahrnehmung erheblich. So hielten die vermeintlich abgelehnten Personen die 40 Sekunden durchschnittlich für 63,7

Sekunden, während die Gruppe der vermeintlich allseits beliebten Personen mit 42,5 Sekunden ziemlich richtig lag.[12]

Bei sozialer Ablehnung konzentrieren wir uns auf unsere Unzulänglichkeiten. Dann spielen alle Insassen in unserem Achterbahnwaggon verrückt. Denn eins haben sie gemeinsam: Sie begehren die Anerkennung anderer und lieben es, »im Scheinwerferlicht« zu stehen. Das bedeutet nicht, dass wir alle ein gigantisches Ego und ein riesiges Geltungsbedürfnis haben. Anerkennung ist eng mit dem Wunsch nach Verbundenheit verknüpft und zählt neben Freiheit und Lust zu den vier wichtigen Grundbedürfnissen des Menschen.[13] Fehlt es, erleben wir in irgendeiner Form Leid. Die Sehnsucht nach Zuneigung ist so tief in uns verankert, weil sie vor Tausenden von Jahren unser Überleben sicherte. Nicht mehr gemocht, zurückgewiesen oder gar ausgeschlossen zu werden, war das Allerschlimmste, was uns passieren konnte, und ist bis heute eine unserer größten bewussten oder unbewussten Ängste.

Authentisch sein trotz und wegen aller anderen

Wahrscheinlich fühlt sich unser Ich da am wohlsten, wo es genau so sein kann, wie es sein möchte. Im Alltag lassen wir das allerdings oft nicht zu, weil wir eine bestimmte Vorstellung davon haben, wie wir auf andere Menschen wirken wollen oder »sollten«. Das kann dazu führen, dass wir Rollen einnehmen, die unserem wahren Ich im Grunde nicht sonderlich entsprechen. Und doch machen wir jeden Tag bei dem »Theater« mit, denn wir sind stets eingebunden in soziale Strukturen, was dazu führt, dass wir uns in verschiedenen Situationen unterschiedlich verhalten. In gewisser Weise schlüpfen wir jeweils in ein anderes Ich: Im Taxi sind wir eine andere Person als bei einem Abendessen mit der Familie und wieder anders, wenn wir mit Freunden zusammen sind, und noch jemand ganz anderes bei einem beruflichen Meeting oder wenn wir allein sind. Schon Shakespeare sagte, die Welt sei eine Bühne.

Vielleicht meinte er genau das damit, dass wir den ganzen Tag in verschiedene Rollen schlüpfen. Wer weniger auf die Meinung anderer setzt und eher auf sich selbst vertraut, kann nicht so leicht verletzt werden und hat auch weniger Stress, allein dadurch, dass er weniger Angst hat und weniger grübelt, was andere wohl denken könnten. Die Künstlerin Dita Von Teese formulierte es sehr treffend: »Du kannst der süßeste Pfirsich auf der ganzen Welt sein, aber es wird immer jemanden geben, der keine Pfirsiche mag.«[14]

Während unserer Achterbahnfahrt kreuzen sich unsere Schienen mit vielen anderen Achterbahnfahrten und Waggons, die unseren eigenen Kurs beeinflussen können – manche von ihnen mehr, manche weniger. Seit ich diesen Hypnosekurs gemacht habe, insgesamt achtsamer geworden bin und meditiere, achte ich viel mehr auf meine eigene Strecke, weil ich mehr bei mir selbst bin. Mir ist irgendwann bewusst geworden, wie viel Zeit ich früher unbemerkt damit verbracht und im Grunde vergeudet habe, mich zu fragen, was andere wohl gerade über mich denken könnten. Sogar wenn ich mal wieder tollpatschig über eine Stufe gestolpert war, um ein ganz harmloses Beispiel zu nennen. Die Erkenntnis, dass mich Missgeschicke bei anderen überhaupt nicht stören und ich so gut wie keine Zeit damit verbringe, mir eine Meinung über meine Mitmenschen zu bilden, führte mich zu der Frage: Wieso sollte es eigentlich andersherum der Fall sein? Der Soziologe Charles Horton Cooley schreibt dazu: »Ich bin nicht, was ich denke zu sein, und nicht, was du denkst ich sei. Ich bin, was ich denke, du denkst ich sei.«[15] Das heißt, Ihre Vorstellung davon, wie andere sich vorstellen, wie Sie sind oder sein sollten, beeinflusst Ihr Ich. Dabei haben Sie in Wahrheit keine Ahnung, was andere sich vorstellen. Das ist alles nur in Ihrem Kopf.

Mal ehrlich: In den meisten Fällen ist es reine Einbildung, dass wir gerade von anderen beobachtet oder beurteilt werden. Viel wahrscheinlicher ist doch, dass die anderen mit sich selbst, ihrem Leben und ihren Herausforderungen vollauf beschäftigt sind. Selbstverständlich ist es wichtig, die Perspektive zu wechseln und sich in andere Menschen und deren Situationen hineinzuversetzen. So verstehen wir auch die Ursachen ihres Handelns viel besser, und das trägt zu unserer Selbsterkenntnis bei.

Indem wir unser Selbst reflektieren, mehr auf unsere Gedanken achten und damit unser Ich stärken und eigene Prioritäten setzen, sind wir widerstandsfähiger, sprich: resilienter, gegenüber den Meinungen anderer Menschen und Ablehnung im Allgemeinen. Die Soziologin Brené Brown untersuchte über Jahre das Gefühl von Verletzlichkeit, Scham, Authentizität und innerer Stärke. Dabei stellte sie fest, dass sie alle befragten Männer und Frauen grob in zwei Gruppen unterteilen kann. Es gibt Menschen, die sich zugehörig fühlen und tiefe Liebe verspüren, und Menschen, die das nicht tun und eher damit zu kämpfen haben, weil sie sich tendenziell eher wertlos oder nicht gut genug fühlen. Das hat nach ihren Erkenntnissen folgenden Grund: Wer sich selbst als liebenswert empfindet, glaubt daran, dass er es *verdient* hat, ein Gefühl von Zugehörigkeit zu empfinden, von anderen geliebt und unterstützt zu werden, und hat Methoden entwickelt, trotz aller Turbulenzen an dieser Gewissheit festzuhalten. Ihr Hauptanliegen besteht demnach darin, ein Leben zu leben, das von Empathie, Verbundenheit, Courage und damit von Selbstwertgefühl geprägt ist – und sie führen dies auch auf ihre Fähigkeit zurück, sich *verletzlich* zeigen zu können.[16] Das heißt, sie müssen nicht perfekt sein, sie sind gut so, wie sie sind. Sie leben authentisch.

Wir sind Entdeckerinnen und Gestalter einer über Generationen hinweg gemeinsam geschaffenen Lebenswelt, in der jeder Einzelne mit der Unterstützung anderer seine Ideen verwirklichen kann, wenn er genügend Menschen darauf aufmerksam macht, sie begeistert und so über sich hinauswachsen kann. Auf der Suche nach einem glücklichen Leben und sinnvoll verbrachter Zeit kann es daher helfen, »Ihr Zusammenleben mit anderen so zu gestalten, dass Sie sich, ebenso wie die anderen, gleichermaßen verbunden und geborgen wie auch selbstbestimmt und frei fühlen«,[17] schreibt der Hirnforscher Gerald Hüther. Erst dann sei es möglich, mehr im Einklang mit anderen Menschen und Lebewesen zu leben, ohne sie zu Objekten unserer Absichten zu machen, denn dies würde die Verbindung ja wieder trennen.

Alle auf Augenhöhe – der Wunschtraum einer idealen Gesellschaft

Erst wenn alle Mitglieder einer Gesellschaft das Gefühl in sich tragen, gut genug zu sein und dazuzugehören, ist offenbar eine bessere Welt möglich. In einer solchen Welt würde jeder Mensch gesehen, respektiert und geachtet werden, jeder würde sich mit sich und anderen verbunden fühlen. Doch noch ist unsere Gesellschaft leider davon geprägt, dass vermeintlich »naturgegebene« Differenzen behauptet und in Hierarchien und Machtverhältnisse eingeordnet werden. Wer in der Hierarchie auf einem der unteren Ränge steht, erhält weniger Empathie von anderen, ist weniger sichtbar und muss viel größere Hürden überwinden, um gehört zu werden.[18]

Diese äußeren Umstände und systemischen Gegebenheiten können Einfluss auf unsere Bereitschaft nehmen, uns in andere Menschen oder deren aktuelle Situation hineinzuversetzen und ziehen unter anderem Formen der Unterdrückung, zum Beispiel Rassismus oder Sexismus nach sich. Angst vor Ablehnung oder Einsamkeit kann ein Grund sein, weshalb sich Menschen unbewusst Meinungen anschließen, denen sie im Kern gar nicht zustimmen. Auf diese Weise können rassistische, sexistische und weitere Diskriminierungen marginalisierter Gruppen zementiert werden. Es ist an der Zeit, die vielen Ungerechtigkeiten, die leider immer noch Teil unserer Gesellschaft sind, zu beenden. Diese Denkstrukturen und Verhaltensmuster aufzubrechen beginnt damit, sich ernsthaft mit anderen Lebenswelten auseinanderzusetzen und die eigene Perspektive und Vorstellung der Welt zu hinterfragen.

Statt Verbundenheit ist nach wie vor eher Wettbewerb ein allgemein bestimmendes Element der Moderne, selbst aus der individuellen Perspektive heraus betrachtet. In fast jedem Lebensbereich vergleichen wir uns mit anderen, und unsere Position im kompetitiven sozialen Wettbewerb müssen wir andauernd verteidigen oder verbessern – und sind daher permanent gefordert, unsere Bestleistung abzurufen. Selbst wenn wir einen bestimmten Status erreicht haben, schauen wir noch nach links und rechts.[19] Wir brauchen einen anderen Maßstab als das ewige Vergleichen und sollten uns mehr darauf fokussieren, wann und wie wir Zeit, die wir mit anderen verbringen, wirklich als wertvoll wahrnehmen.

Die Beziehung zu uns selbst, zur Welt und überhaupt allem

Vielleicht ist Resonanz ein guter Maßstab, »die Grundsehnsucht nach einer Welt, die einem antwortet. Und die in jedem Menschen angelegt ist, weil wir Beziehungsmenschen sind«.[20] Sie ist für den Soziologen Hartmut Rosa eine Möglichkeit, über die eigene *Weltbeziehung* zu reflektieren und das eigene »In-der-Welt-Sein« zu hinterfragen. Dabei umfasst der Begriff unsere Beziehung zu uns selbst und zur Welt, das *wechselseitige* Verhältnis zwischen Subjekt und Welt sowie die Verbindungen der Subjekte untereinander. Sie ist ein emotionaler Zustand und zugleich eine Metapher für eine Zeiterfahrung.

Eine *Resonanzerfahrung* zeichnet sich durch vier spezielle Momente aus: *Berührung*, *Selbstwirksamkeit*, *Anverwandlung* und *Unverfügbarkeit*. Unser Körper und unser Geist nehmen etwas wahr, das uns anspricht oder berührt, zum Beispiel eine neue Erkenntnis, ein Musikstück, eine Idee, ein Gespräch oder eine Landschaft. Als Reaktion auf diese »Anrufung« oder eben Berührung entsteht ein Gefühl, das von der Gewissheit begleitet wird, nicht nur berührt zu werden, sondern selbst auch antworten oder gar etwas bewegen zu können – das ist Selbstwirksamkeit. Das kann auch nur ein Blick sein, den wir erwidern, jemanden anlächeln oder wahrnehmen, dass wir gerade Gänsehaut bekommen haben. Auf jeden Fall ist es wichtig zu spüren, dass wir selbst etwas damit zu tun haben und uns als wirksam wahrnehmen. Etwas verändert oder transformiert sich durch diese Erfahrung in uns. Wir sind nicht mehr die, die wir gerade noch waren – wir haben uns etwas »anverwandelt« und dadurch hat sich mindestens unsere Stimmung geändert.[21] Eine Resonanzerfahrung ist jedoch nicht planbar, sie ist also unverfügbar, doch rein theoretisch überall und jederzeit erlebbar. Sie verbindet uns mit der

Welt, während wir beispielsweise an der spanischen Küste surfen, Gespräche mit bekannten oder fremden Personen führen, uns für die Demokratie und gegen Rassismus einsetzen oder zu Hause mit Hund oder Katze kuscheln.

Da wir Resonanzerlebnisse nicht planen können, ist es wichtig, die Welt mit offenen Augen zu erleben, sodass uns Unerwartetes berühren kann. Wenn wir im Alltag stur nach Plan vorgehen und nicht nach links, rechts, unten oder oben gucken oder auf Autopilot laufen, entgehen uns Chancen für Weltverbundenheit. Resonanzerfahrungen machen uns übrigens meist noch glücklicher, wenn wir sie mit anderen Menschen teilen oder ihnen zumindest davon berichten können.

Doch wie können wir Resonanz erfahren? Wir können auf der hippsten Party mit den berühmtesten Menschen und noch mehr Champagnerflaschen sein. Wenn wir dort niemanden kennen oder nur mit Leuten sprechen, deren Haltung uns einschläfert, dann kann die beste Party weder Resonanz noch Begeisterung oder Glücksgefühle auslösen. Eine düstere Kneipe mit Flipperautomaten, einem Feierabendbier mit Freunden, die wir gernhaben und mit ihnen um die Wette strahlen, schafft es hingegen, denn dort können wir das Sein viel eher spüren, uns mit den anderen und vielleicht sogar mit der ganzen Welt verbundener fühlen.

Zeitexperiment

Singing in the rain!

Nehmen Sie sich etwas Zeit und denken Sie über Situationen nach, in denen Sie bereits ein Gefühl von Resonanz oder Weltverbundenheit erlebt haben. Welche Ereignisse, Neuigkeiten und Erlebnisse haben Sie in der Vergangenheit besonders berührt? Wann haben Sie sich mit sich selbst oder mit anderen Menschen wahrhaftig verbunden gefühlt? In welchen Situationen hatten Sie die Gewissheit, dass Sie etwas bewegt oder einen anderen Menschen tief berührt haben? Indem Sie aufgeschlossen, empathisch, authentisch durchs Leben gehen und auch mal Verletzlichkeit zulassen, erhöhen Sie für sich und andere in Zukunft die Chancen auf mögliche Resonanzerfahrungen.

Ersatzbefriedigung durch digitale Medien

Unser uraltes Verhaltensmuster, von allen gemocht zu werden, macht soziale Netzwerke so verführerisch für unseren Hundewelpen, denn durch Likes kann er ganz einfach Anerkennung und somit kurze Glücksmomente für alle abstauben. Auch unser Spatz findet das Internet spannend, denn da gibt es immer Neues zu entdecken. So lassen wir uns immer wieder und viel zu lange von den zu erledigenden Aufgaben ablenken. Erinnern wir uns kurz mal an das klassische Zeitparadoxon: Erleben wir etwas Neues mit vielen unbekannten Eindrücken, geht der Tag ziemlich schnell vorbei, ist in der Rückschau aber recht lang – ein klassisches *Kurz-lang-Muster*. Wenn nichts passiert, vergeht der Tag dagegen im Erleben langsam, in der Rückschau schnell. Hier liegt also ein *Lang-kurz-Muster* vor.

Im Zeitalter der digitalen Medien haben wir ein neues Zeitmuster: das *Kurz-kurz-Muster*. Nutzen wir unser Smartphone, surfen im Internet oder sehen fern, ist diese Erfahrung meist sehr kurzweilig. So mancher soll sich nach einer »kurzen« Internetrecherche aus Versehen erst mehrere Stunden später im Jetzt wiedergefunden haben. Die Zeit vergeht demnach im Erleben schnell und selbst im Rückblick kommt sie uns kurz vor, als ob die Zeit davongerannt oder zusammengeschrumpft wäre. Dieses Kurz-kurz-Muster ist irgendwie kein guter Deal.

Der Philosoph Walter Benjamin unterschied zwischen *Erlebnissen*, die episodisch sind, wie Einkaufen oder zur Arbeit fahren, und *Erfahrungen*, die unsere Identität prägen, uns berühren und uns sogar in unserem Wesen verändern. Gerade in sozialen Netzwerken erleben wir zwar viel, haben aber keine tiefgründigen Erinnerungen, da wir wahrscheinlich recht selten Resonanz erleben.[22] Dennoch scheinen digitale Medien so attraktiv, weil sie eine blitzschnelle Lösung für eine vermeintlich erfüllende Zeiterfahrung versprechen. Doch Dauermedienkonsum kann langfristig zu Depressionen und Wahrnehmungsstörungen führen.[23] Soziale Medien sind per se nicht schlecht, nur ein Zuviel davon – wie so oft im Leben.

Social-Media-Nutzung auf dem Prüfstand

Zeitexperiment

Wie viel Zeit verbringen Sie pro Tag oder pro Woche in sozialen Netzwerken? Schätzen Sie erst einmal und checken Sie dann Ihre tatsächliche Bildschirmzeit am Smartphone. Haben Sie sich über- oder unterschätzt? Überlegen Sie anschließend, wie viel Zeit Sie wirklich in Social-Media-Kanälen verbringen wollen.

Achten Sie auch darauf, in welchen Momenten Sie soziale Medien nutzen und wie Sie sich fühlen, *bevor* Sie eine Seite besuchen oder eine App öffnen, und wie Sie sich *danach* fühlen. Sollten Sie sich danach schlechter fühlen als vorher, weil auf Instagram alle am Strand, an der Bar oder auf der Bühne so schön und glücklich sind, schränken Sie diese Aktivität lieber ein und beschäftigen sich mit etwas, das Ihnen Freude bereitet.

Wenn Sie herausgefunden haben, was Ihre Intention ist, wenn Sie ins Netz gehen, können Sie diese vielleicht mit etwas im echten Leben ersetzen. Statt viel Zeit im Netz zu verbringen, weil Sie sich im Moment vielleicht einsam fühlen, telefonieren oder treffen Sie sich mit Ihren Freunden. Oder lesen Sie ein Buch, das Sie zwar nur mit fiktiven Personen und Geschichten verbindet, aber neue Perspektiven auf die Welt eröffnen kann. Sie können auch versuchen, eine Woche oder einen Monat komplett auf Social Media zu verzichten, um festzustellen, ob es Ihnen überhaupt fehlt und was Sie in dieser Zeit stattdessen lieber unternommen haben.

Sind unsere Grundbedürfnisse, etwa Geborgenheit oder Freiheit, im Kindesalter nicht oder zu wenig erfüllt worden, kann das im Erwachsenenalter zu einem Gefühl von Mangel führen, das wir mit etwas anderem zu füllen versuchen – mit einer Ersatzbefriedigung. Diese kommt uns bedeutsam vor, mit klarem Blick ist sie jedoch eher unwichtig. Offenheit, Beziehungsfähigkeit, Neugier und Gestaltungswillen fokussieren sich dann auf diesen sicheren Ort, zum Beispiel Social Media, an dem wir versuchen, das zu kriegen, was wir bekommen können, weil das, was wir wirklich brauchen, nicht zu haben ist.[24] Wenn wir uns das bewusst machen, können wir unsere Zeit wieder für Spannenderes einsetzen.

Die Selbstdarstellung, manchmal sogar Selbstinszenierung vieler Menschen in sozialen Netzwerken lässt uns zudem oft glauben, andere Personen seien schöner, weiser, schlauer, intelligenter, glücklicher, weitgereister. Hören Sie auf, sich mit anderen zu vergleichen, denn niemand hat eine Ahnung, was sich hinter diesen Bildern verbirgt, mit welchen Krisen, Unsicherheiten oder Zweifeln diese Menschen in Wahrheit zu tun haben. Die einzige Person, mit der Sie sich vergleichen können, sind Sie selbst. Haben Sie heute etwas anderes gemacht als gestern, das Ihnen guttut? Was können Sie heute noch ändern, welchen kleinen Schritt tun? Konzentrieren Sie sich auf das, was Sie wirklich wollen, nicht auf das, was Sie bei anderen sehen.

Falls Sie in sozialen Netzwerken negatives Feedback erhalten, können Sie diese Leute einfach als »verwirrte Follower« betrachten und ignorieren. Immerhin scheinen Sie diesen Menschen so wichtig zu sein, dass sie Ihnen ihre Zeit widmen. Natürlich müssen Sie sich nicht alles gefallen lassen und sollten im äußersten Fall gerichtlich gegen Beleidigungen und Drohungen vorgehen.[25]

Mehr Wertschätzung und Empathie für uns und andere

Im Alltag kann es leicht passieren, dass wir die Menschen in unserem nahen Umfeld nicht mehr richtig zu schätzen wissen und sie als selbstverständlich hinnehmen. Uns selbst gegenüber sind wir ebenfalls nicht immer freundlich, wohlwollend und verständnisvoll, denken Sie nur mal an die letzte Schimpftirade Ihres Papageien. Und mal ehrlich: Wir denken auch nicht immer das Beste über unsere Mitmenschen, denn wir sind manchmal neidisch, eifersüchtig, reagieren abwertend, unfreundlich oder lästern hier und da – dabei sind Leute meist besser, als wir meinen. Wertschätzung kann ein Schlüssel zu einem besseren Umgang mit uns selbst und mit anderen sein und unsere gemeinsam erlebte Zeit bereichern.

Selbst wenn wir schlechte Zeiten erlebt haben, können wir versuchen, aus Tiefpunkten auch Stärken zu machen. Sie können sogar der Anfang von etwas sehr Großem sein. Im Japanischen bedeutet das Wort *Kintsugi* wörtlich übersetzt »Reparieren mit Gold«. Es ist eine traditionelle japanische Technik, zerbrochene Keramik, etwa einen Teller oder eine Tasse, mithilfe eines speziellen, mit Gold oder Silber veredelten Lacks wieder zusammenzusetzen, also zu reparieren. Das Ergebnis ist dann oft sogar noch schöner und stabiler als vorher. Das lässt sich auch auf seelische Narben übertragen. Manchmal werden wir so sehr verletzt oder gekränkt, dass es sich anfühlt, als ob der ganze Achterbahnwaggon zu Bruch gegangen und in seine Einzelteile zerfallen wäre. Das Gute ist: Wir können ihn wieder zusammensetzen. Wir sind nie wertlos, wir sind nicht für immer kaputt, auch wenn durch Worte oder Taten anderer Menschen gefühlt etwas in uns zerbrochen ist. Viele seelische Wunden lassen sich heilen und wir können daraus sogar gestärkt hervorgehen.

Fokussieren wir uns zudem bei anderen Menschen mehr auf deren gute Seiten, erkennen wir auch leichter unsere eigenen Stärken. Unser Gehirn findet Negatives zwar grundsätzlich spannender, aber wir müssen es dabei nicht auch noch bewusst unterstützen. Für unsere persönliche Entwicklung, unsere Gartenpflege und die Entfaltung der Blüten, ist es hilfreicher, nicht auf die Fehler anderer zu schauen und sie zu beurteilen, sondern vielmehr das zu sehen, was wir selbst unternommen oder nicht getan haben und daraus zu lernen.[26]

Negative Gedanken durch Zählen minimieren

Zeitexperiment

Legen Sie zwei Strichlisten an und erfassen Sie eine Woche lang, wenn Sie etwas Negatives über andere oder sich selbst denken. Fangen Sie an jedem Wochentag eine neue Zeile an und betrachten Sie die Entwicklung über die Zeit. Vielleicht stellen Sie fest, dass sich die Anzahl der Striche im Lauf der Woche verringert, nur weil Sie bewusster auf Ihre Gedanken achten.

Um die negativen Gedanken weiter schrumpfen zu lassen, versuchen Sie, für jede negative Aussage über einen anderen Menschen fünf positive Eigenschaften dieser Person zu notieren. Für sich selbst dürfen Sie jedes Mal eine neue gute Eigenschaft finden.

Negatives, das wir bei anderen sehen, spiegelt oft unsere eigene Verunsicherung wider und dadurch blockieren wir uns selbst. Jay Shetty, ehemaliger Mönch, stellt in seinem Buch *Das Monk-Prinzip* die Frage: Würden Sie anderen Menschen, die Sie beneiden, etwas von ihrem Erfolg und dem Guten, das sich daraus für sie ergeben hat, wegnehmen wollen, wenn Sie dies selbst aber nicht bekommen würden?[27] Wenn Ihre Antwort Ja ist, dann ist es Zeit etwas zu ändern, denn Neid richtet in uns Schlimmeres an als die Erfolge anderer.

Indem wir versuchen, uns in andere Personen hineinzuversetzen, statt sie vorschnell zu verurteilen – mit dem Wissen, dass ihr Leben, genauso wie unseres, von vielen unbeeinflussbaren Faktoren bestimmt wird –, können wir uns mit den Ursachen ihres Handelns befassen. Wenn uns zum Beispiel der Geldbeutel am Bahnhof geklaut wird, verurteilen wir wahrscheinlich sofort den frechen Dieb, ohne das Geringste über diese Person zu wissen. Erfahren wir später, dass dieser Mensch kein Geld hatte, um sich und seinem Kind etwas zu essen zu kaufen, bringen wir ihm vermutlich etwas mehr Verständnis entgegen. Gelingt es uns, mehr Empathie zu entwickeln, kann uns das mehr Gelassenheit geben. Noch mehr Gelassenheit können wir erlangen, wenn wir bereit sind, uns selbst und anderen zu vergeben.[28]

Zurück in die Freiheit

Wir sind erst dann richtig frei und können selbst über unsere Zeit und unser Handeln bestimmen, wenn wir aufhören, anderen die Schuld für unsere derzeitige Situation zu geben. Dazu müssen wir aber – so schwierig es auch sein mag – lernen, Vergangenes zu akzeptieren und Verantwortung übernehmen. Die Vergangenheit ist das, was unser Ich, unsere Identität und unseren kontinuierlichen Blick auf uns selbst ausmacht. Natürlich kann es sein, dass Ihnen in der Vergangenheit schlimme Dinge geschehen sind oder andere Menschen Sie sehr schlecht behandelt haben. Vielleicht befinden Sie sich in einer Situation, die nicht gut für Sie ist, aber das muss nicht so bleiben.

Sie haben Einfluss auf die Art und Weise, wie Sie Ihre Vergangenheit betrachten und können sie jederzeit neu bewerten. »Nichts anderes tun wir, wenn wir verzeihen«,[29] findet Stefan Klein, der Autor des Buches Zeit. Wir können uns selbst vergeben, wenn wir Schuld empfinden. Indem wir anderen vergeben, verlieren diese Menschen ihre Macht über uns und können in uns keine negativen Gefühle mehr auslösen. Wenn Sie schlecht behandelt wurden oder werden, ändern Sie die Situation. Etwas loszulassen bedeutet nicht, Ereignisse zu vergessen oder die Vergangenheit zu verdrängen, »sie wird lediglich etwas erfreulicher gestaltet«.[30] Vielleicht hilft Ihnen auch der Gedanke, dass eine andere Person zum Beispiel in einem Wortgefecht womöglich nur etwas gesagt hat, weil ihr eigener Papagei gerade im Gaga-Modus steckt.

Die Macht des Verzeihens und Vergebens ist wissenschaftlich belegt. Dadurch reduziert sich der Stress, was positive Auswirkungen auf unser Immunsystem hat. Es treten weniger Herz-Kreislauf-Erkrankungen auf, wir fühlen uns wohler und leben sogar länger, was uns mehr Zeit verschafft, um ein erfülltes Leben zu führen.[31] Selbstverständlich bleibt eine Verletzung eine Verletzung und ein Verbrechen ein Verbrechen. Vergebung mindert nicht den erlittenen Schmerz, sie kann aber helfen, dass das eigene Leid nicht noch verstärkt wird.[32] Die andere Person muss dabei überhaupt keine Rolle spielen, es geht darum, sich selbst in Zukunft davon befreit zu fühlen.

Vergebung üben

Zeitexperiment

Wenn Sie sich selbst oder anderen Menschen vergeben möchten, um Verantwortung zu übernehmen oder sich wieder frei zu fühlen, und etwas für Spiritualität übrig haben, gibt es ein hawaiianisches Ritual mit dem wunderschönen Namen *Ho'oponopono*, das »etwas in Ordnung bringen« bedeutet.[33]

In modernen Versionen sagt man dabei: »Es tut mir leid. Bitte vergib mir. Ich liebe dich. Danke.« Es klingt zunächst vielleicht erst mal befremdlich, aber diese Sätze können beim Vergeben helfen, eine Situation emotional zu neutralisieren und gegebenenfalls sogar positiv neu zu besetzen. Sagen Sie sie einfach mal in Gedanken vor sich hin. Das macht vielleicht schon etwas mit Ihnen. Sie können mit diesen Sätzen als Mantra auch meditieren.[34]

Ich habe es ausprobiert und muss zugeben: Ich bin noch nicht sehr gut im Vergeben, aber vermutlich ist das wie so vieles im Leben einfach Übungssache und ein Prozess.

Die verfügbare Zeit als Geschenk betrachten – und selbst welche verschenken

Es gibt aber auch einen etwas einfacheren Weg, um unsere Stimmung sofort zu heben und fast in jedem Moment ein ganz klein wenig oder sogar recht viel Glück zu empfinden: Dankbarkeit. Vielleicht haben Sie bereits in Kapitel 5 im Rahmen des Zeitexperiments »Wer waren Sie? Wer sind Sie heute?« Erfahrungen damit gemacht. Zahlreiche Studien zeigen, dass dankbar zu sein gesund ist und nichts mit esoterischem oder spirituellem Hokuspokus zu tun hat. So konnte zum Beispiel der Psychologieprofessor Robert Emmons belegen, dass sich Dankbarkeitsübungen positiv auf unsere Gesundheit, unsere Psyche und sogar unsere Physis auswirken. Zweimal pro Tag dankbar sein festigt unseren »Glücks-Bizeps«, weil sich dadurch unsere emotionale Grundeinstellung ändert. Auch unser Immunsystem wird gestärkt, wir agieren sozialer und schlafen sogar besser.[35]

Zeitexperiment

Ein wenig Dankbarkeit versüßt die Zeit

Nehmen Sie sich etwas Zeit und schreiben Sie mindestens drei Dinge auf, für die Sie gerade dankbar sind. Das kann alles Mögliche sein! Sie können dankbar dafür sein, dass Ihr Herz schlägt, dass ein frisch gebrühter Kaffee vor Ihnen steht oder sauberes Trinkwasser aus dem Hahn kommt, dass Sie eine Kopfschmerztablette nehmen können, wenn Sie Kopfschmerzen haben, oder dafür, wie viele tolle Menschen sie bereits kennengelernt haben. Alles ist denkbar.

Alternativ stellen Sie einen Timer auf zwei Minuten und schließen die Augen. Führen Sie in Gedanken Ihre Liste fort, um zu visualisieren, wofür Sie dankbar sind. Sie können auch schon im Jetzt für Wünsche dankbar sein, die noch gar nicht in Erfüllung gegangen sind. Stellen Sie sich vor, sie wären schon Realität. Vielleicht motiviert es Sie sogar, dieses gerade empfundene Glücksgefühl in Zukunft Wirklichkeit werden zu lassen. Wenn Ihr Chamäleon dabei ist, steckt es alle anderen Insassen mit Euphorie und Vorfreude an – und alle haben dann das gleiche Ziel.

Dankbarkeit eröffnet tendenziell nicht nur eine klarere Sicht auf das, was im Leben derzeit gut läuft, sondern gibt zudem Hinweise auf das, wovon wir mehr haben möchten. Die alte Frage, ob es nun wichtiger sei, sich um das eigene Glück oder um andere zu kümmern, lässt sich ganz einfach beantworten: Beides ist wichtig! Denn das eine ist ohne das andere nicht zu haben.[36]

Nach dem Philosophen Alain Badiou schaffen zwei Menschen, die sich treffen und verlieben, mit ihrer Liebe etwas Neues, eine »Bühne der Zwei«.[37] Doch wer weiß, vielleicht erschaffen wir sie auch mit jedem Menschen, der uns etwas bedeutet, den wir mögen. Jemand, der in unserem Leben bedeutsam war, kann für immer in unserer Erinnerung weiter existieren, denn aus neurowissenschaftlicher Sicht ist diese Person immer in Form von Aktivitätsmustern in unserem Gehirn repräsentiert, egal ob sie neben uns steht, uns verlassen hat oder bereits von uns gegangen ist.

Zeit schenken und geschenkt bekommen

Zeitexperiment

Betrachten Sie Ihre Zeit als Geschenk und verschenken Sie sie, aber mit Bedacht, denn sie ist kostbar. Widmen Sie den Menschen Zeit, die Ihnen wichtig sind oder bei denen dieses Geschenk etwas bewirken kann, etwa weil diese Personen andere Startbedingungen im Leben hatten als Sie und von Ihrem Engagement profitieren können. Gleichzeitig beschenken Sie sich selbst, indem Sie Ihre Zeit für jene Menschen reservieren, mit denen Sie am allerliebsten Ihre Zeit verbringen.

Wenn Sie das Gefühl, irgendwo wirklich dazuzugehören, nicht oft genug erleben, können Sie versuchen, Ihren Bekanntenkreis zu erweitern.[38] Suchen Sie nach Menschen, die Ihre Werte und Interessen teilen. Dafür können soziale Netzwerke und Gruppen auf Facebook oder LinkedIn tatsächlich erste Anknüpfungsmöglichkeiten bieten, die Sie später im echten Leben fortsetzen. Oder treten Sie einem Verein bei, der zu Ihren Vorlieben passt, beginnen Sie sich ehrenamtlich zu engagieren, um anderen zu helfen und dabei selbst mit neuen Erfahrungen und Eindrücken beschenkt zu werden. Vermutlich werden Sie dabei ganz von alleine Zugehörigkeit, Verbundenheit, Zufriedenheit und Sinnhaftigkeit erleben. Mein Glückslevel ist jedenfalls durch die Arbeit bei dem Verein 10drei enorm gestiegen.

Gesellschaftliche Verantwortung mitzutragen und Veränderungen anzustoßen ist nicht unmöglich und derzeit für die Zukunftsfähigkeit der gesamten Menschheit entscheidend. Das gilt nicht nur für ein harmonisches Miteinander, sondern auch für die Klimakrise.

Ihre Zeit besser verstehen und anders erleben

- ✓ Unsere Bezugspersonen und unsere Erfahrungen prägen uns fast genauso wie unsere Erbanlagen. Extravertierte laden ihre Batterien in Kontakt mit anderen auf, Introvertierten fällt dies alleine leichter.

- ✓ Anerkennung ist neben Bindung, Freiheit und Lust ein wichtiges Grundbedürfnis aller Menschen.

- ✓ Mehr Verletzlichkeit und Empathie stärken unsere Verbindungen zu anderen Menschen und eröffnen neue Möglichkeiten für einen friedvolleren, respektvolleren und gegenseitig unterstützenden Umgang miteinander.

- ✓ Resonanz ist eine erfüllte, positive Zeiterfahrung. Verpassen Sie sie nicht!

- ✓ Mit welchen Menschen möchten Sie gerne mehr wertvolle Zeit verbringen?

Kapitel 11

Im Wettlauf gegen die Zeit oder die Chance auf 1,5 Grad Celsius

»Was wir heute tun, entscheidet darüber,
wie die Welt morgen aussieht.«

Marie von Ebner-Eschenbach

Wie die Klimakrise zu meiner Krise wurde

Im Februar 2020 saß ich bei einer Vorrunde der Münchner Sicherheitskonferenz im Publikum und lauschte einem Panel, bei dem unter anderem der ehemalige UN-Generalsekretär Ban Ki-moon darüber sprach, dass ohne echte Klimapolitik »alles verloren« sei, denn neben einer nuklearen Katastrophe sei die Klimakrise für die Menschheit die zweite existenzielle Bedrohung.[1] Der heutige US-Sondergesandte für Klimaschutz John Kerry meinte, er habe keinen Zweifel, dass die Menschheit das Thema Klimawandel in den Griff bekommen könne. Er sei sich nur nicht sicher, ob sie es rechtzeitig schafft.[2]

Ich erinnerte mich daran, dass ich erst im Sommer 2019 zum ersten Mal gehört hatte, dass wir nur noch weniger als zehn Jahre Zeit hätten, um das Ruder in Bezug auf die Klimakrise herumzureißen. Ich war geschockt, denn ich hielt einen weltweiten Umschwung der Politik innerhalb dieses kurzen Zeitraums für mehr als utopisch. Mir fiel eine Karte ein, die ich mal in der *Zeit* gesehen hatte, auf der die Welt im Jahr 2100 mit einer Erderwärmung von 4 Grad Celsius abgebildet war. Nur noch Kanada und Russland waren neben ein paar anderen Flächen bewohnbar. Der Rest der Welt: unbewohnbare Wüste.[3]

Während ich dem Gespräch auf der Bühne folgte, begann ich zu rechnen. »Ich bin jetzt 34 Jahre alt. Angenommen, ich bekomme im nächsten Jahr meine erste Tochter und sie selbst wird mit 35 Jahren Mutter eines Sohnes. Dann wäre im Jahr 2100 mein Enkel 43 Jahre alt. So weit weg ist das gar nicht.«

Der Alarmismus-Vorwurf, der viele Aktivisten und Klimaforscherinnen ereilt, ist keineswegs berechtigt. Heutzutage existiert eine extreme Dringlichkeit für Politik, Wirtschaft und Gesellschaft, sich mit diesen komplexen Sachverhalten zu beschäftigen, um realisierbare Lösungen zu finden. Es klingt vielleicht pathetisch, aber noch ist es möglich, von einer positiven Zukunft zu träumen, eine optimistische Vision zu entwerfen. Und noch ist Zeit, sie wahr werden zu lassen. Unsere Taten in den nächsten Jahren als Individuen und als Gemeinschaft werden über die Zukunft der Menschheit entscheiden und die Welt formen, in der unsere Kinder und Enkelkinder leben werden.

Was wir dem Vergnügungspark Erde kollektiv antun

Der Mensch hat der Natur seine eigene Zeit übergestülpt. Was früher Jahrtausende oder gar Jahrmillionen dauerte, verändert sich nun innerhalb eines einzigen Menschenlebens. Die Menschheit hat einen so großen ökologischen Wandel verursacht, dass wir uns im Zeitalter des *Anthropozän* befinden, also dem Zeitalter des Menschen.

Weltweit verändern wir das Klima so sehr, dass es an vielen Orten bald zu heiß sein wird, um dort zu leben. Viele Regionen könnten aufgrund eines steigenden Meeresspiegels unbewohnbar werden. Mit unserem Alltagsverhalten haben wir katastrophale Entwicklungen in Gang gesetzt. Wir konsumieren und essen unseren Kindern buchstäblich ihre Zukunft auf. Gewohnheiten, die wir fast alle teilen, wie Auto fahren, in den Urlaub fliegen, Fleisch essen, sind zum Problem geworden. Unsere Konsum- und Wegwerfgesellschaft, aber auch viele Hersteller und Marketingprofis setzen voll und ganz auf die eingespielten Bahnen in unserem Gehirn, unsere zeitliche Kurzsichtigkeit, die auf eine Belohnung im Jetzt und Hier gepolt sind. Das hat schwerwiegende Konsequenzen: Wenn sich alle an etwas gewöhnt haben, haben alle auch das Gefühl, weiterhin einen *Anspruch* darauf zu haben, und es fehlt die Einsicht, etwas daran zu ändern. Die Folge: Die durch unser Verhalten ausgelösten Auswirkungen auf das Klima sind mittlerweile so weit fortgeschritten, dass sie durch eine Politik von Maß und Mitte nicht mehr aufzuhalten sind.[4] Obwohl in den letzten 30 Jahren das Umweltbewusstsein stark zugenommen hat, hat sich die Krise in den letzten Jahrzehnten dramatisch verschärft.

Die Menschheit dreht an der Klimakrisen-Uhr. Schon bald könnte ein Klima herrschen wie zuletzt vor drei Millionen Jahren. Wenn wir nicht höllisch aufpassen, könnten wir »sogar die extreme

Warmzeit von vor 50 Millionen Jahren heraufbeschwören«[5]. Der Kognitionspsychologe und Kulturkritiker Christian Stöcker verdeutlicht in seinem Buch *Das Experiment sind wir*, dass wir es mit einem ganzen Bündel exponentieller Entwicklungen zu tun haben: beim Wasserverbrauch, Verkehr, Düngemitteleinsatz, Waldsterben oder bei der Versauerung der Meere.[6] Halten wir uns das noch mal kurz vor Augen: Exponentiell bedeutet, dass etwas zunehmend stark und immer schneller ansteigt – und sich diese Veränderung somit immer mehr beschleunigt.

Ein paar konkrete Beispiele für menschengemachte Veränderungen: *Pro Sekunde* steigen inzwischen weltweit etwa 1331 Tonnen CO_2 in die Erdatmosphäre auf. Eine so hohe CO_2-Konzentration in der Atmosphäre wie heute, nämlich über 420 ppm (parts per million), gab es zuletzt vor etwa drei bis fünf Millionen Jahren – der Meeresspiegel lag damals etwa 10 bis 20 Meter höher.[7] Die sogenannte *Keeling-Kurve* zeigt das exponentielle Wachstum.

Die Corona-Pandemie hat zwar im Jahr 2020 für einen Rekordrückgang der weltweiten CO_2-Emissionen von ein paar Prozentpunkten gesorgt. Für das Gesamtbild spielt dies auf lange Sicht jedoch kaum eine Rolle – denn mittlerweile steigen die Werte wie in der Vor-Corona-Zeit weltweit weiter an. Zudem war 2020 das wärmste Jahr Europas seit Beginn der Wetteraufzeichnungen. Währenddessen schmelzen die polaren Eiskappen derzeit siebenmal schneller als in den 1990er-Jahren,[8] der Meeresspiegel steigt immer rasanter an und schon heute taut der Permafrostboden in Sibirien auf – 70 Jahre früher als vom Weltklimarat prognostiziert. Die Wissenschaft hat bisher alles ziemlich gut vorausgesagt, doch der Temperaturanstieg wurde tendenziell unterschätzt. Neuste Erkenntnisse enthalten immer öfter die Formulierung: »Schneller als erwartet.«[9]

Hat das denn sonst niemand kommen sehen? Doch, schon, aber etwas nur zu erkennen bedeutet längst nicht, dass direkt gehandelt wird. Gehen wir zunächst ein wenig in der Zeit zurück.

Die Keeling-Kurve und die Welt im Jahr 2100[10]

Eine kurze Geschichte der Klimakrise

Das Thema Klimawandel tauchte bereits 1974 im Zusammenhang mit einer Hungersnot in der Sahelzone im *Spiegel* auf.[11] Vermutungen und Forschungen gab es seitens der Wissenschaft lange zuvor. Ende der 1970er-Jahre wurde dann intensiv darüber berichtet und diskutiert, 1979 fand auch die erste Weltklimakonferenz statt. Mitte der 1980er-Jahre prangte auf dem *Spiegel*-Cover die Überschrift »Klima-Katastrophe« samt Foto des Kölner Doms, der zu einem Drittel unter Wasser stand.[12] Kurze Zeit später erklärte der NASA-Forscher James E. Hansen im US-Kongress, man sei zu 99 Prozent überzeugt, dass sich die Erde aufgrund des Treibhauseffekts bereits erwärmt habe, und skizzierte das Ausmaß der potenziellen Folgen, wenn man so weitermachen würde.[13] Die Firma Exxon, einer der größten Ölkonzerne der Welt, kannte bereits 1977 die dramatischen Folgen der Verbrennung fossiler Energieträger für das Klima, doch es folgte eine milliardenschwere Desinformationskampagne, finanziert von der fossilen Brennstoffindustrie – mit großem Erfolg.[14] Dieses Geld wäre wohl besser für den Ausbau erneuerbarer Energien eingesetzt worden, aber die Gier siegte wie so oft über die Vernunft.

Auf der Pariser Klimakonferenz im Jahr 2015 beschlossen über 190 Länder, dass der Anstieg der durchschnittlichen, weltweiten Temperatur »deutlich unter 2 °C über dem vorindustriellen Niveau gehalten wird und Anstrengungen unternommen werden, um den Temperaturanstieg auf 1,5 °C über dem vorindustriellen Niveau zu begrenzen, da erkannt wurde, dass dies die Risiken und Auswirkungen der Klimaänderungen erheblich verringern würde«.[15] Die Übereinkunft war und ist ein schwammiger Kompromiss, der allerdings einigen Ländern, etwa Nicaragua, nicht weit genug ging, da die ausgehandelten Ziele weder verpflichtend noch Sanktionen vorgesehen sind. Das Abkommen ist demnach nicht bindend – und das ist potenziell problematisch. So haben sich nämlich bis heute nur sehr wenige Länder an ihre Zusagen gehalten. Was die weltweite Klimabewegung Fridays for Future fordert, ist nichts anderes als die Einhaltung des unterzeichneten Abkommens.

Die tickende Klimakrisen-Uhr

Der Unterschied zwischen 1,5 und 2 Grad Celsius hört sich harmlos an, ist aber gravierend und potenziell tödlich. Nach Schätzungen bedeutet dieser Unterschied eine Zunahme von 150 Millionen Toten aufgrund der stärkeren Luftverschmutzung, eine Verdopplung der Anzahl von Menschen, die von Wasserknappheit bedroht sind, mehr als 1,5 Milliarden Menschen würden unter extremen und gefährlichen Hitzeperioden leiden und 100 Millionen Menschen wären zusätzlich tropischen Krankheiten wie Malaria ausgesetzt.[16] Es geht also um viel mehr als nur Gradzahlen – das wird in den Debatten zu oft vergessen.

Spätestens seit immer heißeren Sommern und Frühlingstemperaturen im Winter hierzulande, zahlreichen großflächigen Waldbränden in Australien, Brasilien oder den USA, verheerenden Überschwemmungen oder immer stärkeren Stürmen müsste allen klar geworden sein, dass die Klimakrise nicht nur mit aussterbenden Eisbären und im Ozean versinkenden Inseln zu tun hat. Die Auswirkungen werden wir noch früh genug zu spüren bekommen – und unsere Kinder und Enkel erst recht. Selbst wenn das 1,5-Grad-Ziel erreicht wird, werden sichere und fruchtbare Regionen langfristig überflutet oder austrocknen und zu Katastrophengebieten werden. Weltweit wird dies vor allem die Ärmsten der Armen treffen. Viel zu viele Menschen leiden schon heute: Allein durch die Luft-, Wasser- und Bodenverschmutzung sterben weltweit jährlich über 12 Millionen Menschen.[17]

Um das mal klarzustellen: Der Klimawandel ist kein Zukunftsszenario mehr und die 1,5-Grad-Grenze keine magische Linie, nach deren Überschreitung er einsetzt. Wir stecken bereits mittendrin! Inzwischen liegt die Erderwärmung bei etwa 1,2 Grad Celsius, es sind also gerade mal 0,3 Grad Celsius übrig.

Es lässt sich ziemlich genau berechnen, wie lange die Menschheit noch CO_2 in die Luft pumpen kann, bis das 1,5-Grad-Ziel überschritten wird: Im August 2021 sind es noch etwa 6 Jahre und 4 Monate – also bis Ende 2027.[18] Genauso wissen Mathematikerinnen und Statistiker, wie viel CO$_2$ jedes Land noch ausstoßen darf. Wenn alle Länder der Welt es schaffen würden, ihre Treibhausgasemissionen bis Ende 2030 zu halbieren und bis 2050 auf netto null abzusenken, besteht zumindest eine 50-prozentige Chance, die Klimaerwärmung bei 1,5 Grad Celsius zu stabilisieren, verlautbarte der Weltklimarat im Jahr 2018.[19] Doch bisher ist nichts passiert, wieder wurden kostbare Jahre verschwendet und auch momentan ist bei allen vermeintlichen Bemühungen kein echter Trend zur Reduzierung der weltweiten Emissionen erkennbar. Wohin wird das wohl mit der Zeit führen?

Ein Blick in die Kristallkugel – Vorschau auf ein Leben im Jahr 2050

Die Menschheit und alle anderen Lebewesen auf diesem Planeten könnten noch 50 000 Jahre ein angenehmes Klima genießen, wenn wir es jetzt und hier nicht versauen.[20] Doch ich befürchte, uns fehlt die Vorstellungskraft, uns den Alltag in einer Welt nach der Überschreitung des 1,5-Grad-Ziels vorzustellen. Aber nur weil wir uns etwas nicht vorstellen können, heißt das nicht, dass es nicht geschehen kann. Wer sich die Zukunft mit dem Klimawandel nicht gut vorstellen kann, dem sei zum Einstieg oder als Vorstellungshilfe der Roman *New York 2140* von Kim Stanley Robinson empfohlen.

Nehmen wir einmal an, die schlimmsten Klimaprognosen, wie sie die Studie von Steve Killelea – Gründer des Institute for Economics and Peace – vorhersieht, bewahrheiten sich tatsächlich.[21] Im Jahr 2050 sind etwa eine Milliarde Menschen auf der Flucht, da ihre Heimat aufgrund von Wasser- und Lebensmittelknappheit, Stürmen und Überflutungen unbewohnbar geworden ist. Dazu gehören wahrscheinlich die afrikanische Sahelzone, Staaten wie Angola und Madagaskar sowie die Gebiete von Syrien bis Pakistan.[22] Die Lebensmittelversorgung ist aufgrund von Extremwetterereignissen in vielen Ländern der Erde gefährdet, vielfach herrscht Wasserknappheit und jedes Jahr gibt es neue Hitzerekorde, Waldbrände und Extremwetterereignisse wie Starkregen oder Wirbelstürme. Die Altstadt von Venedig wird immer wieder meterhoch überflutet, da der Meeresspiegel weiter angestiegen ist, die Malediven sind als Urlaubsziel Geschichte, Korallenriffe sterben weltweit zusehends, das Tote Meer ist mittlerweile so gut wie ausgetrocknet. Die Ozeane leiden heute schon besonders unter unserem absurd hohen CO_2-Ausstoß, denn sie nehmen etwa ein Drittel davon auf.[23] Die Menge an Plastik und ebenso der ausufernde Fischfang könnten den Anschein erwecken, wir seien mit den Fischen im Krieg. Seit 1950 ist der Bestand an großen Fischen bereits um 90 Prozent zurückgegangen.[24] Fisch könnte bis 2050 zum seltenen Luxusgut westlicher Industrienationen geworden sein. Tropische Krankheiten wie Malaria oder Dengue-Fieber haben sich bis nach Europa ausgebreitet, und Corona ist nicht die letzte Pandemie gewesen, die die Welt in Atem gehalten hat.

Die Wissenschaft ist sich jetzt schon grundlegend darüber einig, dass der Klimawandel die Übertragung von Viren von Wildtieren auf den Menschen beschleunigt. Fledermäuse sind zum Beispiel Träger von etwa 3000 verschiedenen Coronaviren, ungefähr drei pro Art, die für sie selbst nicht gefährlich sind. Je mehr von ihnen innerhalb einer Region leben, desto größer ist die Gefahr, dass die Krankheitserreger ihre Artgrenze überschreiten, auf andere Tiere übertragen werden und sich weiterentwickeln. Schon seit 1940 ist die Zahl neu auftretender Infektionskrankheiten erheblich gestiegen. In den meisten Fällen handelte es sich dabei um *zoonotische Spillover*, also um Krankheiten, die vom Tier, teilweise über andere tierische Überträger, auf den Menschen überspringen.[25]

Steigende Temperaturen, zusätzliches Sonnenlicht aufgrund weniger Wolken und mehr CO_2 in der Luft begünstigen das Wachstum von Wäldern in Provinzen wie Yunnan, die Ausgangspunkt für die Corona-Pandemie gewesen sein könnte und Fledermäusen eine geeignete Heimat bietet. Covid-19 soll von den Fledermäusen auf Schuppentiere übergesprungen sein, die dann auf einem Markt in Wuhan landeten.[26] In den letzten 100 Jahren – so die Schätzung von Wissenschaftlerinnen – haben sich etwa 40 neue Fledermaus-Spezies in dieser Region angesiedelt, die wiederum rund 100 neue Coronavirus-Typen mitbrachten. Hotspots für Fledermäuse gibt es mittlerweile in vielen Regionen der Welt.[27] Klimawandel und Umweltzerstörung erhöhen massiv die Gefahr für weitere Pandemien.

Kipp-Punkte ohne Wiederkehr

Das Potsdamer Institut für Klimafolgenforschung hat inzwischen mehr als ein Dutzend sogenannte *Kipp-Punkte* ausgemacht. Sie heißen so, da sie, einmal angestoßen, unumkehrbar und auch durch technische Innovationen nicht aufzuhalten sind. Sie können demnach das Weltklima unwiederbringlich und vor allem überraschend in einen neuen Zustand versetzen und selbstverstärkende Mechanismen, sogenannte *Rückkopplungseffekte,* auslösen.

So geht die Wissenschaft davon aus, dass bereits bei einem *globalen Temperaturanstieg* von 2 Grad Celsius die Arktis im Sommer 2100 komplett eisfrei sein wird. Durch das Abschmelzen der Polkappen würde die Sonnenstrahlung aufgrund immer geringerer Eisfläche weniger reflektiert und die Temperaturen würden dadurch noch extremer steigen. Die dadurch freigelegten dunklen Flächen speichern die Wärmeenergie der Sonnenstrahlung, was zu noch höheren Temperaturen führt. Ein weiterer Kipp-Punkt betrifft den *Amazonas-Regenwald*, die grüne Lunge unseres Planeten und das wichtigste Ökosystem für die Artenvielfalt. Wird hier weiterhin zu viel gerodet, würde er sich innerhalb von Jahrzehnten in eine Wald- oder Graslandschaft verwandeln.[28] Da sich alle Kipp-Punkte gegenseitig beeinflussen, könnte es bereits bis zum Ende dieses Jahrhunderts um 4 bis 6 Grad Celsius heißer werden.

Um die Erderwärmung bis Ende des Jahrhunderts deutlich unter 2 Grad Celsius zu halten, muss innerhalb der nächsten 30 Jahre eine nachhaltigere, grundlegende Transformation der Landwirtschaft und eine völlige Abkehr von fossiler Energiegewinnung gelingen. »Deutschland wird – wie andere Länder auch – in sehr kurzer Zeit eine infrastrukturelle, kulturelle, geistige und technische Revolution durchführen müssen, die größte und tiefste seit dem Zweiten Weltkrieg«, prophezeit der *Zeit*-Journalist Bernd Ulrich.[29] Die Alternative ist, dass sich die Klimakatastrophe beschleunigt und wir schon sehr viel früher als im Jahr 2100 bei 3, 4 oder 5 Grad Celsius landen. Die Erde wird sicher nicht geduldig abwarten, bis wir fertig diskutiert haben. Ob der Temperaturanstieg aufzuhalten ist, hängt von der weltweiten zukünftigen Klimapolitik ab. Mit der heutigen Politik landen wir im Jahr 2100 voraussichtlich etwa bei 3,1 bis 3,5 Grad Celsius. Selbst wenn alle Staaten ihre bisher gesteckten Ziele einhalten würden (wonach es derzeit nicht mal ansatzweise aussieht), werden es 2,7 bis 3 Grad Celsius sein. Auch das wäre desaströs, denn unser gewohntes und recht menschenfreundliches Klima wäre verschwunden.[30]

Augen zu und durch!

Warum handeln wir nicht, wenn doch der Klimawandel kein Geheimnis ist und die Zeit dermaßen drängt? Wenn der Mensch angeblich das intelligenteste Wesen auf dieser Welt ist, warum ist er dabei, sich selbst abzuschaffen? Ganz einfach: Der »zukunftsdumme« Mensch beginnt im Allgemeinen erst zu handeln, wenn der Leidensdruck zu groß wird. Im Hinblick auf die Klimakrise könnte es dann zu spät sein. Es geht beim Klimaschutz nicht mehr darum, moralisches Vorbild zu sein. Es geht um einen vernünftigen Egoismus, damit in Zukunft überhaupt noch eine lebenswerte Welt existiert – nicht für irgendwelche zukünftige Generationen, sondern für uns selbst und die Kinder und Jugendlichen, die jetzt schon auf der Welt sind. Sie werden uns wahrscheinlich alle spätestens in der Mitte ihres Lebens verurteilen und zu Recht verfluchen, weil wir ihnen einen überhitzenden Planeten und eine zerstörte Natur hinterlassen.[31] Viele sagen bereits schon völlig zu Recht: How dare you!

Das Klima ist jedoch vermutlich »das langweiligste Thema, das die Wissenschaft der Öffentlichkeit je hat näherbringen müssen«[32], wie es der Filmemacher und Meeresbiologe Randy Olsen treffend ausdrückt. Es scheint, als ob sich die Medien nicht trauen, das drohende

Ausmaß der Krise vollumfänglich darzustellen. Oder es wird bereits als unaufhaltbare Apokalypse behandelt, und nicht als ein Prozess, den wir noch beeinflussen können. In der Politik wie in den Medien schafft es die unvorstellbare Dimension der Krise immer wieder nur an den Rand der Aufmerksamkeit. Bernd Ulrich schreibt in seinem Buch *Alles wird anders*: »Die Energie, die nötig ist, um das Problem zu verdrängen, scheint mittlerweile größer zu sein als der energetische Aufwand, die Dinge endlich in der Größe anzugehen, die sie haben.«[33]

Storytelling zum Wohle des Klimas

Die Mehrheit der Menschen kann eigentlich nicht dagegen sein, dass ihre Kinder und deren Nachfahren die Chance erhalten, ein lebenswertes Leben auf diesem Planeten zu verbringen. Durch den technischen Fortschritt haben wir so viele Ideen und Vorstellungen bereits verwirklicht, dass wir offenbar vergessen haben, dass es womöglich eine viel bessere Vision der Welt von Überüberübermorgen für unser Zukunfts-Ich und unsere Nachkommen geben könnte.[34] Die Klimakrise ist nicht nur eine Verständniskrise, sondern auch ein Problem des Fühlens. Erst durch die Aktivierung des Belohnungssystems erlangt für uns etwas an Wert und Bedeutung. Doch bei der Klimakrise sehen wir keine konkreten Ergebnisse, die direkte Rückmeldung eines Handlungserfolgs fehlt und unser Körper schüttet kein Dopamin aus. Das alles lässt unser Chamäleon kalt, auch das Faultier fühlt sich nicht angesprochen. Niemand im Waggon fühlt sich zuständig!

Bei den Prognosen der Wissenschaftler rund um den Klimawandel geht es meist um das Jahr 2050 oder 2100, also um einen abstrakten Zeitrahmen. Unsere Vorstellungskraft reicht offenbar nicht, um uns frühzeitig ins Handeln zu bringen. Die Millionenfrage lautet: Wie könnte man das Thema Klimawandel attraktiver machen, sodass sich möglichst viele Menschen und Länder für eine »echte Klimapolitik« einsetzen? Die Kunst liegt darin, unsere Vorstellungskraft so zu stärken, dass die abstrakte Imagination der Zukunft konkurrenzfähig ist gegenüber den konkreten und emotionalen Bedürfnissen, die wir in der Gegenwart haben.[35]

Wir brauchen dringend eine positive Zukunftsvision, um möglichst viele Menschen für Klimaschutz zu begeistern und sie davon zu überzeugen, dass ein Leben mit geringem CO_2-Ausstoß glücklich und attraktiv sein kann. Wir müssen starke, emotionale Bilder davon erzeugen, wie wir in unseren Städten ohne Stress und Verkehrslärm saubere Luft und weniger Feinstaub einatmen und Pflanzen an unseren Häusern wachsen. Wie wir mit dem Fahrrad auf breiten Radwegen unterwegs sind, was uns fitter und glücklicher macht, als Stoßstange an Stoßstange im Stau und inmitten gesundheitsschädlicher Abgase zu stehen. Wie wir uns mit sehr viel weniger Fleisch und Fisch gesund und ausgewogen ernähren et cetera.

Mit integrierenden Lösungen könnten nicht nur die Emissionen drastisch gesenkt werden, sondern auch strukturelle Ungleichheit angegangen und vielen Menschen ein besseres Leben ermöglicht werden. Was wir heute als Verzicht fürchten, könnte sich als Fülle und Mehrwert herausstellen. Unser Gehirn hat nur leider so schrecklich viel Angst vor Veränderung. Es liebt seine alten Gewohnheiten, die gut eingefahrenen Aktivitätsmuster. Um sie zu ändern, müssen Spatz, Chamäleon und Faultier begeistert werden. Das ist möglich mit neuen Ideen! Wir könnten versuchen, die Wirtschaft neu zu denken und die Einkommen gerechter zu verteilen, sodass die Belegschaft an den Gewinnen von Konzernen beteiligt würde. Viele Unternehmen sind bereits auf die Idee gekommen, anders zu wirtschaften, Stichwort: *Purpose Economy*. Sie wollen Verantwortung übernehmen und werden zum Beispiel in Form einer sich selbst verwaltenden, gemeinnützigen Stiftung geführt. Gewinne werden nicht gänzlich oder überhaupt nicht an Aktionäre ausgeschüttet, sondern nachhaltig investiert.[36]

Statt einer Wegwerfgesellschaft brauchen wir eine wirklich funktionierende Kreislaufwirtschaft, wobei der *Cradle-to-Cradle-Ansatz* ja schon lange erfunden ist. Klimaschutz und eine florierende Wirtschaft schließen sich nicht aus, wie es so oft dargestellt wird. So gut wie alle nötigen Technologien dafür gibt es schon. Wenn sie ernsthaft finanzielle Unterstützung erhielten, würden schnell weitere Innovationen folgen. Dann könnte sogar das Einhalten des 1,5-Grad-Ziels noch klappen. Jede Person in Deutschland könnte bis 2050 unter dem persönlichen Verbrauch von einer Tonne CO_2 pro Jahr bleiben.[37] Aber nur, wenn wir sofort entsprechende Entscheidungen treffen.

Zu unserer Ehrenrettung sei gesagt: Wir haben durch internationale Zusammenarbeit und Regulierungen das Problem mit dem sauren Regen und dem Ozonloch in den Griff bekommen. Die Klimakrise ist jedoch eine unvorstellbar größere Herausforderung. Wir dürfen die Hände nicht in den Schoß legen, Probleme gibt es weiterhin an vielen Fronten. Nur mit einer positiveren, emotionaleren Hinwendung zu einer alternativen Zukunft und sinnorientiertem Wirtschaften kann es gelingen, die Erderwärmung und andere Probleme zu begrenzen. Viele werden sich sonst im Jahr wieder 2050 fragen: Warum hat niemand etwas getan, wenn doch alle Informationen bereits auf dem Tisch lagen?

Warum kaum etwas passiert

Ich kann irgendwie verstehen, dass viele Menschen mittlerweile das Thema Umweltschutz lästig und nervtötend finden und der Klimawandel für sie ein Buch mit sieben Siegeln ist. Es gibt immer neue Horrormeldungen, so viele Berichte von steigenden Meeresspiegeln, Temperaturanstiegen und hohen CO_2-Werten. Unzählige Daten, Emissionsmengen, Prozente, Tabellen, Grafiken – wer soll da noch durchblicken? Umweltschutz wird zudem nach wie vor vielfach als Modetrend der ewigen Weltverbesserer gesehen, doch diese Einstellung könnte fatale Folgen haben.

Es gibt viele Gründe, sich nicht persönlich für Klimaschutz einzusetzen. Viele Menschen wollen ihr Leben genießen, sich nichts verbieten lassen und nicht auf Annehmlichkeiten oder geliebte Gewohnheiten verzichten. Sie wollen etwas von ihrem Leben haben, vor allem Spaß! Die anderen schieben Selbstschutz vor. Sie wollen sich nicht mit der Klimakrise auseinandersetzen, weil sie die schlimmen Fakten einfach nicht ertragen. Wieder andere glauben, dass der technische Fortschritt uns sowieso noch retten wird, also kein Grund zur

Panik oder überhasteten Aktionen. Egal ob Egoist, Pessimistin oder Optimist – keine dieser Haltungen führt zum Handeln, sie machen uns passiv. Nur die Possibilistin fragt nach alternativen Zukunftsszenarien und handelt.

Studien zeigen: Je weiter weg wir die Konsequenzen unseres Verhaltens vermuten, desto weniger sind wir bereit, etwas zu ändern.[38] Unser Gehirn ist schlichtweg nicht darauf ausgelegt, auf die Zukunft zu achten. Aber umso besser darin, zu begründen, warum wir nicht handeln. Bei unseren Überlegungen zum Umwelt- und Klimaschutz verfangen wir uns allzu oft in *sozialen, zeitlichen* oder *räumlichen Fallen.*

Bei der sozialen Falle fragen wir uns: Wenn alle anderen noch Fernreisen machen, warum sollten wir zu Hause im kalten, nassen Deutschland bleiben? Die zeitliche Falle ist gleichzusetzen mit dem Motto »Nach mir die Sintflut« – und es ist leider gar nicht ausgeschlossen, dass diese tatsächlich eintritt. Der Grundgedanke ist: Es mag ja stimmen, dass unser Verhalten irgendwie schlecht für den Planeten ist, aber im Moment ist für uns doch alles ganz gut. Die räumliche Falle steht für »Aus den Augen, aus dem Sinn«: Ja, vielleicht gehen irgendwo ein paar Inseln unter und auf dünnen Schollen treiben magere Eisbären, aber wir hier in Deutschland sind davon ja wohl nicht betroffen. Wir leben weit genug über dem Meeresspiegel.[39]

Doch unter dem Strich werden wir unser Verhalten so oder so in Zukunft anpassen müssen. Entweder verändern wir uns freiwillig oder der Klimawandel verändert uns. Doch wie fangen wir am besten an?

Der Einfluss jedes Einzelnen – ein klimafreundlicheres Leben mit einem tieferen Sinn

So hart es klingt: Wir verhalten uns höchst unfair. Das, was wir mit Mobilitäts- und Konsumgewohnheiten sowie Energieverbrauch kaputtmachen, müssen Menschen in anderen Regionen ausbaden.

Unsere gesteigerte Nachfrage etwa nach Kakao oder Kaffee führt unmittelbar zur Abholzung von Tropenwäldern in Ländern wie der Elfenbeinküste, Ghana oder Indonesien.[40] In Regionen, in denen die Biodiversität zurückgeht, verschwinden natürliche Fressfeinde, etwa jene von Moskitos. Etwa 400 000 Menschen sterben jährlich an Malaria, Tendenz steigend. Der Humanökologe Andreas Malm formulierte es so: »Die Europäer*innen bekommen die Schokolade und die Profite, die Afrikaner*innen die Moskitos.«[41] Unser moderner Lebensstil führt dazu, dass anderen Menschen die Lebensgrundlage entzogen wird, da der CO_2-Ausstoß der westlichen Welt in vielen Regionen zu Wassermangel und Dürre führt, sodass die Menschen in ihrer Heimat nicht mehr leben können.

Die reichen Industrienationen bräuchten mehr als zwei Erdplaneten, um ihren Ressourcenbedarf zu stillen, und ihre Wirtschafts- und Lebensweise ist in der Tat die Hauptursache für den immensen CO_2-Ausstoß. Auch wenn Deutschland derzeit »nur« für 2 Prozent der Emissionen weltweit verantwortlich ist, gehört es zu den Top Ten der CO_2-Verursacher und hat in der Vergangenheit neben England und den USA bereits übermäßig viel CO_2 emittiert.[42]

Der durchschnittliche CO_2-Fußabdruck – übrigens interessanterweise eine »Erfindung« des Ölkonzerns British Petrol – beträgt in Deutschland jährlich etwas mehr als 10 Tonnen pro Kopf. Das ist der höchste Wert in Europa und doppelt so viel wie der weltweite Durchschnitt. Machen wir uns das kurz klar: Heizung und Strom machen zusammen 22 Prozent unserer CO_2-Bilanz aus, Ernährung 15 Prozent, Mobilität etwa 14 Prozent, öffentliche Emissionen 6 Prozent, Flugreisen rund 5 Prozent und der sonstige Konsum liegt bei etwa 38 Prozent.[43] Je höher also die Ausgaben für Konsumgüter, von der Jeans bis zum Auto, desto stärker steigt der persönliche CO_2-Fußabdruck. Wer viel fliegt, produziert leider richtig fleißig mit: Etwa 3 Tonnen CO_2 entsprechen etwa einem Hin-und Rückflug von Düsseldorf nach New York – pro Person. Um die Erderwärmung bei 1,5 Grad Celsius zu halten, darf nach Berechnungen jeder Mensch nur noch 2 Tonnen CO_2 pro Jahr verbrauchen – und zwar nur noch bis ins Jahr 2050. Dann müssen die Emissionen weltweit bei null liegen.[44] Bei null!

Ihr individueller CO₂-Fußabdruck für mehr Klimafreundlichkeit im Leben

Zeitexperiment

CO_2-verursachende Unternehmungen machen uns heute irre viel Spaß oder gehören schlicht zu unserem Alltag, ohne dass uns das wirklich bewusst ist. Wenn wir uns die Folgen klarmachen, finden wir für so manche Lebensbereiche eine bessere Alternative, mit der wir gut und glücklich leben können.

Um herauszufinden, wie sich Ihr alltägliches Verhalten auf das Klima auswirkt, können Sie auf der Internetseite des Bundesumweltamts Ihre jährliche CO_2-Bilanz ausrechnen.[45] Sie werden feststellen, dass Sie in einigen Bereichen sicher CO_2 einsparen können, was richtig und wichtig ist, aber Sie werden auch sehen: Unter den gegebenen Umständen ist es heute so gut wie unmöglich, als Einzelperson auf einen Fußabdruck von unter 2 Tonnen CO_2 pro Jahr zu kommen, selbst wenn Sie sich noch so sehr anstrengen.

Ihre Konsumentscheidungen grundlegend zu überdenken, mehr regionale, nachhaltige, energiesparende, umweltfreundlichere Produkte zu fordern und zu kaufen ist schon mal ein guter Anfang. Vielleicht können Sie Familie, Freundinnen und Kollegen für solche Themen sensibilisieren und begeistern. Noch besser wäre es, sich politisch zu engagieren, um mehr Einfluss nehmen zu können. Schreiben Sie Briefe an Abgeordnete oder setzen Sie sich lokal für besseren Klima- und Umweltschutz ein. Unterstützen Sie beispielsweise Organisationen wie GermanZero,[46] die Deutschland bis 2035 klimaneutral machen möchten. Wenn Sie keine Zeit haben, können Sie auch Geld spenden – und gehen Sie wählen!

Klare Sache: Der Klimawandel ist ein extrem komplexes Problem und wird nicht allein durch eine Änderung des individuellen Konsumverhaltens aufzuhalten sein – ohne eine grundlegende Veränderung auf systemischer Ebene, ohne eine übergeordnete, durchgreifende Klimapolitik, die auf einem breiten Konsens basiert, wird es nicht funktionieren.[47] Es ist an uns allen, dafür Sorge zu tragen, dass Regierungen und Wirtschaftskonzerne endlich die richtigen, zukunftsfähigen Entscheidungen treffen. Statt sich nur moralisch zu empören oder nach einem Sündenbock zu suchen, ist es viel wichtiger und wirkungsvoller, den Fokus darauf zu legen, was wir im Hier und Jetzt ändern können, damit sich die Chancen erhöhen, zukunftsweisende Lösungen zu finden.

Es ist noch nicht zu spät!

Wenn Sie jetzt glauben, dass individuelle Verhaltensänderungen überhaupt nichts ausmachen, schauen wir uns an, was ein einzelner Schritt bewirken kann. Greta Thunberg ging freitags nicht zur Schule, setzte sich auf die Straße, hielt ein Schild hoch und startete dadurch eine weltweite Bewegung. Der neunjährige Felix Finkbeiner beschloss im Jahr 2007, Kinder weltweit aufzufordern, eine Million Bäume zu pflanzen. Klingt nach einer süßen Idee, aber schon ein bisschen utopisch, oder? Kinderträume eben. Von wegen! Schon im Jahr 2010 wurde im Rahmen der Stiftung Plant-for-the-Planet der millionste Baum gepflanzt. Mittlerweile existiert die Vision, mit dem Projekt Trillion Tree Campaign 1000 Milliarden Bäume zu pflanzen.[48]

Die Meere von Plastik zu befreien ist einfach unmöglich? Als Boyan Slat beim Tauchen vor der griechischen Küste Unmengen an Plastiktüten entdeckte, erfand er im Rahmen eines Schulprojekts ein effizientes Reinigungssystem. Anfangs wurden er und seine Idee belächelt und nicht für voll genommen, aber davon ließ sich der junge Mann nicht beirren. Zum Glück! Dank seiner inzwischen entwickelten Technologie scheint es möglich, die Meere bis 2050 wieder zu säubern.[49]

Leben wir nicht in einer seltsamen Welt, in der in unserem Sprachgebrauch jemand als »realistisch« gilt, der eigentlich ein Zyniker ist? Und die größten Realisten, die tatsächlich real etwas auf dieser Welt verändern, zunächst belächelt werden und als naiv gelten? Der Historiker Rutger Bregman ist optimistisch und überzeugt: »Die Naivität von heute kann die Nüchternheit von morgen sein.«[50]

Wenn wir anfangen zu glauben, dass wir mit unserem Handeln etwas bewirken und zum Besseren verändern können, kann aus kleinen Ideen und Ansätzen am Ende Großes und Weltbewegendes entstehen. Fangen Sie also an, etwas für das Klima zu tun, wenn Sie etwas tun möchten, auch im Kleinen – am besten gleich noch heute. Wer weiß, wohin es eines Tages führt!

Weltrettung im Kleinen – ein paar Anregungen

Zeitexperiment

Viele verbinden Klimaschutz mit einer Verzichtskultur. Probieren Sie mal ein paar klimafreundliche Dinge aus und beobachten Sie dabei, ob es Ihnen wirklich so viel wegnimmt oder außergewöhnlich viel Zeit kostet.

Wechseln Sie zu Ökostrom und versuchen Sie, Energie zu sparen. Das spart sogar Geld.

Nutzen Sie öffentliche Verkehrsmittel oder fahren Sie Fahrrad, und verreisen Sie öfter mit Bahn oder Bus statt mit dem Auto oder dem Flugzeug.

Kaufen Sie möglichst regional, essen Sie möglichst wenig Fleisch und Fisch. Jeder Bundesbürger isst im Jahr etwa 60 Kilo Fleisch, das entspricht knapp einer halben Tonne CO_2.

Versuchen Sie sich an Ihrem Arbeitsplatz für mehr Nachhaltigkeit einzusetzen und gewinnen Sie Kolleginnen oder Vorgesetzte für das Thema Umwelt- und Klimaschutz.

Fragen Sie sich, was Ihr Vermögen eigentlich die ganze Zeit so treibt. Wechseln Sie eventuell zu einer ethischen Bank oder überlegen Sie, in welche Unternehmen Sie Ihr Geld investieren möchten.

Verschenken oder wünschen Sie sich Baumpatenschaften zum Geburtstag oder zu Weihnachten statt Präsente. Oder starten Sie eine Spendenaktion zu besonderen Anlässen bei Umweltschutz-, Klimaschutz- oder Artenschutzorganisationen Ihrer Wahl.

Der US-Astronaut Neil Armstrong sagte nach der Mondlandung: »Wenn Hunderttausende Menschen alle etwas mehr tun, als sie müssten, kommt eine bessere Leistung dabei heraus. Nur so konnten wir das schaffen.«[51] Die Menschheit ist bis zum Mond geflogen – warum sollte also die Klimakrise nicht doch noch zu lösen sein, wenn wir uns gemeinsam dieses Ziel setzen und jeder seinen Beitrag leistet? Im Zuge der Corona-Pandemie haben wir gesehen, dass es richtig und wichtig ist, auf die Wissenschaft zu hören. Wir haben gesehen, was passiert, wenn zu spät gehandelt wird. Und wir haben erfahren, dass es für uns als Individuen ebenso wie für die Gesellschaft notwendig und möglich ist, unser Handeln und unsere Gewohnheiten innerhalb kürzester Zeit zu verändern. Gleiches gilt für die Klimakrise: »Wir sind nicht dem Untergang geweiht. – Es sei denn, wir entscheiden uns dafür«,[52] erklärte Kate Marvel, Klimawissenschaftlerin an der Columbia University sowie am Goddard Institute für Space Studies der NASA.

Werfen wir nach dieser Anstrengung zum Ausklang einen Blick auf sieben inspirierende Aspekte, wie Sie die Zeit aus einer neuen Perspektive betrachten und so Ihr Gehirn dabei unterstützen können, Ihre Zukunft in Ihrem besten Sinne zu formen.

Ihre Zeit besser verstehen und anders erleben

- ✓ Die Menschheit hat sich selbst an den Rand einer existentiellen Katastrophe gebracht.

- ✓ Um das 1,5-Grad-Ziel noch einzuhalten, müssen wir alles tun, um den CO_2-Ausstoß drastisch zu reduzieren. Dazu brauchen wir einen Wandel auf systemischer Ebene.

- ✓ Einzelne können allein durch Konsumverzicht die Klimakatastrophe nicht verhindern. Wir müssen an beiden Seiten ansetzen: in der Politik und beim eigenen Verhalten.

- ✓ Um unsere Zukunft auf diesem Planeten für kommende Generationen zu sichern, müssen wir jetzt handeln und zukunftsfähige und vor allem emotionale Visionen entwerfen.

- ✓ Begeistern Sie Freunde, Bekannte und Verwandte für das Thema Klima- und Artenschutz! Wir werden jeden brauchen!

- ✓ Was können Sie beitragen, damit wir alle eine lebenswerte Zukunft haben?

Kapitel 12

Das Beste kommt zum Schluss – sieben Inspirationen für ein besseres Zeitbewusstsein

»How to stop time: kiss.
How to travel time: read.
How to escape time: music.
How to feel time: write.
How to release time: breathe.«

Matt Haig

1.
Jeden Tag neue Pläne schmieden – und eines Tages umsetzen

Nehmen Sie Ihre ausgefüllte Liste aus Kapitel 1 (Zeitexperiment: »Womit füllen Sie Ihre Zeit?«) noch einmal zur Hand. Kann es sein, dass Sie manches aus Spalte 3, »Das möchte ich gerne tun«, schon wieder aus den Augen verloren haben? Es ist schade, aber wahr: Viele Ideen setzen wir nicht um, weil wir sie im Alltagsstress schlicht vergessen oder nicht priorisieren, weil wir Angst haben, dass es nicht klappen könnte, zu viel Veränderung bedeutet oder zu anstrengend scheint. Indem wir uns unsere Ideen häufig – am besten täglich – gedanklich vorstellen oder kurz aufschreiben, kann aus Angst, die uns unter Stress setzt und die Kreativität raubt, Vorfreude erwachsen, die uns beflügelt.

Vorstellungen von Ihrer Zukunft

Zeitexperiment

Notieren Sie, wie Sie sich Ihr Zukunfts-Ich vorstellen und wie Sie sich dann fühlen werden – also welcher Mensch Sie in 5, 10, 20 Jahren oder am Ende Ihres Lebens sein wollen.

Oder überlegen Sie:

Was wollen Sie in einem Monat, in drei oder in sechs Monaten erreichen?

Wie sieht für Sie ein »perfekter« Tag aus?

Wenn Sie einen besonders anstrengenden Tag vor sich haben, stellen Sie sich morgens vor, wie Ihr Tag im besten Fall abläuft, das wirkt vorbeugend gegen Stress.

Welche Ziele, Herausforderungen und Probleme würden Sie angehen, wenn Sie wüssten, dass Sie intelligenter und talentierter als alle anderen auf der Welt wären und nicht scheitern könnten?

Wie würde Ihr Leben aussehen, wenn Ihre Wünsche schon alle in Erfüllung gegangen wären? Setzen Sie Ihre Ziele oder Visionen ruhig hoch an. Sonst schließen Sie womöglich vorschnell Möglichkeiten für Ihr Zukunfts-Ich aus.

Sie können täglich mit diesen Fragen spielen und sie abwechselnd beantworten. Mit Stichpunkten dauert das keine zwei Minuten, aber der Effekt kann riesig sein!

Übertragen Sie Ihre Liste mit den großen Zielen und Wünschen am Anfang jedes Monats ganz bewusst erneut in Ihren Kalender und ergänzen Sie neue Ideen. Es ergeben sich vielleicht ganz neue Möglichkeiten, weil Sie in der Zwischenzeit wieder neue Erfahrungen gesammelt haben. Dafür bietet sich beispielsweise die *Bullet-Journal-Methode*[1] an, ein System, bei dem Ihre komplette To-do-Liste mit allen großen und kleinen Vorhaben und Zielen mit Ihrem eigenen Notizbuch oder Kalender mitwandert.

Es ist auch vollkommen in Ordnung, wenn Sie Ihre Visionen für die Zukunft eine Zeit lang nur aufschreiben, ohne etwas in die Tat umzusetzen. Machen Sie sich dabei frei von den Erwartungen anderer, folgen Sie lieber Ihren eigenen Vorstellungen. Früher oder später sollten Sie sich aber mehr auf die Umsetzung konzentrieren. Entwickeln Sie konkrete Handlungen, die Sie näher zu Ihrem Zukunfts-Ich bringen. Machen Sie dabei einen Schritt nach dem anderen. »Alles, was Sie tun, macht einen Unterschied und Sie können entscheiden, welcher Unterschied das sein soll«, sagt die Verhaltensforscherin Jane Goodall.[2] Überlegen Sie sich, welche kleinen Schritte Sie wann konkret umsetzen wollen. So geraten diese nicht so schnell aus Ihrem Blickfeld.

Überwinden Sie allmählich eventuelle Versagensängste, indem Sie lernen, Fehler auf dem Weg zum Ziel auch als Fortschritt zu begreifen. Niemand kommt als Unternehmerin, Konzertpianist oder Aktivistin zur Welt. Die Kunst besteht darin, Fehler, die Ihnen unterlaufen, zu erkennen und etwas daraus zu lernen. So werden Sie auf Ihrem Weg ganz nebenbei viele Ihrer verschiedenen Talente entdecken und entfalten. Das stärkt Ihr dynamisches Selbstbild!

Neue Wege bringen neue Erfahrungen. Der erste Schritt erfordert sicherlich am meisten Mut und fällt daher am schwersten, aber wenn der Stein erst ins Rollen gekommen ist ...! Lassen Sie sich überraschen, was so alles passiert. Wenn wir uns einmal ernsthaft für etwas entschieden haben, geschieht der Rest nahezu von allein. Wir haben auf einmal die nötige Energie und Kreativität, sodass sich alles viel leichter anfühlt. Das heißt nicht, dass es zwischendrin nicht anstrengend wird und wir nie mehr durch tiefe Täler gehen müssen. Aber mit einem klaren Ziel vor Augen fällt uns die Umsetzung leichter, weil wir uns dann auf den Prozess fokussieren können. So wie der einstige US-Präsident John F. Kennedy es bei dem zur damaligen Zeit ziemlich utopisch anmutenden Projekt Mondlandung formulierte: »Wir haben uns entschieden, noch in diesem Jahrzehnt zum Mond zu fliegen (...), nicht weil es leicht ist, sondern weil es schwer ist.«[3] Und dieser Menschheitstraum ist, wie wir alle wissen, wahr geworden.

2.
Einen genaueren Blick auf die Zeit werfen

Die Idee, dass jeder Mensch eine ganz eigene Vorstellung von der Zeit hat, ist eigentlich recht erfrischend. Ich möchte Sie daher an dieser Stelle zu weiteren Gedankenexperimenten einladen, wie wir uns Zeit vorstellen. Vielleicht haben Sie ja Lust, das Ganze auch mal im Familien- oder Freundeskreis auszuprobieren und Ihre Ergebnisse zu vergleichen – das kann sehr lustig und erhellend sein! Einige Menschen haben ein Bild von Ereignissen und deren Zeitspanne im Kopf. Offenbar visualisiert aber nur etwa jeder fünfte Mensch die Zeit wirklich.[4] Starten Sie doch mal einen Versuch. Wie stellen Sie sich Zeit vor, genauer: die drei Zeitebenen?

Zeitexperiment

Wie sehen Sie die Gegenwart, Vergangenheit und Zukunft?

Nehmen Sie ein Blatt Papier und einen Stift zur Hand und zeichnen Sie drei Kreise darauf, die Vergangenheit, Gegenwart und Zukunft symbolisieren. Sie entscheiden, wo die Kreise sich auf dem Blatt befinden, ob sie sich überschneiden oder räumlich voneinander getrennt sind und wie groß jeder Kreis ausfällt. Es gibt kein Richtig oder Falsch, zeichnen Sie aus dem Bauch heraus, was Sie stimmig finden.

Betrachten Sie anschließend Ihre Zeitebenen-Übersicht. Überlegen Sie: Gibt es Gründe, warum Sie zum Beispiel die Vergangenheit kleiner als die Zukunft gemalt haben – oder umgekehrt? Warum haben Sie genau diese Größe für die einzelnen Kreise gewählt? Warum überschneiden sich Ihre Kreise oder warum gibt es keine Überschneidungen? Vielleicht gewinnen Sie so neue Erkenntnisse über Ihre Sicht auf die drei Zeitebenen.

Mit sehr hoher Wahrscheinlichkeit haben Sie die Vergangenheit links, die Gegenwart in der Mitte und die Zukunft rechts eingezeichnet, sofern Sie Europäer sind. Menschen, die mit Sprachen aufwachsen, die man nicht von rechts nach links, sondern von oben nach unten schreibt, etwa Mandarin, tragen die Zeiten anders ein, also das Jetzt in der Mitte, die Vergangenheit unten und die Zukunft oben.[5] In unserer Sprache liegt die Zukunft zweifellos vor uns, doch die Aymara, ein indigenes Volk in den Anden, stellen es sich genau andersherum vor. Nach ihrer Vergangenheit gefragt, zeigen sie nach vorne, also in ihre Blickrichtung, denn das Vergangene kennen sie bereits und können es vor sich sehen. Die Zukunft wähnen sie hinter ihrem Rücken, da sie »blind« sind und daher ihre Zukunft noch nicht kennen.[6] Für die Thaayorre im Norden Australiens fließt die Zeit grundsätzlich von Osten nach Westen und damit mal von rechts nach links, links nach rechts, mal von hinten nach vorne oder umgekehrt, je nachdem in welche Richtung sie gerade blicken.[7]

Viele Menschen zeichnen übrigens den Zukunftskreis – also das

Unbekannte – am größten; bei anderen ist dieser Kreis der kleinste. Der Gegenwartskreis ist selten am größten.[8] Im Kopf springen wir ständig in den Zeitebenen hin und her. Wir wechseln ins Jetzt, springen in die Vergangenheit und dann wieder in die Zukunft. Es herrscht ein echtes Zeitkuddelmuddel.

Erkunden wir noch ein paar andere Zeiträume, um unser Verständnis von der Zeit zu vertiefen. Machen Sie sich keine Sorgen, wenn beim ersten Versuch noch keine konkreten Bilder vor Ihrem inneren Auge auftauchen. Visualisierungen brauchen etwas Zeit und Geduld.

Zeitexperiment

Wie sehen Sie konkrete Zeiträume?

Schauen Sie sich die folgenden Fragen an und versuchen Sie, Ihre Vorstellung dazu aufs Papier zu bringen.

Wie stellen Sie sich das aktuelle Jahr vor? Wie die nächsten drei Monate?

Wie sieht die nächste Woche in Ihrem Kopf aus?

Wie sähe das letzte Jahrzehnt bei Ihnen aus, wenn Sie es sich vorstellen müssten?

Wie sehen Sie die Zeit, wenn Sie an ein bestimmtes Ereignis denken, etwa an den 11. September 2001, den Brand von Notre Dame oder den Tag, an dem Joe Biden Präsident der USA wurde?

Wahrscheinlich sind diese räumlichen Zeitbilder und unsere Erfahrungen von Erinnerungen der Kindheit geprägt. Erstaunlicherweise verlaufen die Monate innerhalb eines Jahres bei vielen Menschen gegen den Uhrzeigersinn. Sie sehen Monate als Oval, Welle, Spirale, Kreis oder Schleife. Gerade Linien kommen in Zeitvorstellungen seltener vor, ebenso wie Quadrate. Wochentage sind in der Vorstellung noch individueller als Monate. Hier gibt es Halbkreise, Hufeisenformen, Escher-Bögen vom Sonntag in den Montag, Gitter, Klaviertastaturen, aufeinander folgende Stufen, Dominosteine – und die Wochenenden sehen übereinstimmend immer irgendwie besonders aus. Erstaunlicherweise haben nur wenige die Vorstellung eines Terminkalenders im Kopf.[9]

Mein Jahr beginnt beispielsweise im Uhrzeigersinn, aber eher mit einer Geraden, die sich dann verselbstständigt; es hat irgendwie Ähnlichkeit mit einem Ski-Abhang, der ab Februar leicht abfällt. Dann folgt ein kleines Plateau. Der Sommer ist sehr lang, vielleicht wegen der Erfahrung der langen Sommerferien, und danach geht es in Richtung Jahresende wieder flacher. Im Dezember verläuft die Zeit waagrecht. Es fühlt sich für mich trotzdem nicht nach einer Abfahrt an, sondern die Zeit scheint eher in der Luft zu schweben. Ihr Jahr sieht vermutlich ganz anders aus!

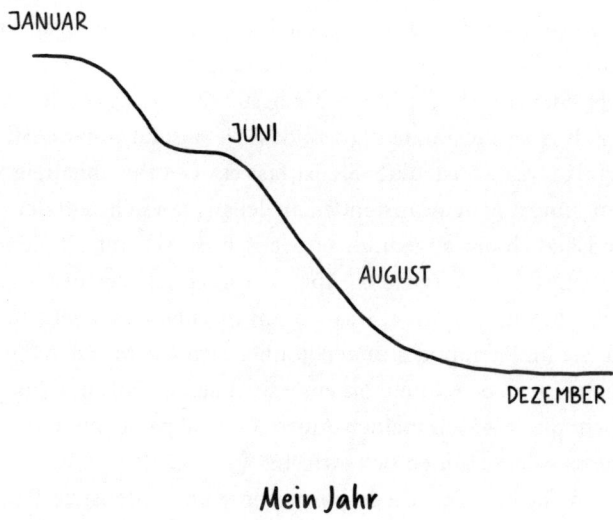

Mein Jahr

3.
Bewegung, Kunst und Zeitempfinden – Zeit durch das eigene Körpergefühl erleben

Die Zeit existiert um uns herum, sie bleibt nie stehen und wir sind mittendrin. Zeit, Raum und Bewegung gehören für uns zusammen. Überlegen Sie, wo und wie Sie sich gerne bewegen und tun Sie es jeden Tag, wenigstens für ein paar Minuten. Gehen Sie bewusst oder tanzen Sie – egal ob mit oder ohne Musik – durch einen Raum. Versuchen Sie dabei Bewegungen aufzuspüren, die Sie noch nie zuvor ausprobiert haben. Mit Vorsicht, natürlich! Ihr Körper wird es Ihnen in Ihrem zukünftigen Jetzt danken, und Sie haben jeden Tag einen ganz bewussten Zugang zur Zeit. Vielleicht belegen Sie sogar einen Tanzkurs, weil Sie Gefallen an der Bewegung finden.

Für Friedemann Vogel, einen der besten Balletttänzer der Welt, ist die Zeit trotz der Eindeutigkeit, dass sie absolut präzise ist, ein viel formbareres Konstrukt. »Sie ist fast ein Gefühl, abhängig von der Stimmung und den Umständen, in denen man sich befindet.« Da er grundsätzlich ein ungeduldiger Mensch ist, scheint die Zeit für ihn oft langsam zu vergehen. »Aber wenn ich auf der Bühne und im Studio bin und das tue, was ich am meisten liebe, vergeht die Zeit oft wie im Flug, und Stunden können sich wie Minuten anfühlen. Nach einer Vorstellung, oft emotional aufgewühlt und körperlich erschöpft, lasse ich meinen Auftritt Revue passieren und diese schlaflosen Nächte fühlen sich ewig an.«[10]

Doch nicht nur Tanz, jede Form von Kunst intensiviert unser Zeiterleben. Treten Sie in einen Chor oder eine Schauspielgruppe ein und erleben Sie auf diese Weise kleine oder große Bühnenauftritte, die zu einer ganz neuen Wahrnehmung der Zeit führen. Auf der Bühne kann die Zeit regelrecht fliegen.

Es wartet so viel außergewöhnliche Zeit auf uns, wir müssen sie nur nutzen! Vielleicht sollten wir uns an dem Dichter Charles Baudelaire orientieren, der einst schrieb: »Damit Ihr die entsetzliche Last der Zeit nicht spürt, die Euch die Schultern bricht und zu Boden drückt, müsst Ihr Euch berauschen ohne Unterlass. Aber womit? Mit Wein, mit Poesie, mit Tugend, womit Ihr wollt. Aber berauscht Euch.«[11] Kein schlechter Rat, und jeder findet für sich eine gute Mischung.

4.
Panda und Giraffe machen einen Ausflug – seltsame Zeitvorstellungen erforschen

Ich kann dieses Buch nicht beenden, ohne die Relativitätstheorie ein wenig besser verstanden zu haben. Treffen wir noch einmal den Panda und die Giraffe, die wir schon vom Malwettbewerb kennen und nehmen folgendes Szenario an: Die beiden sitzen nachts in der Savanne und der Panda leuchtet mit einer riesigen Taschenlampe ins Universum.[12] Wir stellen uns vor, wie dieser Lichtstrahl mit einer affenartigen Geschwindigkeit in den Nachthimmel fliegt. Licht bewegt sich bekanntlich mit einer konstanten Geschwindigkeit von knapp 300 000 Kilometern pro Sekunde, zumindest im Vakuum.

Ist es nun *egal*, ob man sich mit der Lichtquelle *mitbewegt* oder *nicht*? Die Giraffe ist neugierig und möchte unbedingt versuchen, dem Licht näherzukommen und es vielleicht doch einzuholen. Der Panda macht die Taschenlampe aus und die Giraffe steigt in eine Rakete. Sie möchte gleichzeitig mit dem Licht starten. Der Panda knipst die Taschenlampe an und die Giraffe saust mit der unfassbaren Geschwindigkeit von 250 000 Kilometern pro Sekunde dem Licht der Taschenlampe hinterher.

Der Panda sieht das Licht seiner Taschenlampe, wie es mit Lichtgeschwindigkeit unterwegs ist, gefolgt von der Giraffe in ihrer Rakete. Für ihn sieht es nach einer Sekunde so aus, als ob das Licht 50 000 Kilometer pro Sekunde schneller unterwegs wäre als die Rakete. Von der Erde aus betrachtet ist also alles wie immer.

Schauen wir uns jetzt aber mal an, was die Giraffe in der Rakete sieht: Sie traut ihren eigenen Augen nicht, denn der Abstand zwischen ihr und dem Lichtstrahl dürfte jetzt ja nur 50 000 Kilometer betragen, so wie es auch für den Panda auf der Erde aussieht. Doch für die Giraffe in der Rakete eilt das Licht immer noch mit einer Geschwindigkeit von 300 000 Kilometern pro Sekunde vor ihr her. Licht ist wirklich in jeder Konstellation konstant schnell. Die Giraffe hatte von Anfang an keine Chance, mit ihrer Rakete näher an das Licht heranzukommen.

Panda, Giraffe und Einsteins Vermächtnis

So, mir hat das jetzt einen ziemlichen Knoten in meinen Kopf gezaubert. Versuchen wir etwas Licht ins dunkle Universum zu bringen. Albert Einstein erkannte als Erster, dass die Lichtgeschwindigkeit unveränderlich sein muss, also niemals von der Bewegung einer Lichtquelle abhängig ist, und verstand dies als Naturgesetz. Demzufolge kann der Panda die Ausbreitung des Lichtstrahls nicht anders wahrnehmen als die Giraffe in der Rakete. Aber warum sieht es dann für den Panda auf der Erde so aus, als würde die Giraffe das Licht einholen? Das ist das Vermächtnis Albert Einsteins: »Zeit hängt davon ab, wie sich ein Beobachter zu dem bewegt, was er sieht. Das ist die zentrale Einsicht der Relativitätstheorie.«[13] Das bedeutet, dass die Zeit des Pandas nicht die Zeit der sich raketenschnell bewegenden Giraffe ist. Es gibt eben keine universelle, überall geltende kosmische Zeit.

Könnte der Panda nach einiger Zeit einen Blick auf die Uhr der Giraffe erhaschen, weil sie ihm zum Beispiel ein Selfie mit ihrer Uhrzeit auf ihrer Smart-Watch schickt, würde ihm vermutlich vor Schreck die Taschenlampe aus der Hand fallen! Auf seiner eigenen Uhr wäre bereits eine ganze Stunde vergangen, bei der Giraffe aber gerade mal 33 Minuten. Seine Zeit vergeht schneller, denn in der Raumkapsel der Giraffe dauert es – von Pandas Standpunkt aus gesehen – fast doppelt so lange, bis eine Stunde vorüber ist. Da aber die Giraffe alles, was sie erlebt, in ihrer Raketenzeit betrachtet, bewegt sich der Lichtstrahl aus ihrer Position gleich schnell wie aus der Position des Pandas auf der Erde.

5.
Den Sinn des Lebens in einer endlichen Welt finden

Interessanterweise ist es für uns viel leichter zu verarbeiten, dass wir irgendwann vor langer, langer Zeit noch gar nicht existiert haben, als der Tatsache ins Gesicht zu sehen, dass die menschliche Existenz auf der Erde früher oder später wieder enden wird. In der Physik gibt es die Annahme, dass sogar die Zeit im ganzen Universum enden könnte, wenn von der Energie des Urknalls nichts mehr übrig ist. Damit wird auch die Menschheit Geschichte sein, denn ohne Energieumwandlung ist kein Leben möglich. Bis es so weit ist, vergeht aber noch jede Menge Zeit, etwa 10^{100} Jahre.[14] Doch unser Stündlein wird früher schlagen, in 2 Milliarden Jahren, wenn die Erde sich in einen Wüstenplaneten verwandelt hat (und letztlich von der Sonne verschluckt wird). Selbst wenn die Menschheit es schaffen sollte, auf einem anderen Planeten – im Moment steht ja der Mars ganz hoch im Kurs – Fuß zu fassen, wird auch dort unsere Existenz irgendwann enden. Spätestens mit dem Ende unseres Universums wird alles, was die Menschheit getan oder erdacht hat, für immer vergessen sein, und selbst die Erinnerung, dass man etwas vergessen kann, wird verloren sein.[15] Doch wie können wir in unserem Leben einen Sinn finden, wenn am Ende nichts ewig währt?

Der Philosoph Friedrich Nietzsche fasste die Bedeutungslosigkeit der Menschen so zusammen: »In irgendeinem abgelegenen Winkel des in zahllosen Sonnensystemen flimmernd ausgegossenen Weltalls gab es einmal ein Gestirn, auf dem kluge Tiere das Erkennen erfanden. Es war die hochmütigste und verlogenste Minute der ›Weltgeschichte‹; aber doch nur eine Minute.« Kurz: Ewigkeiten gab es die Menschheit nicht, und schon bald wird es sie höchstwahrscheinlich nicht mehr geben.

Aber die Tatsache, dass der Mensch für die kosmische Existenz bedeutungslos ist, heißt nicht automatisch, dass unser eigenes Leben darin für uns keine Bedeutung hat. Vielleicht besteht der Sinn darin, für uns selbst einen Sinn festzulegen? »Was ist der endgültige Sinn des Lebens? Wir wissen es nicht. Außer: am Leben zu bleiben, es zu genießen und etwas aus sich zu machen – und anderen Menschen zu helfen, wenn sie es brauchen«, sagt die Psychoanalytikerin Erika Freemann.[16] Gerade wenn wir uns für andere einsetzen, merken wir, dass wir weder umsonst leben noch umsonst gelebt haben werden. Unser Leben wird dann eine Bedeutung gehabt haben, in jedem erdenklichen Sinn, denn wir werden für andere bedeutsam gewesen sein und eine »kleine Insel des Sinns in diesem weitgehend sinnleeren Kosmos«[17] erschaffen haben.

6.
Nach Unsterblichkeit streben

Im Silicon Valley wird auf Hochtouren an der Lebensverlängerung gearbeitet. Noch ist es Fiktion, dass wir unser Gehirn eines Tages in eine Cloud »uploaden« können. Vielleicht wird es aber tatsächlich irgendwann möglich sein, unser Bewusstsein digital am Leben zu erhalten. Calico, ein Subunternehmen von Google, hat es sich zum Ziel gesetzt, »den Tod zu beseitigen«,[18] und so einige Tech-Firmen glauben daran, dass der Mensch durch moderne Medizin und Rundumerneuerung mithilfe von Gentechnik und Nanotechnologie körperlich unsterblich werden könnte. Eine Studie konnte bereits belegen, dass es möglich ist, durch Behandlungen mit Hochdruck-Sauerstoff die Alterungsprozesse von Blutzellen nicht nur zu stoppen, sondern sogar umzukehren.[19]

Rund 500 Lebensjahre könnten also bald kein Problem mehr sein. Wir müssten nur bis ins Jahr 2050 durchhalten und ausreichend Geld in der Tasche haben, um dem Leben weitere Jahrzehnte abzuluchsen. Doch selbst in dem Fall könnten wir noch durch einen dummen Unfall sterben.

Aber wie erstrebenswert wäre ein ewiges Leben überhaupt? Und wer wird sich das – egal ob digital oder körperlich – leisten können? Der Historiker Yuval Harari glaubt sowieso, dass Menschen nicht die Unsterblichkeit im Auge haben, aber die Frage nach zehn weiteren, gesunden Jahren immer wieder mit Ja beantworten würden.[20]

7.
Zeit durch Reflexion neu erleben

Wir begannen und wir beenden dieses Kapitel mit dem Schreiben, weil es ein wertvolles Werkzeug ist, um Klarheit über sich selbst und die Zeit zu gewinnen und zu reflektieren, was im Leben wirklich wichtig ist. Im Alltag geraten solche Überlegungen bei all den zu erledigenden Aufgaben leider oft in Vergessenheit.

Wir können uns zum Beispiel an Personen oder Situationen erinnern, die wir einst ersehnt und erträumt haben, und die jetzt tatsächlich Teil unseres Lebens sind: die große Liebe, eine Familie, enge Freunde, ein besonderer Job, eine eigene Wohnung, was auch immer. Wertschätzung für unsere früheren Wünsche verhindern, dass wir das, was wir heute schon haben, als selbstverständlich ansehen.

Ihre wundervolle Achterbahnfahrt im Rückspiegel *Zeitexperiment*

Denken Sie Ihr Leben einmal vom Ende her und schreiben Sie Ihre Gedanken und Ideen auf, was ein gelungenes Leben für Sie ausmacht. Nehmen Sie sich ruhig Zeit dafür. Wenn Sie Lust haben, können Sie sich auch vorstellen, wie Sie ein Gespräch mit Ihrem Zukunfts-Ich führen. Das kann sehr unterhaltsam sein!

Stellen Sie sich vor, Sie sitzen im Alter von 99 Jahren in Ihrem wunderschönen Garten. Wie hat Ihr Leben ausgesehen, wenn Sie in der Rückschau Ihre Achterbahnfahrt betrachten? An welchen Zielen wollen Sie vorbeigefahren sein? Was haben Sie getan und erlebt? Welche Geschichten können Sie bei einem großen Abendessen Ihrer Familie und Ihren Freunden erzählen? Und wer sitzt da überhaupt alles mit Ihnen am Tisch? An welchen Werten haben Sie sich in Ihrem Leben orientiert?

Sie können das Schreiben aber auch nutzen, um ab und zu in Ihre Vergangenheit einzutauchen und Erinnerungen festzuhalten. Suchen Sie sich dazu irgendein Wort aus, zeigen Sie in einem Buch zum Beispiel zufällig auf ein Wort und fangen Sie an, dazu Erinnerungen zu assoziieren. Passende vergangene Momente werden allmählich automatisch auftauchen. Nehmen Sie sich mindestens zehn Minuten Zeit, lassen Sie Ihre Gedanken in der Zeit hin- und herhüpfen und bewerten und kontrollieren Sie sich nicht dabei.[21]

Bitte aussteigen – die Endstation unserer »Zeit-Reise«

Die Zeit vergeht, ob wir es wollen oder nicht – machen wir also das Beste daraus! Wir sind für uns selbst und unsere Zukunft verantwortlich. Die Umstände mögen mal widrig, unangenehm, traurig, anstrengend, doof oder ungerecht sein, aber wenn wir mehr auf uns selbst und unseren Körper achten, besitzen wir sehr viel mehr Macht über unsere Zeit. Unser Gehirn wird immer versuchen, unsere Zukunft zu unserem Besten zu formen. Indem wir uns ändern, verändern wir vielleicht auch ein Stück weit die Welt. Dann besteht Hoffnung, dass es im Jahr 2100 immer noch lebenswert ist auf diesem wundervollen Planeten.

Ich danke Ihnen für die Zeit, die Sie mir und meinen Gedanken bei der Lektüre geschenkt haben, und wünsche Ihnen, dass Sie Ihre Zeit auf dieser Erde, Ihre persönliche Achterbahnfahrt, genießen. Sie müssen nicht genauso weitermachen wie bisher, wenn Sie nicht wollen. Sie müssen überhaupt nichts, nur eines: verwirklichen, was Sie sich für sich und andere Menschen erträumen!

Vieles in meinem Leben hat sich durch diese Zeit-Reise verändert, weil ich es so wollte. Mir liegt jetzt mehr daran, wie mein Leben in 20 Jahren aussehen könnte, und ich möchte dann immer noch jung und fit sein. Hörte ich früher andere leidenschaftlich von ihrer Morgenroutine erzählen, hätte ich ihnen am liebsten emblematisch links und rechts eine geklatscht. Heute hüpfe ich selbst direkt nach dem Aufstehen erst mal zehn Minuten auf meine Matte und sportle – Intervalltraining, denn ich liebe Erholung, also sind es eigentlich nur gute sechs Minuten Sport, aber immerhin! Danach meditiere ich mindestens acht Minuten und schreibe jeden Morgen auf, wofür ich dankbar bin oder notiere meine Erinnerungen oder Ziele, während sich mein Faultier darüber kaputtlacht. Ich koche zwei Liter Ingwertee mit Zitrone und Kurkuma und Cayennepfeffer, den ich über den Tag trinke. In meiner Mittagspause – gelobt sei das Homeoffice, ich bin sehr dankbar dafür! – lege ich mich manchmal immer noch auf meine Yogamatte und mache den Bodyscan aus dem MBSR-Kurs, der immer noch 45 Minuten dauert, mich aber heute richtig glücklich macht. Und ja, ich kann sagen, dass ich inzwischen mehr auf die Gegenwart achte und sie somit ein wenig mehr gefunden habe. Alternativ tanze ich oder gehe spazieren. Es gibt natürlich Tage, an denen ich glaube, das alles auslassen zu können, weil ich einfach so viel zu tun habe. Aber genau an diesen Tagen bereue ich es dann besonders, darauf verzichtet zu haben.

Ich habe viel weniger Angst, Zeit zu verschwenden für etwas, das vermeintlich keinen Nutzen hat. Ich gehe viel bewusster mit meiner Zeit um, und wenn ich Dinge schnell erledigen möchte, auf die ich keine Lust habe, lasse ich dabei meine Sanduhr laufen. Das gibt mir einen schönen Rahmen für unbequeme Aufgaben und ich bin schneller mit ihnen fertig. Wenn ein Problem oder Stress auftreten, versuche ich der Situation mit Freude zu begegnen. Allein weil dieser Gedanke bei mir mittlerweile so oft auftritt und in meinem Achterbahnwaggon für große Erheiterung sorgt, muss ich schmunzeln und die Situation ist dadurch schon ein wenig entspannter. Es ist in meinen Augen regelrecht ekelhaft vorbildlich, aber ich liebe es! Ich habe mehr Träume als vor diesem Buchprojekt, wache jeden Tag ein bisschen glücklicher auf und frage mich abends immer, was heute gut war. So erlebe ich diese kleinen Glücksmomente noch einmal. Mein Leben ist durch all diese neuen Gewohnheiten nicht anstrengender geworden, wie ich es vorher vermutet hätte. Nein, es ist leichter und schöner.

Ein allerletzter Tipp: Stellen Sie jeden Tag einen Wecker auf eine bestimmte Uhrzeit, der Sie daran erinnert, rechtzeitig zu Bett zu gehen, an etwas zu denken, wofür Sie dankbar sind oder das Sie glücklich macht. Lassen Sie Ihr jetziges und künftiges Selbst, Ihre Aufmerksamkeit für die Vergangenheit, Gegenwart und Zukunft und Ihre Zeit nicht unbeaufsichtigt!

Dank

Mein herzlichstes und größtes Dankeschön gilt meiner unendlich geduldigen und tiefenentspannten Lektorin Desirée Šimeg. Gleichermaßen danke ich Judith Wilke-Primavesi und dem gesamten Campus Verlag für das Vertrauen. Ansa, Svenja, Kathi, Laura, Anja und allen danke ich für das beste Management der Welt. Und noch ein herzliches und noch viel größeres Dankeschön geht an Max Bachmeier für die fantastischen Illustrationen!

Ich bedanke mich ganz herzlich bei Ernst Pöppel, Marc Wittmann, Norman Sieroka, Friedemann Vogel und Felix Lehner für ihre Zeit, die interessanten Gespräche und ihre Expertise. Ganz herzlich bedanke ich mich auch bei Henning Beck, der alle Antworten auf meine Fragen hatte, für sein unglaubliches Fachwissen rund um das Gehirn. Allen Philosophen und Wissenschaftlerinnen, die sich über Jahre mit der Zeit beschäftigt haben, bin ich ebenso von Herzen dankbar. Mindestens genauso sehr danke ich Julia Gerecke, Linda Seiss und Stephan Phin Spielhoff für ihr schnelles Recherchetalent in letzter Minute. Oliver Polak, vielen Dank für unsere Freundschaft und Gigi und Gogo, die in diesem Buch zum Glück keinen Auftritt haben. Und ich danke allen meinen fantastischen Freundinnen und Freunden für ihre Inspiration, Ideen und die gemeinsame, vor allem digitale Zeit im letzten Jahr. Ich danke all euren Faultieren, Korallenfischen, Chamäleons, Bienen, Hundewelpen, Spatzen und Papageien! (Und meinen auch.) Habt eine wundervolle Zeit!

Anmerkungen

Eine besondere »Zeit-Reise«

1. Ich bin ein großer Fan von gendergerechter Sprache, sowohl bei der Schrift als auch beim gesprochenen Wort. Aus Gründen der Lesbarkeit werde ich aber im Buch so gut es geht abwechselnd die weibliche und männliche Form wählen und möchte dabei alle Geschlechter einbeziehen und mitdenken.

Die Zeit – alt, relativ und unfassbar wichtig für uns

1. www.death-clock.org – Schauen Sie bitte wirklich nur auf diese Seite, wenn Sie noch sehr jung sind.
2. Bundesministerium für Umwelt, Naturschutz und nukleare Sicherheit, Coffe-to-go-Becher, https://www.bmu.de/faqs/coffee-to-go-becher/
3. Hüther, Gerald: *Wege aus der Angst. Über die Kunst, die Unvorhersehbarkeit des Lebens anzunehmen*, Göttingen 2020, S. 122 f.
4. Mićić, Pero: *Wie wir uns täglich die Zukunft versauen. Raus aus der Kurzfrist-Falle*, Berlin 2014, S. 209.
5. Manson, Mark. *Die subtile Kunst des darauf Scheißens*, München 2018, S. 43 ff.
6. Sagan, Carl: *... Und werdet sein wie Götter. Das Wunder der menschlichen Intelligenz*, München/Zürich 1981, S. 26 ff.
7. Blum, Wolfgang: *Die Erfindung der Zeit*, Köln 2020, S. 256.
8. Sieroka, Norman: »Immer schneller? Die Zeit und ihre Wahrnehmung«, in: Wolfger Stumpfe, *Wir Kapitalisten*, Bonn 2020, S. 152.
9. Geissler, Karlheinz A./Geissler, Jonas: *Time is honey. Vom klugen Umgang mit der Zeit*, München 2017, S. 39.
10. Augustinus, Aurelius: *Bekenntnisse*, Buch XI, Kapitel XIV, Zürich 1950, S. 312.
11. »Zeit«, https://brockhaus.de/ecs/enzy/article/zeit
12. Mainzer, Klaus: *Zeit. Von der Urzeit zur Computerzeit*, München 2002, S. 86.
13. Newton, Isaac: *Mathematische Principien der Naturlehre. Mit Bemerkungen und Erläuterungen*, Berlin 1872, S. 25.
14. »»Eine hartnäckige Illusion«. Das Zeit-Bild der modernen Physik«, *Der Spiegel*, 14.05.1989, https://www.spiegel.de/politik/eine-hartnaeckige-illusion-a-4f0e3d4b-0002-0001-0000-000013494900
15. Blum 2020, S. 233.
16. Geissler/Geissler 2017, S. 69.

17 Rovelli, Carlo: *Und wenn es die Zeit nicht gäbe? Meine Suche nach den Grundlagen des Universums*, Hamburg 2018, S. 45 und 126 ff.
18 Münster, Gernot: »Was ist Zeit, nachgefragt«, Münster 2010, https://www.uni-muenster.de/Physik.TP/~munsteg/10Zeit.pdf
19 Lesovik, Gordon B. u. a.: »Arrow of Time and its Reversal on IBM Quantum Computer«, *Scientific Reports* 9(1), Article number: 4396, 2019, https://arxiv.org/pdf/1712.10057.pdf
20 Blum 2020, S. 233.
21 Kast, Bas: *Revolution im Kopf. Die Zukunft des Gehirns*, Berlin 2003, S. 14 ff.
22 Beck, Henning: *Irren ist nützlich. Warum die Schwächen des Gehirns unsere Stärken sind*, München 2017, S. 89 ff.
23 Burdick, Alan: *Warum die Zeit verfliegt. Eine größtenteils wissenschaftliche Erkundung*, München 2017, S. 60.
24 Schmidt-Salomon, Michael: *Entspannt euch! Eine Philosophie der Gelassenheit*, München 2019, S. 96.
25 Hacke, Axel: »Das Beste aus aller Welt«, *Süddeutsche Zeitung Magazin*, Heft 50, 16.12.2011, https://sz-magazin.sueddeutsche.de/das-beste-aus-aller-welt/das-beste-aus-aller-welt-78687
26 Wade-Benzoni, Kimberly A. u. a.: »It's Only a Matter of Time«, *Psychological Science* 23(7), 2012, S. 704 ff.
27 Ware, Bronnie: *5 Dinge, die Sterbende am meisten bereuen. Einsichten, die Ihr Leben verändern werden*, München 2013.
28 Wilson, Timothy D. u. a.: »Just think: The challenges of the disengaged mind«, *Science* 345 (6192), 2014, S. 75 ff.
29 Carroll, Ryder: *Die Bullet Journal Methode. Verstehe deine Vergangenheit, ordne deine Gegenwart, gestalte deine Zukunft*, Hamburg 2018, S. 52 ff.

Alles Hirngespinste – Zeitwahrnehmung im Kopf

1 Burdick 2017, S. 51 f. und 59.
2 Wittmann, Marc: *Gefühlte Zeit. Kleine Psychologie des Zeitempfindens*, München 2016, S. 89 f.
3 Zinkant, Kathrin: »Der 25-Stunden-Tag«, *ZEIT Wissen*, 14.03.2008, https://www.zeit.de/zeit-wissen/2008/02/Zeit/komplettansicht
4 Klein, Stefan: *Zeit. Der Stoff aus dem das Leben ist*, Frankfurt am Main 2018, S. 25.
5 Hammond, Claudia: *Tick, tack. Wie unser Zeitgefühl im Kopf entsteht*, Stuttgart 2019, S. 108.
6 Wittmann 2016, S. 90 ff.
7 Sobiella, Christian/Langrock-Kögel, Christiane: »Die innere Uhr erforschen«, *enorm*, 23.10.2020, https://enorm-magazin.de/gesellschaft/wissenschaft/zeit/chronobiologie-das-bunker-experiment
8 Wittmann 2016, S. 92.
9 Zinkant 2008.

10 Interview mit Marc Wittmann am 25.02.2021.
11 Rao, Stephan M. u. a.: »The evolution of brain activation during temporal processing«, *Nature Neuroscience* 4, 2001, S. 317 ff.
12 Hammond 2019, S. 77 ff.
13 Wittmann 2016, S. 123.
14 Hammond 2019, S. 80.
15 Wittmann, Marc: »The inner sense of time: How the brain creates a representation of duration«, *Nature Reviews Neuroscience* 14, 2013, S. 217 ff.
16 Wittmann, Marc: »Wie entsteht unser Gefühl für die Zeit?«, *Spektrum*, 22.09.2014, https://www.spektrum.de/news/wie-unser-gefuehl-fuer-die-zeit-entsteht/1309744
17 Hammond 2019, S. 80 f.
18 Schwägerl, Christian: »Und JETZT alle!«, *ZEIT Wissen*, 13.10.2015, https://www.zeit.de/zeit-wissen/2015/06/gegenwart-zeit-jetzt-forschung/komplettansicht
19 Wittmann 2016, S. 80 f.
20 Ebd., S. 150 f.
21 Wittmann 2014 und Stallmach, Lena: »Wie das Gehirn die Zeit misst«, *NZZ*, 23.12.2016, https://www.nzz.ch/wissenschaft/wahrnehmung-des-menschen-wie-das-gehirn-die-zeit-misst-ld.136295.
22 Klein Zeit 2018, S. 84 ff.
23 Zinkant 2008.
24 Klein Zeit 2018, S. 194.

Zwischen Langeweile und Aufruhr – langsame und schnelle Zeit

1 Poraj, Alexander: *Im Hier und Jetzt. Achtsamkeit in Coaching und Begleitung*, Freiburg im Breisgau 2019, S. 51 ff.
2 Obama, Barack: *Ein verheißenes Land*, München 2020, S. 30 f.
3 Harari, Yuval Noah: *Homo Deus. Eine Geschichte von Morgen*, München 2020, S. 446.
4 Wittmann 2016, S. 119 f.
5 Harari 2020, S. 139.
6 Hüther Angst 2020, S. 36.
7 Schmidt-Salomon 2019, S. 39.
8 Kahneman, Daniel: *Schnelles Denken, langsames Denken*, München 2014, S. 470 ff.
9 Harari 2020, S. 450 ff.
10 Hüther Angst 2020, S. 35.
11 Rock, David: *Brain at Work. Intelligenter arbeiten, mehr erreichen*, Frankfurt am Main 2011, S. 78.
12 Roth, Gerhard: *Warum es so schwierig ist, sich und andere zu ändern. Persönlichkeit, Entscheidung und Verhalten*, Stuttgart 2019, S. 339 f.
13 Blum 2020, S. 176.

14 Hammond 2019, S. 47.
15 Ebd., S. 48 ff.
16 Klein Zeit 2018, S. 106 f. und Tse, Peter Ulric u. a.: »Attention and the subjective expansion of time«, *Perception & Psychophysics* 66(7), 2004, S. 1171 ff.
17 Burdick 2017, S. 263.
18 Hammond 2019, S. 100 f.
19 Csikszentmihályi, Mihaly: *Kreativität. Wie Sie das Unmögliche schaffen und Ihre Grenzen überwinden*, Stuttgart 1997, S. 162 ff.
20 Klein Zeit 2018, S. 71.
21 Zinkant 2008.
22 Stetson, Chess/Fiesta, Matthew P./Eagleman David M.: »Does Time Really Slow Down during a Frightening Event?«, *PLoS one* 2(12), 2007, e1295.
23 Hammond 2019, S. 40 ff.
24 Ebd., S. 41.
25 Pollatos, Olga/Laubrock, Jochen/Wittmann, Marc: »Interoceptive Focus Shapes the Experience of Time«, *PloS one*, 9(1), 2014, e0086934.
26 Lenz, Hans: *Universalgeschichte der Zeit*, Wiesbaden 2005, S. 134.
27 Spielhoff, Stephan Phin: »Jeden Tag verliebt«, www.jedentagverliebt.de
28 Hammond 2019, S.302 f.

Jeder kostbare Augenblick – Entscheidung für das Jetzt und Hier

1 Klein Zeit 2018, S. 326 f.
2 Poraj 2019, S. 159.
3 D'Argembeau, Arnaud u. a.: »Frequency, characteristics and functions of future-oriented thoughts in daily life«, *Applied Cognitive Psychology* 25(1), 2011, S. 96 ff.
4 Wyller, Truls: *Was ist Zeit? Ein Essay*, Stuttgart 2016, S. 58.
5 Safranski, Rüdiger: *Zeit. Was sie mit uns macht und was wir aus ihr machen*, Frankfurt am Main 2018, S. 135.
6 Kast 2003, S. 22.
7 Wyller 2016, S. 58.
8 Ebd., S. 63.
9 Ebd., S. 66 f.
10 »Jedes Jetzt ist auch schon ein Soeben bzw. Sofort«, Martin Heidegger zitiert nach: Vaas, Rüdiger: »Zeit und Gehirn«, *Spektrum.de*, https://www.spektrum.de/lexikon/neurowissenschaft/zeit-und-gehirn/14651
11 Pöppel, Ernst: *Der Rahmen. Ein Blick des Gehirns auf unser Ich*, München 2010, S. 300 ff.
12 Lenz 2005, S. 107.
13 Pöppel, Ernst: *Grenzen des Bewusstseins. Wie kommen wir zur Zeit, und wie entsteht Wirklichkeit?*, Frankfurt am Main 2000, S. 21 ff.

14 Ebd., S. 39.
15 30 Millisekunden sind nur ein grober Wert. Diese Ordnungsschwellen liegen im Bereich von 20 bis 60 Millisekunden. Fink, M./Ulbrich, P./Churan, J./Wittmann, M.: »Stimulus-dependent processing of temporal order«, *Bevioral Processes* 71(2-3), 2006, S. 344 ff.
16 Geier, Stefan: »Warum wir die Zeit immer anders empfinden«, *Bayern 2*, 20.07.2016, https://www.br.de/radio/bayern2/sendungen/radiowissen/zeit-zeitmesser-rhythmus-100.html
17 Interessant dazu auch: Damasio, Antonio: *Der Spinoza-Effekt. Wie Gefühle unser Leben bestimmen*, Berlin 2004.
18 Mićić 2014, S. 32.
19 Wittmann 2016, S. 11 ff.
20 Ebd., S. 17 ff.
21 Mićić 2014, S. 119 ff.
22 Neubauer, Luisa: »Fataler Jetzismus«, *taz*, 30.01.2021, https://taz.de/Vom-Umgang-mit-globalen-Krisen/!5743893
23 Mićić 2014, S. 64 f., 87.
24 Was Sie gerade nicht sehen können, ich kreuze meine Finger hinter meinem Rücken, während ich einhändig tippe.
25 Unter www.TheTimeParadox.com können Sie Ihr persönliches Zeitperspektiven-Profil ermitteln. Zimbardo, Philip/Boyd, John: *Die neue Psychologie der Zeit. und wie sie Ihr Leben verändern wird*, Heidelberg 2011, S. XIV.
26 Wittmann 2016, S. 23.
27 Zimbardo/Boyd 2011, S. XII.
28 Grass, Günter: *Grimms Wörter. Eine Liebeserklärung*, Göttingen 2010, S. 297.
29 Zimbardo/Boyd 2011, S. XIII.
30 Ebd., S. 129.
31 Ebd., S. 129 ff.
32 Ebd., S. 138 f.
33 Ebd., S. 142 ff.
34 Siegel, Daniel J.: *Das achtsame Gehirn*, Freiamt 2010, S. 11.
35 Zimbardo/Boyd 2011, S.157 f.
36 Siegel 2010, S. 33 f.
37 Ricard, Matthieu: *Glück*, München 2007, S. 272 ff.
38 Alexander Poraj in: Frank, Dominikus/Beer, Alissa: Alexander Poraj – Zen ist Gegenwart, Interviewpodcast Gesprächszeit, April 2019, https://open.spotify.com/show/5GbJssWDg1Cddm95JKezlS
39 Ebd.
40 Stahl, Stefanie: *Das Kind in dir muss Heimat finden. Der Schlüssel zur Lösung (fast) aller Probleme*, München 2015, S. 142.
41 Poraj Gesprächszeit 2019.

Der verklärte Blick zurück – Vergangenes durch die emotionale Brille betrachtet

1 Mainzer 2002, S. 18.
2 Sieroka, Norman: *Philosophie der Zeit. Grundlagen und Perspektiven*, München 2018, S. 14 ff.
3 »Zeit«, Brockhaus, https://brockhaus.de/ecs/enzy/article/zeit
4 Sieroka Philosophie 2018, S. 17.
5 Harari 2020, S. 458.
6 Klein Zeit 2018, S. 181.
7 Ebd., S. 169 ff.
8 Campbell, Joseph: *Der Heros in tausend Gestalten*, Berlin 2011.
9 McDermott, Kathleen B./Szpunar, Karl K.: »Episodic Future Thought and its Relation to Remembering: Evidence from Ratings of Subjective Experience«, *Consciousness and Cognition* 17(1), 2008, S. 330 ff.
10 Klein Zeit 2018, S. 177, und Mićić 2014, S. 103 f.
11 Schmidt-Salomon 2019, S. 9.
12 Ebd., S. 29 ff.
13 Ebd., S. 20.
14 Harari 2020, S. 433.
15 Eine Diskokugel ist an dem Abend tatsächlich von der Decke gefallen. Zum Glück wurde niemand verletzt.
16 Schmidt-Salomon 2019, S. 29 ff.
17 Harari 2020, S. 433.
18 Klein Zeit 2018, S. 132 f.
19 Schwenke, Philipp: »Niemand ist frei«, *ZEIT Campus* 02, 11.04.2008, https://www.zeit.de/campus/2008/02/interview-freier-wille/komplettansicht
20 Schmidt-Salomon 2019, S. 43.
21 Einstein, Albert: *Mein Weltbild*, Zürich 2017, S. 9 f.
22 Schmidt-Salomon 2019, S. 49 ff.
23 Zimbardo/Boyd 2011, S. 109 ff.
24 Klein Zeit 2018, S. 185, und Ochsner, Kevin u. a.: »For better or for worse: neural systems supporting the cognitive down- and up-regulation of negative emotion«, *Neuroimage* 23(2), 2004, S. 483 ff.
25 Klein 2018, S. 184.
26 Schmidt-Salomon 2019, S. 50.

Der mutige Blick nach vorn – in Richtung Glück und Zukunft

1 Carbanas, Edgar/Illouz, Eva: *Das Glücksdiktat. Und wie es unser Leben beherrscht*, Berlin 2019, S. 131.
2 Klein, Stefan: *Die Ökonomie des Glücks. Warum unsere Gesellschaft neue Ziele braucht*, Berlin 2018, S. 26.

3 Aristoteles: *Nikomachische Ethik*, Stuttgart 2017, S. 16 ff.
4 Die Inspiration zu dieser Geschichte stammt aus dem Buch *Resonanz* von Hartmut Rosa mit den beiden ursprünglichen Hauptpersonen Gustav und Vincent.
5 Rosa, Hartmut: *Resonanz. Eine Soziologie der Weltbeziehung*, Berlin 2019, S. 15 ff.
6 Shetty, Jay: *Das Think Like a Monk-Prinzip. Finde innere Ruhe und Kraft für ein erfülltes und sinnvolles Leben*, Hamburg 2020, S. 116 ff.
7 Poraj Gesprächszeit 2019.
8 Genauer gesagt, muss ich diesen Satz beim Sprechtechnik-Unterricht häufiger nachsprechen. Zitat aus Fiukowski, Heinz: *Sprecherzieherisches Elementarbuch*, Berlin 2010, S. 308.
9 Bolles, Richard Nelson/Nelson, John E.: *Die besten Jahre: Planen Sie jetzt, wie Sie nach dem Job leben*, Frankfurt am Main 2008, S. 133.
10 »An Evening for Elon Musk – Mission to Mars«, Elon Musk im Gespräch mit Mathias Döpfner, Axel Springer Award 2020, https://www.youtube.com/watch?v=AF2HXId2Xhg&feature=emb_logo
11 Spitzer, Manfred: »Fachinformation: Kann man Glück wissenschaftlich untersuchen?«, in: Hirschhausen, Eckart von: *Glück kommt selten allein*, Reinbek bei Hamburg 2009, S. 24.
12 Ebd., S. 26.
13 Klein Ökonomie 2018, S. 34 f.
14 Mićić 2014, S. 140 ff., und Kringelbach, Morten L./Berridge, Kent C.: »The Neuroscience of Happiness and Pleasure«, *Social Research* 77(2), 2010, S. 659 ff.
15 Mićić 2014, S. 144.
16 Klein Ökonomie 2018, S. 35 f
17 Im Original: »goad without goal«; Ebd., S. 36.
18 Shetty 2020, S. 236.
19 Klein Ökonomie 2018, S. 27 ff.
20 Kullmann, Kerstin: »Es gibt nur eine Art von Glück, die einem nicht langweilig wird«, *Der Spiegel*, 28.01.2020, https://www.spiegel.de/wissenschaft/mensch/hirnforscher-gerhard-roth-es-gibt-nur-eine-art-von-glueck-die-einem-nicht-langweilig-wird-a-09485b7c-700d-4ae4-9eea-71343450b0f2
21 Shetty 2020, S. 68.
22 Harari 2020, S. 71.
23 Shetty 2020, S. 120.
24 Carbanas/Illouz 2019, S. 134.
25 Quoidbach, Jordi u. a.: »The End of the History Illusion«, *Science* 339(6115), 2013, S. 96 ff.
26 Fellmann, Max: »Ich war immer bereit zu scheitern«, *SZ Magazin*, Heft 52, 22.12.2020, https://sz-magazin.sueddeutsche.de/kino/george-clooney-interview-89645?reduced=true

Außer man tut es –
Weichenstellung für die Zukunft

1. Mićić 2014, S. 110 ff.
2. Ebd., S. 10.
3. Beck 2017, S. 171 f.
4. Roth, Gerhard: *Aus Sicht des Gehirns*, Frankfurt am Main 2009, S. 175.
5. Kahneman 2014, S. 33 ff.
6. Mićić 2014, S. 212 ff.
7. Milkman, Katherine u. a.: »Harnessing Our Inner Angels and Demons: What We Have Learned About Want/Should Conflicts and How That Knowledge Can Help Us Reduce Short-Sighted Decision Making«, *Perspectives on Psychological Science* 3(4), 2008, S. 324 ff.
8. Dank dieser Methode ist übrigens mein Online-Kurs mittlerweile fertig geworden; Welch, Suzy: *10 Minuten, 10 Monate, 10 Jahre. Die neue Zauberformel für intelligente Lebensentscheidungen*, München 2009.
9. Wenn Sie das mal nachrechnen wollen, schauen Sie unter www.tiii.me
10. Roth Gehirn 2009, S. 170.
11. Hershfield, Hal E.: »Future self-continuity: how conceptions of the future self transform intertemporal choice«, *Annals of the New York Academy of Sciences* 1235, 2011, S. 30 ff.
12. Davidson, Richard/Begley, Sharon: *Warum regst du dich so auf? Wie die Gehirnstruktur unsere Emotionen bestimmt*, München 2016, S. 14, 92. Die sechs Dimensionen des emotionalen Stils sind: Resilienz, Grundeinstellung, soziale Intuition, Selbstwahrnehmung, Kontextsensibilität und Aufmerksamkeit.
13. Fox, Nathan A./Davidson, Richard: »Taste-elicited changes in facial signs of emotion and the asymmetry of brain electrical activity in human newborns«, *Neuropsychologia* 24(3), 1986, S. 417 f.
14. Klein Glück 2014, S. 74 ff.
15. Davidson/Begley 2016, S. 354 ff.
16. Roth Gehirn 2009, S. 172.
17. Dispenza, Joe: *Werde übernatürlich. Wie gewöhnliche Menschen das Ungewöhnliche erreichen*, Dorfen 2018, S. 127.
18. Gallwey, Timothy W.: *Tennis – Das innere Spiel, Durch entspannte Konzentration zur Bestleistung*, München 2012, S. 26, 37.
19. Gallwey 2012, S. 33, 67 ff.
20. Hüther Angst 2020, S. 35.
21. Killingsworth, Matthew A./Gilbert Daniel T.: »A Wandering Mind Is an Unhappy Mind«, *Science* 330(6006), S. 932.
22. Bock, Petra: *Mindfuck. Warum wir uns selbst sabotieren und was wir dagegen tun können*, München 2011, S. 24.
23. Stahl 2015, S. 15.
24. Bock 2011, S. 77 ff.
25. Bock 2011, S. 31 ff.
26. Ebd., S. 75 ff.

27 Shetty 2020, S. 236 ff.
28 Clear, James: *Die 1%-Methode – Minimale Veränderung, maximale Wirkung. Mit kleinen Gewohnheiten jedes Ziel erreichen*, München 2020, S. 37.
29 Clear 2020, S. 199.
30 Van Dellen, Michelle/Hoyle, Rick: »Regulatory Accessibility and Social Influences on State Self-Control«, *Personality and Social Psychology Bulletin* 36(2), 2010, S. 251 ff.

Hindernisse auf dem Weg zu selbstbestimmter Zeit

1 Persönliche Ziele für 2016. Zwischen Entschleunigung und Sparsamkeit, *Forschung aktuell* 266, 36. Jg., 31.12.2015, https://www.stiftung-fuerzukunftsfragen.de/newsletter-forschung-aktuell/266/
2 Blum 2020, S. 106.
3 Crabbe, Tony: *#BusyBusy. Stresse dich nicht, lebe!*, Frankfurt am Main 2017, S. 15, und Cover *Der Spiegel* Nr. 20, 14.05.1989, https://www.spiegel.de/spiegel/print/index-1989-20.html
4 Kierkegaard, Søren: *Der Begriff Angst*, Stuttgart 2018, S. 72.
5 Seneca: *Von der Kürze des Lebens*, München 2017, S. 6.
6 Fingers still crossed.
7 Rosa, Hartmut: *Unverfügbarkeit*, Wien/Salzburg 2020, S. 15.
8 Han, Byung-Chul: *Duft der Zeit. Ein philosophisches Essay zur Kunst des Verweilens*, Bielefeld 2009, S. 42.
9 Sieroka Immer schneller 2020, S. 154.
10 Sieroka Philosophie 2018, S. 117 ff.
11 Roberts, James/Pirog, Stephan: »150 times a day: A Preliminary Investigation of Materialism and Impulsiveness as Predictors of Technological Addiction among Young Adults«, *Journal of Behavioral Addictions* 2(1), 2013, S. 56 ff.
12 Crabbe 2017, S. 16.
13 Rosa, Hartmut: *Beschleunigung und Entfremdung*, Berlin 2019, S. 20 ff.
14 Klein Zeit 2018, S. 94.
15 »Zahl der Fehltage wegen psychischer Erkrankungen so hoch wie nie«, *Der Tagesspiegel*, 31.01.2020, https://www.tagesspiegel.de/wirtschaft/gesundheitsreport-2020-zahl-der-fehltage-wegen-psychischer-erkrankungen-so-hoch-wie-nie/25494602.html
16 Klein Zeit 2018, S. 258 ff.
17 Crabbe 2017, S. 36 f.
18 DeDonno, Michael/Demaree, Heath: »Perceived time pressure and the Iowa Gambling Task«, *Judgment and Decision Making* 3(8), 2008, S. 636 ff.
19 Mićić 2014, S. 180.
20 Crabbe 2017, S. 43.

21 Dweck, Carol: *Selbstbild. Wie unser Denken Erfolge oder Niederlagen bewirkt,* München 2010, S. 21.
22 Ebd., S. 247.
23 Ebd., S. 65.
24 Ebd., S. 21.
25 Ebd., S. 11 f.
26 Ebd., S. 27 f.
27 Ebd., S. 21.
28 Ebd., S. 249.
29 Bregman, Rutger: *Im Grunde gut. Eine neue Geschichte der Menschheit,* Hamburg 2020, S. 28.
30 Klein Glück 2014, S. 54 f.
31 Gallwey 2012, S. 60 ff.
32 Crabbe 2017, S. 86.
33 Sapolsky, Robert M.: »Why Stress Is Bad for Your Brain«, *Science* 273(5276), 1996, S. 749 ff.
34 Mallik, Shahbaz K./McCandless, Boyd R.: »A study of catharsis of aggression«, *Journal of Personality and Social Psychology* 4(6), 1966, S. 591 ff.
35 Poraj 2019, S. 49.
36 Herwig, Uwe u. a.: »Self-related awareness and emotion regulation«, *Neuroimage* 50(2), 2010, S. 734 ff.
37 Davidson/Begley 2016, S. 373.
38 Ebd., S. 118 ff.
39 Ebd., S. 373 f.
40 Shetty 2020, S. 238 f.
41 Möller, Christian: »Der Mensch braucht Angst, sonst lernt er nichts«, *Welt,* 03.05.2013, https://www.welt.de/debatte/kommentare/article115846928/Der-Mensch-braucht-Angst-sonst-lernt-er-nichts.html
42 Hüther Angst 2020, S. 12 ff., 29 ff.
43 Chin, Jimmy/Vasarhelyi, Elisabeth Chai: *Free Solo,* 2018.
44 Shetty 2020, S. 93.
45 Klein Zeit 2018, S. 104.
46 Church, Dawson u. a.: »Single-session reduction of the intensity of traumatic memories in abused adolescents after EFT – A randomized controlled pilot study«, *Traumatology* 18 (3), 2012, S. 73 ff.
47 Kox, Matthijs u.a.: »Voluntary activation of the sympathetic nervous system and attenuation of the innate immune response in humans«, *PNAS* 111 (20), 2014, S. 7379 ff.
48 Klostranec, Jesse M. u. a.: »Accelerated ethanol elimination via the lungs lungs«, *Scientific Reports* 10(1):19249, 2020, https://www.nature.com/articles/s41598-020-76233-9
49 Crabbe 2017, S. 94 f.

Jeden Tag und immer wieder – Beschäftigung im Hier und Jetzt

1 www.10drei.org
2 Blazekovic, Jessica von: »Wir müssen Opfer bringen, um uns zu retten«, *Frankfurter Allgemeine Zeitung*, 28.01.2020, https://www.faz.net/aktuell/wirtschaft/friedensnobelpreistraeger-muhammad-yunus-im-interview-16598938.html
3 Shetty 2020, S. 119.
4 Geißler, Karlheinz A.: *Alles hat seine Zeit, nur ich hab keine. Wege in eine neue Zeitkultur*, München 2014, S. 238 ff.
5 Clear 2020, S. 85 ff.
6 Ebd., S. 40.
7 Shetty 2020, S. 37 ff.
8 Ebd., S. 46. Die *Bhagavad Gita* kann übrigens auch als universeller, zeitloser Ratgeber ohne spirituellen Kontext dienen.
9 Clear 2020, S. 29.
10 Gontek, Florian: »Deutschland ist Frustweltmeister«, *Der Spiegel*, 11.03.2020, https://www.spiegel.de/karriere/arbeitnehmer-studie-deutschland-ist-frustweltmeister-a-8c46563b-b6a1-4025-9c45-00e7b5bdcb91
11 Parkinson, Cyril Northcote: »Parkinson's Law«, in: *The Economist*, Band 177, Nr. 5856, 19.11.1955, S. 635 ff. https://www.economist.com/news/1955/11/19/parkinsons-law
12 Crabbe 2017, S. 30.
13 Roy, Michael u. a.: »Underestimating the Duration of Future Events: Memory Incorrectly Uses or Memory Bias?«, *Psychological Bulletin* 131(5), 2005, S. 738 ff.
14 Rory Vaden: How To Multiply Your Time, TED 2019, https://ideas.ted.com/multiply-your-time-by-asking-4-questions-about-the-stuff-on-your-to-do-list/
15 Mehr Informationen zu dieser Methode finden Sie unter: https://www.roryvaden.com/procrastinate-on-purpose
16 Groll, Tina: Alles gleichzeitig funktioniert nicht, *Zeit online*, 20.09.2012, https://www.zeit.de/karriere/beruf/2012-08/multitasking-gehirnleistung
17 Crabbe 2017, S. 93 f.
18 Shetty 2020, S. 92.
19 Roth Persönlichkeit 2019, S. 14.
20 Hammond 2019, S. 315 f.
21 Hamermesh, Daniel S./Lee, Jungmin: »Stressed out on four continents: time crunch or yuppie kvetch?«, IZA Discussion Papers, No. 1815, in: *Institute for the Review of Economics and Statistics* 89(2), 2007, S. 374 ff.
22 Klein Zeit 2018, S. 324.
23 Diener, Ed/Seligman, Martin E. P.: »Beyond Money: Toward an

Economy of Well-Being«, *Psychological Science in the Public Interest* 5(1), 2004, S. 1.
24 Kahneman, Daniel u.a.: »Would You Be Happier if You Were Richer? A Focusing Illusion«, *Science* 312(5782), 2006, S. 1908ff.
25 Whillans, Ashley V. u.a.: »Buying time promotes happiness«, *PNAS* 114(32), 2017, S. 8523 ff.
26 Klein Ökonomie 2018, S. 32.
27 Klein Ökonomie 2018, S. 28.
28 Tabibnia, Golnaz/Lieberman, Matthew: »Fairness and cooperation are rewarding: evidence from social cognitive neuroscience«, *Annals of the New York Academy of Sciences* 1118(1), 2007, S. 90 ff.
29 Klein Ökonomie 2018, S. 52 f.

Geteilte Zeit, vielfaches Glück

1 Stahl 2015, S. 42.
2 Ebd., S. 47.
3 Davidson/Begley 2016, S. 151 ff.
4 Hüther, Gerald: *Was wir sind und was wir sein könnten. Ein neurobiologischer Mutmacher*, Frankfurt am Main 2019, S. 54 f.
5 Ebd., S. 59.
6 Stahl 2015, S. 22 f.
7 Hüther Was wir sind 2019, S. 27 f.
8 Shetty 2020, S. 49, und Fowler, James H./Christakis, Nicholas A.: »Dynamic Spread of Happiness in a Large Social Network: Longitudinal Analysis over 20 Years in the Framingham Heart Study«, *BMJ* 337, 2008, a2338.
9 Levine, Robert: *Eine Landkarte der Zeit. Wie Kulturen mit Zeit umgehen*, München 2004, S. 180.
10 Kelly, Janice: »Entrainment in individual and group behavior«, *The social psychology of time*, Newbury Park 1988, S. 89 ff.
11 Klein Zeit 2018, S. 241 f.
12 Twenge, Jean M. u.a.: »Social exclusion and the deconstructed state: time perception, meaninglessness, lethargy, lack of emotion, and self-awareness«, *Journal of Personality and Social Psychology* 85(3), 2003, S. 409 ff.
13 Stahl 2015, S. 32.
14 Dita Von Teese auf Twitter, 07.09.2010, im Original: »You can be a delicious, ripe peach and there will still be people in the world that hate peaches ...«, https://twitter.com/DitaVonTeese/status/23210190813
15 Cooley, Charles Horton: *Human Nature and the Social Order*, New York 1902, S. 152. Interessant dazu auch: Prinz, Wolfgang: *Selbst im Spiegel. Die soziale Konstruktion der Subjektivität*, Berlin 2016.
16 Brown, Brené: *Verletzlichkeit macht stark. Wie wir unsere Schutzmechanismen aufgeben und innerlich reich werden*, München 2017, S. 23 f.

17 Hüther Angst 2020, S. 123.
18 Roig, Emilia: *Why We Matter*, Berlin 2021, S. 13 f., 319.
19 Rosa Beschleunigung und Entfremdung 2019, S. 37.
20 Thöne, Eva: »Langsamer machen reicht nicht«, *Der Spiegel*, 21.03.2016, https://www.spiegel.de/kultur/gesellschaft/resonanz-statt-beschleunigung-hartmut-rosas-gegenentwurf-a-1082402.html
21 Rosa Unverfügbarkeit 2020, S. 38 ff.
22 Rosa Beschleunigung und Entfremdung 2019, S. 137 ff.
23 Crabbe 2017, S. 26.
24 Hüther Was wir sind 2019, S. 46.
25 Unterstützung finden Sie unter anderem bei www.hateaid.org.
26 Shetty 2020, S. 53.
27 Ebd., S. 76.
28 Schmidt-Salomon 2019, S. 41 ff.
29 Klein Zeit 2018, S. 185.
30 Zimbardo/Boyd 2011, S. 111.
31 Enright, Robert D.: *Vergebung als Chance. Neuen Mut fürs Leben finden*, Bern 2006, und Toussaint, Loren u. a.: »Effects of lifetime stress exposure on mental and physical health in young adulthood: How stress degrades and forgiveness protects health«, *Journal of Health Psychology* 21(6), 2016, S. 1004 ff.
32 Schmidt Salomon 2019, S. 57.
33 Täuber, Marcus: *Gedanken als Medizin. Wie Sie mit Erkenntnissen der Hirnforschung die mentale Selbstheilung aktivieren*, Berlin 2020, S. 163.
34 Weitere Informationen finden Sie bei Seiler, Laura Malina: »Ho'oponopono – Wie du durch Vergebung wieder vollkommen lieben und leben kannst«, https://lauraseiler.com/podcast-meditation-vergeben-und-loslassen
35 Emmons, Robert: *Vom Glück, dankbar zu sein. Eine Anleitung für den Alltag*, Frankfurt am Main 2008.
36 Klein, Stefan: *Der Sinn des Gebens*, Frankfurt am Main 2011, S. 10.
37 Badiou, Alain/Truong, Nicolas: *Lob der Liebe*, Wien 2015, S. 33.
38 Wenn Sie sich einsam fühlen, finden Sie zum Beispiel Unterstützung bei der Telefonseelsorge Deutschland oder bei der »Nummer gegen Kummer« für Kinder und Jugendliche: www.telefonseelsorge.de und www.nummergegenkummer.de.

Im Wettlauf gegen die Zeit oder die Chance auf 1,5 Grad Celsius

1 Ermert, Monika: »Münchner Sicherheitskonferenz: ›Klima‹ wird zum Kampfbegriff«, *heise online*, 14.02.2020, https://www.heise.de/newsticker/meldung/Muenchner-Sicherheitskonferenz-Klima-wird-zum-Kampfbegriff-4660642.html
2 Die ganze Diskussion finden Sie hier: https://securityconference.org/

mediathek/asset/msc2020-apocalypse-now-climate-and-security-20200213-1715/
3 Böhm, Andrea u.a.: »Glühende Landschaften«, *Die Zeit* Nr. 49, 2019, https://www.zeit.de/2019/49/klimawandel-landwirtschaft-umwelt-veraenderungen-wassernotstand-erderwaermung
4 Ulrich, Bernd: *Alles wird anders. Das Zeitalter der Ökologie*, Köln 2019, S. 27.
5 Podbregar, Nadja: »Menschheit dreht Klima-Uhr zurück«, *scinexx*, 11.12.2018, https://www.scinexx.de/news/geowissen/menschheit-dreht-klima-uhr-zurueck/
6 Stöcker, Christian: *Das Experiment sind wir: Unsere Welt verändert sich so atemberaubend schnell, dass wir von Krise zu Krise taumeln. Wir müssen lernen, diese enorme Beschleunigung zu lenken*, München 2020.
7 Ulrich 2019, S. 33.
8 Malm, Andreas: *Klima|x*, Berlin 2020, S. 28.
9 Stöcker 2020, S. 300.
10 Fallmann, Joachim: #010 Die Atmosphäre im Jahr 2020, http://atmoblog.de/010-die-atmosphaere-im-jahr-2020 und IPCC: Klimaänderung 2014. Synthesebericht, Bonn 2016, S. 20, https://www.de-ipcc.de/media/content/IPCC-AR5_SYR_barrierefrei.pdf und »Glühende Landschaften«, *Die Zeit* Nr. 49, 2019, https://www.zeit.de/2019/49/klimawandel-landwirtschaft-umwelt-veraenderungen-wassernotstand-erderwaermung
11 »Die Wüste wächst«, *Der Spiegel*, 10.02.1974, https://www.spiegel.de/kultur/die-wueste-waechst-a-2fe6ec73-0002-0001-0000-000041784151
12 Die Klima-Katastrophe, Cover *Der Spiegel* Nr. 33, 1986, https://www.spiegel.de/spiegel/print/index-1986-33.html
13 Dazu auch interessant: Rich, Nathaniel: *Losing Earth*, Berlin 2019, S. 131 ff.
14 Stöcker 2020, S. 288 ff.
15 Übereinkommen von Paris, 2015, https://www.bmu.de/fileadmin/Daten_BMU/Download_PDF/Klimaschutz/paris_abkommen_bf.pdf
16 Ulrich 2019, S. 112.
17 Prüss-Ustün, Annette u.a.: »Preventing disease through healthy environments A global assessment of the burden of disease from environmental risks«, *World Health Organization*, 2006, S. XV. https://apps.who.int/iris/bitstream/handle/10665/204585/9789241565196_eng.pdf;jsessionid=FB517D967A508D6348971B333330B748?sequence=1
18 www.mcc-berlin.net
19 Global Warming of 1.5 °C, The Intergovernmental Panel on Climate Change, The Intergovernmental Panel on Climate Change (IPCC), 2018, https://www.ipcc.ch/sr15/
20 Berger, André/Loutre, Marie-France: »CLIMATE: An Exceptionally Long Interglacial Ahead?«, *Science* 297(5585), 2002, S. 1287 f.

21 »Bedrohung für eine Milliarde Menschen«, *Tagesschau*, 09.09.2020, https://www.tagesschau.de/ausland/studie-lebensraum-101.html
22 »Forscher sehen Lebensraum von einer Milliarde Menschen bedroht«, *Zeit online*, 09.09.2020, https://www.zeit.de/wissen/2020-09/klimawandel-studie-europa-migration-2050-lebensraum
23 Bisher war mir unbekannt, dass Wale (und Delfine) auch mitverantwortlich für mindestens die Hälfte des Sauerstoffs unserer Atmosphäre sind. Durch das Auf- und Abtauchen im Meer düngen sie Phytoplankton, eine Pflanze, die aus Wasser, Sonnenlicht und im Wasser vorhandenem CO_2 Sauerstoff herstellt. Vgl. Tabrizi, Ali: *Seaspiracy*, 2021.
24 Rydl, Vladimir/Reichert, Inka: »Überfischung der Meere«, *planet wissen*, https://www.planet-wissen.de/natur/meer/ueberfischung_der_meere/index.html
25 Malm 2020, S. 51 ff.
26 Woher das Corona-Virus stammt, ist bis heute noch nicht abschließend geklärt.
27 »Wie der Klimawandel zur Corona-Pandemie führte«, *MDR Wissen*, 15.02.2021, https://www.mdr.de/wissen/klimawandel-corona-pandemie-covid-100.html
28 Stöcker 2020, S. 305.
29 Ulrich 2019, S. 49.
30 Ebd., S. 34.
31 Ebd., S. 64, 185.
32 Foer, Jonathan Safran: *Wir sind das Klima. Wie wir unseren Planeten schon beim Frühstück retten können*, Köln 2019, S. 24.
33 Ulrich 2019, S. 38.
34 Hüther, Gerald: *Die Macht der inneren Bilder. Wie Visionen das Gehirn, den Menschen und die Welt verändern*, Göttingen 2006, S. 12.
35 Wittman 2016, S. 32.
36 Mehr zu diesem Thema: Zeiler, Waldemar/Höftmann Ciobotaru, Katharina: *Unfuck the economy. Eine neue Wirtschaft und ein besseres Leben für alle*, München 2020, S. 47 ff.
37 Bilharz, Michael: *Klimaneutral leben, Verbraucher starten durch beim Klimaschutz*, Umwelt Bundesamt, Dessau-Roßlau 2014, S. 26, https://www.umweltbundesamt.de/sites/default/files/medien/378/publikationen/klimaneutral_leben_4.pdf
38 Stöcker 2020, S. 315 f.
39 Ebd., S. 314.
40 Malm 2020, S. 78 ff.
41 Ebd., S. 83.
42 Plöger, Sven: *Zieht euch warm an, es wird heiß!*, Frankfurt am Main 2020, S. 46.
43 Nehls, Anja: »CO_2 sparen durch bewusstes Fortbewegen«, *Deutschlandfunk*, 02.08.2019, https://www.deutschlandfunk.de/klima-serie-der-eigene-beitrag-co2-sparen-durch-bewusstes.697.de.html?dram:article_id=456543

44 »Deutschland stößt zu viel CO_2 aus«, *NDR*, 28.05.2019, https://www.ndr.de/ratgeber/klimawandel/CO2-Ausstoss-in-Deutschland-Sektoren,kohlendioxid146.html
45 CO_2-Rechner des Umweltbundesamtes, https://uba.co2-rechner.de/de_DE/
46 www.germanzero.de
47 Ulrich 2019, S. 28.
48 Plant for the Planet, https://www1.plant-for-the-planet.org
49 Roynard, Romy: »Säuberung der Weltmeere bis 2050 dank neuer Technologie möglich«, *National Geographic*, 09.11.2017, https://www.nationalgeographic.de/umwelt/2017/09/saeuberung-der-weltmeere-bis-2050-dank-neuer-technologie-moeglich
50 Bregman 2020, S. 433.
51 Foer 2019, S. 77.
52 Klein, Naomi: *Warum nur ein Green New Deal unseren Planeten retten kann*, Hamburg 2019, S. 51.

Das Beste kommt zum Schluss – sieben Inspirationen für ein besseres Zeitbewusstsein

1 Carroll, Ryder: *Die Bullet-Journal-Methode. Verstehe deine Vergangenheit, ordne deine Gegenwart, gestalte deine Zukunft*, Hamburg 2018.
2 Im Original: »What you do makes a difference, and you have to decide what kind of difference you want to make.«
3 Lotter, Wolf: »Die neue Leistungsgesellschaft«, *brand eins*, 2020, https://www.brandeins.de/magazine/brand-eins-wirtschaftsmagazin/2020/leistung/die-neue-leistungsgesellschaft
4 Hammond 2019, S. 118.
5 Ebd., S.144.
6 Núñez, Rafael E./Sweetser, Eve: »With the Future Behind Them: Convergent Evidence From Aymara Language and Gesture in the Crosslinguistic Comparison of Spatial Construals of Time«, *Cognitive Science* 30, 2006, S. 401 ff.
7 Gümüşay, Kübra: *Sprache und Sein*, München 2020, S. 18.
8 Hammond 2019, S. 139 ff.
9 Ebd., S. 118 ff.
10 Interview mit Friedemann Vogel am 27.03.2021.
11 Klein Glück 2016, S. 149.
12 Die ganze Erklärung stammt aus Klein Zeit 2018, S. 339 ff.
13 Ebd., S. 342.
14 Gast, Robert: »Tod der Sterne«, *Süddeutsche Zeitung*, 30.12.2015, https://www.sueddeutsche.de/wissen/ende-des-universums-tod-der-sterne-1.2800968
15 Schmidt-Salomon 2019, S. 110.
16 Freeman, Erika: »Unglücklich zu sein macht dich auch nicht schlauer«,

      Die Zeit, 17.05.2020, https://www.zeit.de/zeit-magazin/2020/21/erika-freeman-psychologie-krisensituation-coronavirus-zweiter-weltkrieg/seite-5
17 Schmidt-Salomon 2019, S. 119.
18 Harari 2015, S. 43 f.
19 Hachmo, Yafit u. a.: »Hyperbaric oxygen therapy increases telomere length and decreases immunosenescence in isolated blood cells: a prospective trial«, *Aging* 12(22), 2020, S. 22445 ff.
20 Yuval Harari, in: Wegner, Jochen/Amend, Christoph: »What Is the Meaning of Life?«, *Zeit*-Interviewpodcast *Alles gesagt?,* Oktober 2020, https://www.zeit.de/gesellschaft/2020-10/yuval-noah-harari-interview-podcast-alles-gesagt
21 Dörrie, Doris: *Leben Schreiben Atmen. Eine Einladung zum Schreiben*, Zürich 2019, S. 17 f.